오픈
OPEN

오픈 OPEN : 열린 마음

불안과 두려움에서
자유로워지는
마음 훈련

네이트 클렘프 지음
최윤영 옮김

나의 할머니 힐다 맥맨,
그 누구보다 훌륭한 영적 스승이었던 당신께
이 책을 바칩니다.

"삶이라는 예술은 마음을 활짝 열고
유연한 상태를 유지하면서 신비와 경외,
견디기 힘든 고통과 함께하는 것,
즉 이 세상 모든 것과 함께하는 것이다."[1]

– 람 다스Ram Dass (미국의 영적 스승, 전 하버드대학교 교수)

해를 거듭할수록 내 안에서 닫힘을 향한
미묘한 충동이 점점 커지고 있었다.

나는 매일 시간을 쪼개 명상을 하면서도
점점 닫힌 마음의 굴속으로 들어가고 있었다.

나는 답을 찾고 싶었다.
가능성의 공간이자 호기심의 공간,
궁극적으로는 자유의 공간인
마음속 공간을 찾고 싶었다.

그렇게 일생일대의 여정을 시작했고,
이 책은 그 결과물이다.

닫힌 마음은
작은 감옥에 갇힌 느낌을,
열린 마음은
하늘처럼 넓고 광활한 느낌을 준다.

마음은 둘 중 하나다.
광활한 하늘이거나
작은 감옥이거나.

열림 상태에서는
더 많은 공간, 더 많은 관점, 더 많은 가능성이 찾아온다.
삶, 인식, 마음 자체가 확장된다.

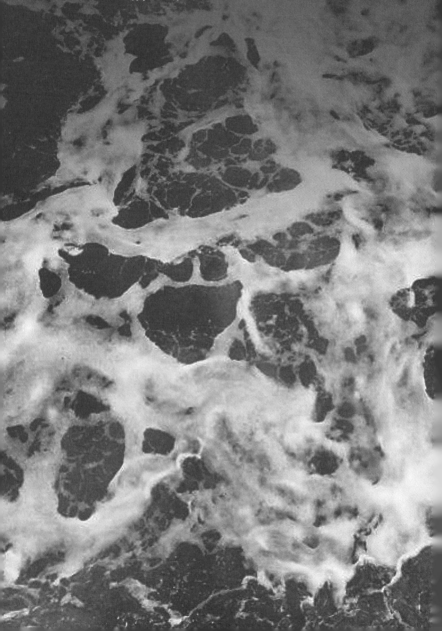

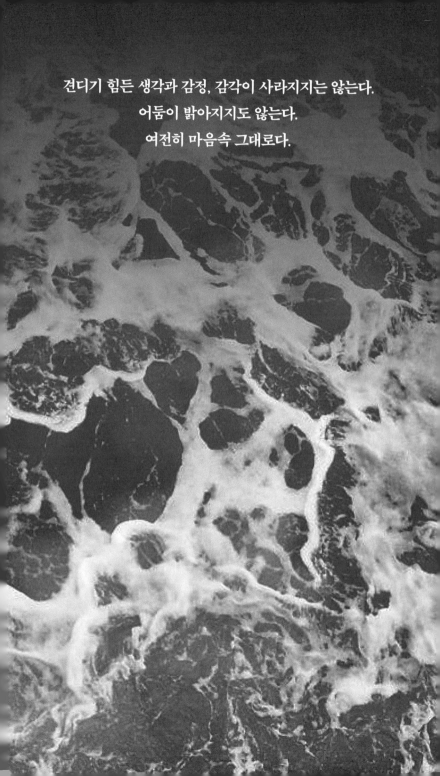

견디기 힘든 생각과 감정, 감각이 사라지지는 않는다.
어둠이 밝아지지도 않는다.
여전히 마음속 그대로다.

하지만 이들은 더 이상
위협이 되지 않는다.
문제도 적도 되지 않는다.
마음속에 함께하는 생각이고,
탐색해야 하는 감정이다.

가장 어둡고 뒤틀린 마음,
그것을 통해 가장 깊은 지혜와 치유에
접근할 수 있다.

이것이 바로 열림의 진정한 선물이다.
마음을 열면 더 이상 내면의 생각에 갇혀 있지도,
미쳐 돌아가는 외부의 세상과 싸우는 데
골몰하지도 않는다.
우리는 서로 연결된다.

안팎의 구분이 흐려지며
우리가 모든 것의 일부임을
느끼는 순간이 찾아온다.

인생의 모든 순간,
무릎 꿇을 수밖에 없었던 실패의 순간까지
모두 열림의 힘을 이해하도록 설계되어 있었다.

이 삶에 지극히 감사한다.

2부 열린 세계로 OPEN

프롤로그

어느 평범한 날 새벽 5시 55분. 알람이 울리고 깊은 잠에서 깬다. 서서히 멍한 상태에서 벗어난다. 결국 침대에서 일어난다. 이를 닦고 따뜻한 물을 마신다. 바로 그때 뭔가 떠오른다. 내 마음이 그것을 향해 끌려가는 것이 느껴진다. 홀린 듯 부엌으로 걸어간다. 이른 아침의 어둠 속에서 가장 깊고 깨어 있는 욕망의 대상이 거기에 있다. 그것은 시리얼도, 커피도 아니다. 따뜻한 물로 샤워를 하는 것도, 아침 산책을 하는 것도 아니다.

　그것은 내 스마트폰이다. 낮잠에서 깬 아이를 달래듯 집게손가락으로 부드럽게 화면을 터치한다. 잠금화면에서 빛이 난다. 나는 넋을 잃고 빠져든다.

홈화면의 빛을 이용해 어둠을 뚫고 화장실로 향한다. 차가운 변기 위에 몸을 낮추고 앉는다. 눈을 크게 뜬 채 가상 여행을 시작한다.

날씨 앱. 왠지 여기서부터 시작하고 싶다. 이유는 잘 모르겠다. 날씨가 맑을지, 흐릴지, 눈이 올지, 안 올지 아는 것만으로도 위안이 되는 듯하다. 현재 온도는 섭씨 영하 18도. 정말 추운 날이다.

스포츠채널 앱. 오늘의 주요 소식은? 미식축구리그NFL에서 쿼터백을 담당하는 한 괴짜 선수가 12일간의 판차카르마 아유르베다Panchakarma Ayurveda식 클렌징(인도식 전통 해독 치료―옮긴이)에 대한 충격적인 내용을 인스타그램에 올렸다. 이에 대해 어떤 NFL 해설자는 "역겹다"라고 논평했다.

이메일 앱. 가상 여행에서 가장 당황스러운 지점이다. 받은 편지함의 90퍼센트는 무작위 업무 요청 메일 또는 광고 메일이다. 앱을 여는 순간 온갖 스트레스와 불안이 밀려올 걸 알면서도 연다. 여느 때와 마찬가지로 내 삶을 바꿀 만한 메일은 전혀 없다는 사실에 새삼 놀란다. 그저 해야 할 일만 가득하다.

뉴스 앱. 아이콘을 누르기도 전에 에너지가 솟구치는 느낌이 든다. 흥분, 분노, 혐오, 절망의 감정이 뒤섞인다. 머리기사가 뜬다. 지구 반대편에 있는 두 나라가 전쟁 직전에 있다고 한다. 나라 경제가 요동치고 정치인들은 무엇을 어떻게 해야 할지를 두고서 충돌한다. 최고의 분노 포르노다. 기사 몇 개를 훑었을 뿐인데 내 감정은 불붙은 쓰레기통처럼 활활 타오른다. 재밌다. 하지만 끔찍하다. 즐거움과 우울감이 동시에 몰려온다. 단 몇 분 후에 온 인류가 이 불길에 휩싸여 몰락해 버릴 것만 같다.

화요일 아침, 분주한 일상이 시작된다. 바이올린 연습을 하는 딸아이에게 먹일 아침 식사를 준비하기 위해 주방으로 서둘러 발걸음을 옮긴다. 현란한 불빛과 논쟁의 소용돌이에서 일순간 주방 싱크대 앞으로 옮겨왔다. 톱니 모양 칼이 딸기의 붉은색과 흰색 사이로 미끄러지는 것을 지켜보다가 이내 내면의 산만함 속으로 빠져든다. 무질서한 생각들이 마음속을 어지럽힌다.

목구멍이 건조하다. 인후염인가? 괜찮을 거야. 어쩌면… 암일 수도 있어. 인후암. 그런 것 같아. 확실해. 아니, 암은 무슨. 모든 게 암이라고 생각하지 마.

팬트리에서 꺼낸 쌀과자가 하얀 도기 그릇에 떨어지는 모습을 지켜본다.

밥을 다 먹고 나면 아이를 학교에 데려다주고. 정오에는 팀 미팅이 있지. 그럼 점심 식사는? 회의 중에 해야 하나? 꼭 먹어야 하나? 아무래도 먹어야겠지. 그렇지만 아무도 안 먹는걸. 하지만 그 사람들은 먹는 시간대가 달라서 먹을 필요가 없는 거고 난 먹을 수도 있지. 그런데 미팅 중에 내가 먹는 모습을 다른 사람이 지켜보는 시선, 그건 어떡하지?

나는 접시 가장자리에 딸아이가 먹을 어린이 비타민을 줄 맞춰 배열한다.

제길, 망했네. 그래도 점심이잖아. 회의 중에라도 먹어야지. 그게 그렇게 나쁜가? 정오면 사람들이 밥을 먹는 시간이라고. 모두가 아는 사실이지. 잠깐, 회의가 정오라고?

스마트폰을 꺼내 캘린더 앱을 확인한다.

맞네, 정오에 시작하네.

화면을 내려다보다가 문득 아침을 먹는 딸아이의 모습이 보고 싶어진다. 스마트폰을 앞주머니에 넣고 자리에 앉는다. 15분 정도 함께 먹으며 떠들고 웃는다. 너그럽게 봐주면 아이의 아침 식사에 75퍼센트 정도는 함께했다고 볼 수 있다. 분명히 난 아이의 말을 들으며 그 앞에 앉아 있다. 하지만 내 머릿속 한구석에서는 여전히 세상 도처에서 벌어지는 뉴스를 처리하고 있고, 다른 한구석에서는 회의 도중에 먹을 점심 메뉴 생각이 떠나질 않는다.

지극히 평범한 하루 속 특별할 것 없는 90분이었다. 나쁜 일은 일어나지 않았다. 가까운 사람이 죽거나 크게 아프다는 소식 같은 건 없었다.

하지만 여기가 어딘지 잘 모르겠다. 동시에 너무 많은 세상에 살고 있다. 그래, 맞다. 난 여기 우리 집 부엌에 있다. 하지만 난 곧 다가올 지상전을 앞두고 있다. 받은 편지함을 꽉 채운 메일들을 떠올리자 형형색색의 펜으로 장식된 달력 속 수많은 일정이 눈앞에 펼쳐진다.

그 순간 마음이 닫힌다. 아내와 딸에게서 멀어지고 싶고, 불확실한 시기에 느끼는 불편함에서 벗어나고 싶고, 눈앞에서 펼쳐지는 일상에서 도망치고 싶은 충동이 든다. 무의식 속 미묘한 충동이다.

하지만 여느 때와 마찬가지로 파우스트식 거래(돈, 성공, 권력을 바라며 옳지 못한 일을 하기로 동의하는 것–옮긴이)를 기반으로 내 삶을 정돈한다. 이 미쳐 돌아가는 세상을 살아갈 때 겪어야 하는 좌절과 분노, 지루함, 불안을 피할 수만 있다면 나는 내게 허락된 경험의 범위를 기꺼이 축소한다.

여러분은 어떤가? 스마트폰 화면 속 피를 끓게 하는 뉴스나 SNS 피드에서 피난처를 찾는 자신을 발견한 적이 있는가? 일상의 순간에서 미묘하게 멀어진 것 같은, '닫힌 느낌'을 받아본 적 있는가?

이는 현대인만 경험하는 독특한 현상이다. 하지만 너무 평범하고 눈에 보이지 않기에 우리는 보통 이런 느낌이 있다는 것조차 인식하지 못한다. 이런 현상은 여러 가지 모습으로 동시에 우리를 찾아오곤 하는데도 말이다.

이 같은 닫힘의 원인은 크게 두 가지다. 첫 번째는 디지털 중독. 우리는 매 순간 문자, 이메일, 속보 알림, SNS 업데이트에 시달린다. 이런 것들이 우리를 방해한다는 사실은 부차적인 문제다. 진짜 문제는 우리가 그 모든 것을 간절히 원한다는 점이다. 우리는 마치 도박 중독자가 주사위를 던질 테이블 앞에 앉기를 갈망하듯, 이 먹음직스러운 마음의 간식을 갈망한다.

두 번째 원인은 정치적 양극화다. 정치나 종교, 총기 문제에 대해 다른 신념을 가진 사람들은 예전에는 그저 "관점이 달라요"라고 말하는 정도였다. 하지만 이제는 서로를 향해 서슴없이 "정신이상자다" "미쳤다"라고 말하고 심지어 서로를 '적'으로 규정하기도 한다. 각종 음모론과 편향된 언론, 걷잡을 수 없는 분노에 휩쓸리는 사람들은 서로를 향한 마음의 문을 닫아버렸다.

디지털 중독은 우리를 내면 세계와 단절시킨다. 양극화는 외부 세계와 단절시킨다. 이 두 가지가 동시에 현대인의 마음을 옭아매고 있는 건 우연이 아니다.

여기에는 피드백 루프가 작동하고 있다. 우리는 주의집중력이 흐트러져 디지털 세계로 빨려 드는데, 거기에서 머신러닝 알고리즘이 제공하는 가장 터무니없고 선동적인 콘텐츠를 만나게 된다. 이런 콘텐츠는 좀처럼 이해되지 않는 '바보'들에 대한 분노를 촉발한다. 그러면 이 모든 절망과 공포에서 벗어날 방법을 다시 화면 속에서 찾고 싶어져 계속 그곳에 머무르게 된다. 디지털 세계가 양극화를 강화하고, 양극화가 다시 디지털 중독을 강화하는 이 과정이 끊임없이 반복되는 것이다.

내 삶에 마음의 문을 닫는 습관은 새로운 것이 아니다. 프랑스 철학자 알렉시 드 토크빌Alexis de Tocqueville은 과거 19세기 미국을 언급하며 나 자신, 그리고 상대방에게서 멀어지려는 충동에 대해 이렇게 경고했다.

이런 상황에서 쾌락은 더욱 강렬해지지만, 희망과 욕구는 더 자주 낙담케 되고, 영혼은 점차 혼란스럽고 불안해진다.[1]

하지만 오늘날 우리는 마치 스테로이드에 중독된 듯한 경험을 하고 있다. 식료품을 주문하거나 최신 가족사진을 공유할 때 사용하는 첨단 기술, 즉 스마트폰은 삶을 외면해 버리는 인간의 오랜 습성을 행동중독으로 바꿔놓았다.

내 말이 믿기지 않는다면, 언젠가 집을 나설 때 주위를 한번 둘러보자. 공원에서 아이들과 함께 있지만 스마트폰만 쳐다보는 부모를 쉽게 찾을 수 있을 것이다. 비싼 레스토랑에서 데이트하는 커플이 각자의 스마트폰만 들여다보는 경우도 많다. 중앙선을 침범한 차가 마주 달려오는 아찔한 상황에서도 스마트폰을 보느라 위험을 전혀 깨닫지 못하기도 한다.

대부분의 사람은 정신을 혼미케 하는 이런 상황에 얽매이길 원치 않는다. 우리 삶에는 스마트폰 속 가상 세계보다 훨씬 더 의미 있는 가치와 계획, 프로젝트가 있다. 하지만 그런 건 중요치 않아 보인다. 우리는 이 가상 세계의 자극으로 끊임없이 되돌아오고 있으니 말이다.

예를 들어보자. 우리는 현재에 집중하며 온전히 살아 있음을 느끼고 싶다고 말하지만, 결국 틱톡에 접속한다. 인간관계를 소중히 하고 싶다고 말하면서도 다른 사람과 함께하는 식사 자리에서 몰래 문자를 보내기 일쑤다. 일에 몰입하길 원한다면서 최신 뉴스 속보를 놓치려 들지 않는다. 자극이 오면 반사적으로 행동하는 파블로프의 개처럼 움직인다.

이것이 바로 현대인이 처한 곤경이다. 깊은 수준에서 주의력을 유지하는 힘, 집중력을 발휘할 자유가 점점 사라지고 있다.

내가 이 책을 집필하기로 결심한 이유는, 해를 거듭할수록 내 안에서 닫힘을 향한 미묘한 충동이 점점 커지고 있다고 느꼈기 때문이다. 어느 날 갑자기 찾아온 충동은 아니다. 그로 인해 결혼 생활이 힘들어진 것도, 경력을 망친 것도, 불치병과 싸우게 된 것도 아니다.

오히려 내가 인식할 수 없을 정도로 매일 조금씩, 아주 천천히 커졌다. 마치 1년에 2.5센티미터씩 천장이 내려앉는 집에 사는 것 같았다. 처음에는 아무것도 크게 달라지지 않는 듯했다. 하지만 시간이 지나면서 조금씩 변화가 느껴졌다. 공간이 줄었다. 삶의 배경이 왠지 모르게 작아지고 있었다.

이것이 바로 닫힘의 느낌이다. 마음속 공간이 줄어들고 있음을 목도하는 건 이상한 경험이었다. 그리고 곧 다른 깨달음이 찾아왔다. 그것은 우리가 디지털 세계에서 온갖 쾌락과 분노를 빠르게 소비하느라 기쁨과 슬픔, 관계 맺기처럼 인생에서 가장 의미 있는 경험을 놓치고 있다는 사실이었다. 삶의 의미 있는 것들에서 멀어지는 스스로를 보자 불안감이 밀려들었다.

충격이 클 수밖에 없었다. 이런 일은 최소한 나 같은 사람에겐 일어나서는 안 되었다. 나는 이런 함정을 피하고자 지난 25년간 마음을 단련해 온 사람이기 때문이다. 스탠퍼드대학교에서 철학을 공부했고, 프린스턴대학교에서 박사학위를 받은 후 4년간 교수로 재직하며 학생들을 가르쳤다. 이후 15년간 매일 명상과 요가에 전념했다. 오랫동안 조용한 숲에 머물며 집중 수련을 하기도 했고 마음챙김에 관한 책도 썼다. 요가 교사 과정을 수료했으며 바쁜 직장인을 대상으로 주의력을 유지하고 닫힘 충동에 저항하는 법을 강의했다.

나는 이 분야의 전문가로 누구보다 닫힘에 대한 충동을 정확히 꿰뚫어 보는 사람이어야 했다. 하지만 나는 매일 시간을 쪼개 명상을 하면서도 점점 닫힌 마음의 굴속으로 들어가고 있었다.

나는 궁금해졌다. 이 거부할 수 없는 충동을 멈출 다른 방법은 정말 없을까?

❖

그 답을 찾기 위해 나는 일생일대의 여정을 시작했고, 이 책은 그 결과물이다. 꽤 긴 시간을 보내면서 나는 미처 생각지 못했던 길로 이끌려 들어갔다.

지난 수년간 스마트폰 사용 시간을 제한하고자 노력했지만 모두 실패로 끝났다. 그래서 이번에는 정반대로 콘텐츠 폭식을 실험했다. 온종일 이메일과 뉴스, SNS, 각종 음모론을 그야말로 폭식하듯 먹어치우며 스마트폰 화면의 매혹적인 빛을 거부하지 않고 화려한 디지털의 세계로 뛰어들었고, 그때 어떤 일이 일어나는지 직접 확인했다.

약물 복용 그리고 그로 인한 통제력 상실은 오랫동안 내게 두려움의 대상이었다. 하지만 나는 미국 최고의 환각 치료 전문가로부터 2년간 환각 보조 치료를 받았고, 그 결과 가장 깊고 고통스러운 내면의 상처에 마음을 열게 됐다.

나는 총기에 대한 두려움, 그리고 전미총기협회NRA에 대한 경멸감에 가득 차 있었지만 의도적으로 마음을 열고 총기 관련 교육에 참여해 권총을 은닉 및 휴대할 수 있는 자격을 취득했다. 거기에서 열렬한 총기 지지자들을 만나 적이 아닌 친구가 됐다.

제법 큰 잇몸 수술에서는 불안을 뒤로한 채 진정제를 거부하고 명상으로 세 시간의 고된 수술을 이겨냈다. 이때의 경험은 열림의 한계에 대한 고통스러운 교훈을 남겼다.

그리고 내가 이 책을 헌정한 인물, 나의 힐다 할머니. 할머니가 죽음의 신비에 열린 마음으로 접근하는 모습을 지켜보면서 나는 열림 수행을 궁극적으로 실천할 영적 비밀을 발견했다.

이 상황들을 비롯해 책에서 소개한 수많은 경험을 통해 나는 닫힘을 향한 충동을 차단할 수 있음을, 그리고 그 순간 매우 놀라운 일이 벌어짐을 알게 되었다. 바로 우리의 마음이 커지는 것이었다.

마음의 크기가 중요한 이유는 무엇일까? 그리고 마음이 커진다는 건 무슨 뜻일까?

마음에 공간을 만든다는 건 결코 사소하지 않다. 오히려 매우 중요하다. 이 공간은 가능성의 공간이자 호기심의 공간, 궁극적으로는 자유의 공간이다.

열림의 의미를 묻는 질문에 답하기는 좀 더 어렵다. 물리적 공간에서 일어나는 확장이 아니기 때문이다. 마음이 열린다고

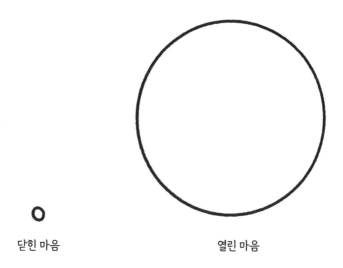

닫힌 마음   열린 마음

해서 뇌가 커지지는 않는다. 내가 말하는 열림은 이보다 신비로
운 의식의 영역에서 일어나는 확장이다.

그래서 글로 표현하기가 힘들다. 삶에 보이는 열린 태도란 관
념이 아니다. 경험이다. 즉 느끼는 것이다. 우리가 어떻게 세상
을 바라볼지를 결정하는 인식의 조건이라고도 할 수 있다.

비유하자면 열린 마음은 하늘처럼 넓고 광활한 느낌을, 닫힌
마음은 작은 감옥에 갇힌 느낌을 준다. 여러분의 마음은 둘 중
하나다. 광활한 하늘이거나 작은 감옥이거나.

그런데 그 감옥은 너무나 작아서 우리가 갇혀 있다는 사실조
차 잊게 만든다. 우리는 작은 화면 속 SNS 피드나 정치적 반대

세력에 대한 터무니없는 논평에 몰두해 있을 때 독방에 갇혀 고문당한다는 느낌을 받는 대신 오히려 쾌락을 경험하게 된다.

작고 닫힌 마음속에 사는 건 실제로 어떤 느낌일까? 이는 포 시즌스 호텔의 화려한 스위트룸에 사는 것과 비슷하다. 벽에 있는 작은 구멍을 통해 원할 때마다 무제한으로 룸서비스가 배달된다. 무료 와이파이와 수천 개의 케이블 채널, 라벤더 입욕제가 담긴 욕조, 부드러운 목욕 가운과 슬리퍼, 미니바까지 구비돼 있다. 끝내주는 기분을 느끼는 데 필요한 모든 것이 있다.

그러나 딱 한 가지가 없으니, 바로 그곳을 떠날 능력이다. 이 호텔방은 밖으로 나가는 문이 잠겨 있다.

이 비유는 열린 마음과 닫힌 마음 사이의 실제적이고 복잡한 관계를 잘 나타낸다. 닫힌 마음은 어떤 의미에서 지상 낙원과 같다. 왜 굳이 떠나고 싶겠는가? 아늑한 쾌락의 우리에 갇힌 모습이 어떤 의미에선 이상하지 않다. 무서운 밖과 달리 안은 너무도 안락해서 바깥세상을 탐험하고 싶은 마음조차 들지 않기 때문이다. 하지만 그것이 정말 괜찮은 일일까? 얇은 벽 너머에 광활한 세상이 기다리고 있고, 그곳을 영영 탐험할 수 없다고 하더라도?

이 상황은 오늘날 현대인이 처한 상황과 놀랄 만큼 비슷하다. 마음의 문을 닫아 그 크기가 작아진다고 해서 즐거움에 접근할 수 없는 건 아니다. 오히려 즐거움은 커진다. 온종일 포스팅을 하고, 댓글을 달고, 좋아요를 누르고 인터넷 서핑을 한다(게다가 무료다!). 심지어 필요할 때 버튼 하나만 누르면 입욕제부터 목욕 가운과 슬리퍼까지 포시즌스 호텔에서 무료로 문 앞까지 배달해 준다. 이 편리함을 평생토록 누릴 수 있다.

하지만 더 깊이 들어갈수록 삶의 범위는 좁아진다. 느낄 수 있는 감정은 줄어들고 누릴 수 있는 자유는 멀어진다. 어느 순간, 이 벽 너머에 우리를 기다리는 삶이 있다는 사실을 잊어버린다. 이것이 바로 닫혀버린 작은 마음의 인생 항로다.

그렇다면 마음을 열어 마음이 확장되면 어떤 일이 일어날까? 간단하다. 자유를 얻게 된다. 이제 우리는 호화롭고 작은 마음의 방문을 열고 밖으로, 더 넓은 세상으로 나갈 수 있다. 벽 너머의 공간에는 즐거움뿐 아니라 고통과 슬픔, 기쁨, 두려움, 그리고 지루함 등 온갖 날것의 감정이 경험되길 바라며 기다리고 있다.

이런 감정을 느끼고 싶어 한다는 마음 자체가 말도 안 되는 것처럼 보일 수 있다. 이런 감정은 '좋은' 느낌이 아니기 때문이다. 하지만 이런 감정을 마주할 때 비로소 삶이 바뀐다. 당신 내면의 장벽을 만나더라도 더 이상 움츠러들지 않게 된다. 그 장벽 너머에 무엇이 있는지 기꺼이 다가가서 자유롭게 탐색할 수 있다.

변화는 실생활 곳곳에서 나타날 것이다. 회사 업무를 처리할 때 기꺼이 위험을 감수할 수 있다. 좋아하는 사람에게 마음을 담은 편지를 보내거나 어려운 대화를 나눌 수 있고, 이를 통해 관계에 변화를 가져올 수 있다. 늘 꿈꿔왔던 곳으로 여행을 떠날 자유가 주어진다. 나와 비슷한 생각을 하는 사람들과의 모임을 넘어 새로운 사람들과 어울리며 사회적 관계를 확장할 수 있다. 개를 산책시키거나, 받은 편지함이 새로고침 되기를 기다리거나 아이를 학교에 바래다주고 인사를 나눌 때처럼 평범한 일상 속에서 좀 더 여유를 갖고 순간에 집중할 수도 있을 것이다.

오늘날처럼 불확실성이 강한 시대에 이처럼 다양한 경험에 마음을 열어두자는 의도가 다소 급진적이고 위험하게 들릴 수 있다. 마냥 경계 없는 삶을 살자는 말은 아니다. 가진 돈을 모두 다 내어주고, 밤에 문을 잠그지 않고 열어두며, 세상 사람들이 내 옆을 마음껏 지나가도록 내버려두라는 뜻이 아니다. 우리를 안전하게 지켜주는 모든 장벽을 없애고자 하는 게 아니다. 삶을 작은 테두리 안에 머물게 하는 내면의 한계를 넘어 마음을 확장하자는 의미다.

요컨대 마음을 열어두더라도 세상이 보내는 끝없는 요청과 유혹, 방해에 '아니요'라고 말할 수 있다는 것이다. 동시에 내면에서 일어나는 모든 경험에 대해 '네'라고 말할 힘을 갖게 된다. 따라서 아늑하고 안전하지만 숨 막히는 그곳으로 후퇴를 반복할 필요가 없다.

이것이 바로 마음을 연다는 것의 의미다. 그리고 이것이 바로 자유롭다는 말의 의미다.

그렇다면 대체 어떻게 해야 더 많은 것에 마음의 문을 열 수 있을까? 이것이야말로 이 책이 던지는 본질적인 질문이다. 이 질문에 대한 답은 새로운 과학적 발견과 오랜 수행법, 다양한 경험을 탐구함으로써 여러분과 함께 찾아나갈 것이다. 힘든 순간이 닥쳤을 때 자신도 모르게 마음의 문을 닫아버리는 습관을 깰 수 있도록, 자신만의 방법으로 삶의 더 넓은 곳으로 나아갈 수 있도록 다양한 도구를 제공할 것이다. 이것이 이 책이 내면의 지형도를 그리는 목적이다.

1부

닫힌
세계에서

C L O S E D

1장

닫힌
마음

스스로에게 전기충격을
가하는 사람들

수요일 오전 9시, 나는 거실 뒷벽을 따라 놓인 베이지색 소파에 비스듬히 기대 있었다. 정면의 TV는 CNN과 폭스 뉴스 채널의 모닝쇼에서 나오는 현란한 색으로 밝게 빛났다. 무릎에는 《뉴욕타임스》와 《월스트리트저널》을 읽기 위한 아이패드가 놓여 있었다.

이 글을 쓰고 있는 동안 폭스 뉴스 앵커들의 분노에 찬 목소리가 들려왔다. 이들은 '사회적 불평등에 관한 어젠다'를 옹호하는 할리우드 인사들을 공격하고 있었다. 오른쪽 창문 너머로 서재에서 일하는 아내의 모습이 보였다. 내 모습과는 완전히 대조적이었다. 아내는 책상 앞에 허리를 곧게 펴고 앉아 부지런히 이메일을 작성하고 고객과 대화를 나누고 있었지만, 나는 그저 소파와 한 몸이 되어 TV를 보고 있었으니 말이다.

하지만 나는 보통 이런 식으로 수요일 아침을 보내지 않는다. 뉴스 앵커들의 합창을 배경으로 소파에 앉아 글을 쓰지 않는다는 뜻이다.

그렇다면 대체 왜 그런 상태에 있었을까? 나는 이후 3일간 그때까지 한 번도 해보지 않은 일에 나섰다. 마음의 문을 닫아버리는 것. 다분히 의도적이었다.

이 같은 산만함과 분열의 힘을 탐구한 건 내가 처음이 아니다. 앞서 수많은 이들이 이것이 현대 생활에 어떤 효과를 미치는지 구체적으로 연구했고, 미니멀리즘을 지향하는 생활 방식과 함께 산만함과 분열의 악영향을 극복하기 위한 여러 가지 도구를 탐색했다. 이를 극복하는 방법에 대한 나의 의견은 책 뒷부분에서 제시할 예정이다.

그날 내가 소파에 앉은 이유는, 이전과는 새롭고 다른 방식으로 현대의 상황을 이해해 보고 싶었기 때문이다. 나는 이후 며칠간 산만함과 분열의 심장부로 깊숙이 들어가 마음의 문을 세게 닫아버릴 때 어떤 일이 일어나는지 직접 경험했다.

나는 이 실험을 '콘텐츠 폭식'으로 명명했다.

가족들에겐 전날 저녁 식사 자리에서 미리 양해를 구했다. "앞으로 며칠간 밤에 독서나 게임 대신 TV를 함께 볼 수 있을까?" "며칠 동안은 가능한 한 많은 시간을 화면 앞에서 보내려고 해."

지난 수년간 딸에게 디지털 중독의 위험성에 대해 수없이 경고해온 터라 아이는 나를 이해할 수 없다는 눈빛으로 쳐다보며 물었다.

"아빠, 괜찮아요?"

"응, 별일 아니야. 종일 스마트폰과 TV만 보며 지내는 게 어떤지 한번 경험해 보고 싶어서."

딸아이는 마치 '나쁜 아빠'라고 말하듯 고개를 좌우로 흔들었다.

나는 수시로 나를 유혹하는 디지털 콘텐츠 목록을 적어봤다. 자극적인 방해 요소 목록의 첫 번째는 뉴스, 두 번째는 이메일, 그리고 세 번째는 스트리밍 영화와 TV 프로그램이 올라 있었다.

나는 보통 이런 요소를 집중력과 업무, 그리고 존재감을 느끼는 일을 방해하는 적으로 간주한다. 그래서 늘 저항하고 맞서 싸운다. 하지만 이후 3일간은 그렇게 하지 않을 참이었다. 내 삶이 이 공허한 콘텐츠를 마음껏 소비하도록, 그래서 산만함의 뷔페를 원 없이 즐기도록 허용하기로 했다.

실험의 아이디어는 몇 년 전 우연히 얻었다. 그 원리는 불교의 탄트라tantra 수행에서 유래한 고대 기법에 기인했다. '탄트라'라는 말은 오늘날 서양에서 성관계의 한 유형으로 여겨지지만, 훨씬 더 깊은 의미가 있는 전통이다. 탄트라라는 말은 '연속성' 또는 '사물을 관통하는 실'이라는 뜻을 가지고 있다.[1]

연속성의 정신을 바탕으로 한 탄트라 수행은 우리 눈에 보이는 '좋은 것'과 '나쁜 것' '성스러운 것'과 '불경한 것'을 하나로 통합하고자 한다. 우리의 삶을 성스러운 것과 그렇지 않은 것으로 분리하지 않고, 이따금 찾아오는 행복하고 놀라운 찰나를 포함해 모든 삶의 순간을 성스러운 것의 일부로 바라보려는 것이다.

이 같은 목표를 성취하기 위해 탄트라가 취하는 길은 무엇일까? 여기엔 흥미로운 점이 한 가지 있다. 무분별한 음주, 식사, 성관계 등 극단적인 쾌락을 멀리하도록 가르치는 대부분 영적 전통과 달리 탄트라는 우리를 쾌락주의적 방종의 한가운데로 인도한다. 이는 인간 욕망의 깊은 곳에 직접 들어가면 욕망을 지혜로 바꿀 수 있으며, 그를 통해 강력한 욕구의 파괴적 요소를 소멸시킬 수 있다는 생각에 기반한다.

샴발라 불교의 창시자 초감 트룽파Chogyam Trungpa는 이를 '잔치 수행feast practice'[2] 으로 명명하며 "독과 약은 매우 가까이에 있다"고 말했다. 음주를 예로 들면, 술의 독은 '의식적으로 술을 마시는 사람'에 의해 '우주적 오르가슴'이라 부르는 '짧은 경험'으로 바뀔 수 있다는 것이 그의 생각이었다.[3]

짧게나마 우주적 오르가슴을 경험한다는 말이 놀랍게 들릴지도 모른다. 하지만 이는 조심하지 않으면 큰 피해로 이어질 수 있다. 실제로 1987년 트룽파가 사망한 후 그의 이런 '비범한 지혜' 수행이 제자들에 대한 신체적 학대와 성폭행으로 이어졌다는 증언이 잇달았다.[4] 이 같은 사례는 각별한 주의를 환기한다. 탄트라 수행을 할 때는 매우 신중하게, 자신과 타인에게 해를 끼치지 않도록 특별히 주의해야 함을 일깨워 준다.

이처럼 신중한 접근법을 바탕으로 한 나의 실험에서는 술, 마약, 섹스를 대신해 스마트폰, 태블릿, TV 그리고 컴퓨터가 독이 될 예정이었다. 과연 이 반직관적인 영적 수행이 스크린을 갈망하도록 부추기는 파괴적 에너지에서 나를 해방할 수 있을까? 며칠 후면 결과가 나올 터였다.

실험을 시작한 지 몇 시간이 지난 후에도 여전히 소파에 앉아 있는 나 자신을 보며 이런 의문이 들었다.

몇 시간이고 소파에 앉아 딱히 재미도 없는 콘텐츠를 소비하는 건 이토록 쉬운데, 스마트기기 없이 조용히 앉아 매 순간의 생생한 경험을 받아들이기란 왜 그렇게 어려울까?

이에 대해서는 버지니아대학교 심리학과 티머시 윌슨Timothy Wilson 교수가 해답을 제시한다. 윌슨 연구팀은 한가롭고 차분한 삶의 순간을 회피하는 인간의 성향을 파악하고자 했다. 이들은 간단한 실험으로 연구를 시작했다. 실험 참가자들에게 스마트폰을 포함한 모든 소지품을 사물함에 보관하라고 지시했다. 그런 다음 아무런 장식이 없는 텅 빈 방에서 15분간 혼자 앉아 '생각하는 시간'을 갖도록 했다. 규칙은 단 두 가지였다. 첫째, 자리에 그대로 있을 것. 둘째, 깨어 있으려고 노력할 것.

여러분은 이들이 복잡한 삶에서 벗어난 이 15분의 시간을 마음껏 즐겼으리라고 예상할 수도 있다. 하지만 의외로 많은 사람이 정반대의 답을 했다. 실험 참가자 중 약 50퍼센트가 "불쾌했다"라고 말했다. 참가자들의 집에서 진행된 후속 연구에서는 참가자의 32퍼센트 이상이 그 시간을 견딜 수 없어 딴짓을 했다고 실토했다.

인간은 아무것도 하지 않는 시간을 얼마나 강하게 혐오하는 것일까? 윌슨 연구팀은 이를 알아보기 위해 또 다른 실험을 진행했다. 이번에는 참가자들에게 가만히 앉아 생각에 잠기거나 신체적 고통을 경험하는 것 중 하나를 택하도록 지시했다. 이전 실험에서와는 달리 연구팀은 참가자의 발목에 두 개의 전극을 부착하고 스스로에게 충격을 가하는 방법을 알려주었다. 15분간 '생각하는 시간'이 시작됐고, 참가자들 앞에 두 가지 선택이 놓였다. 자신의 생각에 집중하거나 전기충격을 가하거나.

과연 결과는 어땠을까? 실험에 참여한 남성 중 67퍼센트는 자신의 생각에 집중하기가 너무 힘든 나머지 15분간 최소 한 번 이상 스스로에게 전기충격을 가했다. 여성의 25퍼센트도 같은 선택을 했다. 심지어 한 남성은 15분간 무려 190번이나 전기충격을 줄 만큼 극도로 불편해했다. 그야말로 충격적인 결과였다.

연구팀은 다음과 같이 결론지었다.

"매우 놀랍게도 많은 참가자가 15분간 혼자만의 생각에 잠기는 것에 극도의 혐오감을 느꼈고, 그 결과 돈을 주고서라도 피하고 싶다던 전기충격을 스스로에게 가했다."[5]

왜 우리는 생각을 마주하는 대신 전기충격을 가할까? 거실의 안락한 소파에 앉아 스마트폰과 태블릿을 손에 들고 있자니 이 질문에 대한 나름의 답이 떠올랐다. 주의를 분산시키기란 매우 쉽지만, 자기 생각과 마주하기는 매우 어렵기 때문이다. 나 역시도 수요일 아침, 내 마음속 일상적인 생각을 처리하는 것보다 세계 어느 도시가 폭격을 당했다는 CNN의 끔찍한 뉴스 속보를 처리하는 일이 이상하리만치 더 쉽게 느껴졌다.

이 문제를 비단 나만 겪는 게 아니라는 사실에는 위안을 받았다. 윌슨 팀의 연구 결과는 우리 대부분이 자신의 생각을 마주하는 데 미묘한 혐오감을 느낀다는 사실을 시사한다. 생물학적으로 저항이 가장 적은 삶의 방식이 주어진다 할지라도 우리를 달라이 라마처럼 살게 할 수는 없을 것이다. 우리는 느리고 한가하며 지루하기까지 한 현재의 불편한 경험에서 벗어나기 위해 스마트폰이나 태블릿, 심지어 고문 도구라도 집어 드는 존재이기 때문이다.

하지만 콘텐츠 폭식 실험을 하는 게 아니라면 우리가 일부러 이런 행동을 하는 건 아니다. 아침에 눈을 떠서 '오늘은 불편한 감정을 억누르기 위해 스마트폰을 사용하겠어. 그 결과 중요한 일에 대한 집중력이 사라져버리는지, 쓸데없이 정신이 산만해져 내 삶을 완전히 놓쳐버리는 건 아닌지 지켜봐야지' 하고 생각하는 사람은 아무도 없다.

우리가 이런 생각을 하지 않는 건 그렇게 행동하고 있음을 전혀 의식하지 못한 채 스마트폰을 집어 들기 때문이다. 우리는 그저 습관을 따를 뿐이다. 매일 반복하는 익숙한 흐름이 우리를 이 작고 아늑한 산만함의 세계로 계속 돌아오게 한다.

콘텐츠 폭식 첫날, 실험 중반에 접어들 무렵 이미 한 달 평균보다 더 많은 콘텐츠를 소비하고 있었다. 아침 출근길에 〈디스 위크 위드 조지 스테퍼노펄러스This Week with George Stephanopoulos〉라는 오디오 팟캐스트를 들었다. 이후 몇 시간 동안 케이블 뉴스를 시청했다. 그런 다음 아이패드로 유튜브를 봤는데, 금세 한 시간이 훌쩍 지나 있었다. 점심시간에는 디지털 버전의《뉴욕타임스》《월스트리트저널》《폴리티코Politico》기사를 읽었다.

이쯤 되니 최신 시사 정보를 완벽하게 파악한 듯한 느낌이 들었다. 전 세계에서 벌어지고 있는 지상전의 속보를 확인하고 최신 병력 이동에 대해 파악하는 가운데, 전직 국방부 인사들이 복잡한 전시 전략을 풀어내는 과정까지 지켜보았다.

이런 프로그램의 제작자들은 전쟁 영상만 연달아 쏟아내면 나 같은 시청자들이 금세 피로감을 느낀다는 사실을 잘 알고 있는 듯하다. 그래서 15분마다 할리우드 가십을 전하며 분위기를 밝게 전환한다. 무고한 시민이 길거리에서 죽어가는 모습에서 갑자기 화려한 백만장자 배우들이 SNS에서 논쟁을 벌이는 모습으로 장면이 전환되면 시청자들은 어색해할 것 같다. 하지만 예상과 달리 장면의 전환은 매끄럽고 자연스럽다. 화면 하단에 새로운 그래픽이 번쩍거리는 순간 근엄하던 앵커의 표정은 갑자기 밝게 미소를 띤다. 순식간에 이야기는 실제 전쟁에서 두 A급 배우가 벌이는 '열띤' 설전으로 옮겨가고, 앵커는 보란 듯이 농담을 덧붙인다.

한편에서 뉴스가 쏟아지는 동안 다른 한편에서 나는 내 이메일 계정의 받은 편지함을 주시하면서 각종 청구서를 확인하고, 주말 일정을 정리하며, 지난 주말 약혼한 동료에게서 온 문자에 답장하는 등 이른바 멀티태스킹을 수행하며 또 다른 디지털 욕구를 충족시킨다.

이런 경험은 어린 시절 읽은 모험 이야기를 떠올리게 한다. 미디어나 이메일의 문을 열 때마다 새로운 문이 나타나기 때문이다. 하지만 내 손안의 화면과 모험 이야기 사이에는 한 가지 본질적인 차이가 있다. 모험 이야기에는 끝이 존재한다. 즉, 주인공은 오랜 탐험 끝에 미로를 통과하고 용을 처단해 마침내 승리를 거둔다. 반면 내 손안의 화면에는 끝이 없다. 콘텐츠는 무한한 만큼 그것들을 보면 볼수록 더 깊은 공허함에 빠져들 뿐이다.

그러면서 나는 두 가지 감정을 동시에 느끼고 있다. 첫 번째는 독특한 흥분이다. 마치 여덟 살 때 식료품 창고에 숨겨둔 쿠키를 찾았을 때와 비슷한 느낌이다. 아무런 방해 없이 마음껏 탐닉하는 느낌. 기분이 정말 좋다.

하지만 동시에 콘텐츠 시청으로 인한 피로감의 초기 징후가 시작되는 듯했다. 눈이 뻑뻑하고 건조했다. 오른쪽 턱 근육도

한껏 긴장돼 있었다. 이유 모를 짜증이 올라왔다.

디지털의 늪에 깊이 빠지면 빠질수록 점점 더 새로운 눈으로 화면을 바라보고 있음을 깨달았다. 노스캐롤라이나 시골 공장에서 자란, 돌아가신 힐다 할머니가 온종일 내 곁에 머무는 상상을 해봤다. 할머니는 무척 혼란스러워 하셨을 것이다. 그리고 내게 이렇게 물었을 것이다.

"왜 밖에 안 나가니? 왜 다른 사람들과 대화하지 않는 거야? 왜 자꾸 화면만 쳐다보고 있지?"

정신없이 바쁜 일상 속에서 우리는 이런 질문을 거의 하지 않는다. 하지만 극단적 닫힘의 여정을 시작하는 시점이니만큼 한 발짝 물러나 우리에게 과연 무슨 일이 일어나고 있는지 제대로 이해할 필요가 있었다. 우리 삶에서 얼마나 많은 부분을 닫고 그 대신 화면을 열고 있는지, 몇 가지 뚜렷한 통계 수치를 통해 확인해 보자.

- **11시간** — 닐슨Nielson 조사 결과로, 미국 성인이 매일 평균적으로 전자 기기를 사용하는 시간[6]
- **150회** — 2013년 벤처 기업 클라이너 퍼킨스Kleiner Perkins가 보고한 수치로 매일 스마트폰을 집어 드는 횟수. 스마트폰 사용에 관한 최신 연구 결과, 화면을 두드리고 글자를 입력하며 클릭하는 횟수는 일일 평균 2617회로 나타남.[7]

- 96퍼센트 — 딜로이트 컨설팅 Deloitte Consulting에서 실시한 연구 결과로, 기상 후 1시간 이내에 전자 기기를 확인하는 사람의 비율. 기상 후 5분 이내에 확인하는 사람은 61퍼센트로 나타남.[8]
- 50퍼센트 — 스스로 중증 스마트폰 중독이라고 인정한 청소년 비율[9]
- 10퍼센트 — 샤워나 성관계 도중 스마트폰을 사용한 적이 있다고 대답한 미국 성인 비율[10]

위 통계는 현재 우리가 처한 상황이 얼마나 심각한지 보여준다. 그러면서 디지털 중독 문제가 다소 과장돼 있다는 의심을 불식시킨다.

하지만 위의 통계 수치만으로는 설명하지 못하는 한 가지가 있다. 우리가 스마트폰을 삶에서 중요하게 여기는 다른 어떤 것들보다 더 우선시하는 방식이다.

마케팅 업체 심플 텍스팅 Simple Texting이 진행한 최근 연구를 살펴보자. 심플 텍스팅은 스마트폰 소유자 1000명을 대상으로 설문조사를 진행, 여러 가지 딜레마 상황을 제시하고 한 가지를 선택하도록 했다. 예를 들어 '한 달 동안 떨어져 지내야 한다면 반려동물과 스마트폰 중 어느 쪽을 택하겠는가?'라는 질문에 응답자의 40퍼센트는 반려동물 대신 스마트폰을 택했다.

또 '한 달 동안 떨어져 지내야 한다면 연인과 스마트폰 중 어느 쪽을 택하겠는가?'라는 질문에 밀레니얼 세대 응답자의 44퍼센트는 연인 대신 스마트폰을 택했다.

세 번째 항목의 응답 결과는 가장 큰 이목을 끌었다. '한 달 동안 성관계 없이, 혹은 스마트폰 없이 지내야 한다면 어느 쪽을 택하겠는가?'라는 질문에 Z세대 응답자의 56퍼센트는 인간이 할 수 있는 가장 즐거운 행위인 성관계 대신 스마트폰을 택했다.[11]

최근 영국 밀레니얼 세대 500명을 대상으로 진행한 설문조사에 따르면, 응답자 중 12퍼센트는 '스마트폰을 포기하느니 차라리 실명하는 편이 낫다'라고 대답했다. 실명하면 어떻게 기기를 볼지는 알 수 없지만 말이다. 그리고 가장 충격적이었던 결과는 응답자 중 10퍼센트가 스마트폰을 포기하는 대신 손가락 하나를 자르겠다고 대답했다는 사실이다.[12]

이 모든 상황은 정상이라고 볼 수 없다. 제정신인 사람이라면 반려동물이나 연인, 손가락 대신 스마트폰을 택하겠는가?

이 질문을 바로 어제, 그러니까 콘텐츠 폭식 실험을 시작하기 전날에 받았다면 나는 제대로 대답하지 못했을 것이다. 하지만 실험 첫날이 끝난 지금, 14시간 동안 오롯이 콘텐츠에 노출된 나는 이 질문에 대한 답을 할 수 있다. 이 가상 콘텐츠 세계는 너무나 흥미롭고, 너무나 매혹적이며, 너무나 방대하다.

그 범위는 은하계에서 가장 멀리 떨어진 별을 넘어 무한대로 뻗어 있다.

여러분의 강아지는 그런 즐거움을 줄 수 없다. 고양이도 마찬가지다. 연인 또한 그렇다. 화면 밖의 모든 것은 물리법칙에 얽매여 있다. 하지만 태블릿, 스마트 TV, 스마트폰은 무한한 즐거움을 선사한다. 이들 기기는 끝없이 펼쳐진 콘텐츠 세상으로 통하는 문과 같다. 자칫 불안과 우울, 불면증, 스트레스가 찾아올 수도 있지만 손바닥 안에 펼쳐지는 가상 세계는 그 자체로 놀라움의 연속이다.

왜 우리는 생각을 마주하는 대신 전기충격을 가할까?

주의를 분산시키기란 매우 쉽지만,

자기 생각과 마주하기는 매우 어렵기 때문이다.

2장

디지털
중독

지극히 의도적으로
만들어진 덫

실험 둘째 날 아침. 나는 침대에 등을 대고 누운 채로 잠에서 깼다. 여전히 안대를 쓰고 있었지만 내 몸은 다시 움직일 준비가 된 것 같았다. 아드레날린이 가슴 위아래로 솟구치는 느낌이 들었다. 더블샷 에스프레소를 막 들이킨 양, 머릿속이 크리스마스트리처럼 환하게 밝아져 왔다.

몇 시쯤 되었을지를 추측해 봤다. 아마 오전 6시, 빠르면 5시 정도가 된 듯했다.

안대를 올리고 시계를 확인했다. 틀렸다. 새벽 2시 55분이었다.

이후 30분간 다시 잠들기 위해 고군분투했다. 피곤함이 밀려왔고 잠을 자야 했다. 하지만 전날 24시간 내내 시청했던 케이블 뉴스의 강렬한 장면이 머릿속을 가득 메웠다.

그러다 어느 순간, 전날의 풋볼 경기가 실제처럼 그려지기 시작했다. 유튜브 메인화면에서 스크롤을 하면 여러 장면이 정신없이 눈앞에 펼쳐지듯 말이다. 다만 내 머릿속 피드는 어제 본 가장 충격적인 이미지만 반복해서 보여줬다.

하나는 병원 침대에 누워 있는 여섯 살짜리 남자아이 영상이었다. PBS 뉴스 아워News Hour, ABC 나이틀리 뉴스Nightly News에서 본 장면이다. 로켓과 폭탄으로 습격당한 도심 한가운데서 병원 가운을 입은 아이가 코에 호흡관을 낀 채 고통으로 몸부림치며 "아빠, 아빠, 아빠"를 외쳐대고 있었다.

이런 이미지가 떠오를 때마다 마음이 움츠러들었다. 나는 이 사람들을 알지도 못하고 그들의 고통을 직접 보지도 못했지만 스마트폰에서 본 모습만으로 트라우마가 생긴 것이다.

어느 순간 나는 잠자기를 포기했다. 이 글을 쓰던 시간은 새벽 3시 40분. 어둠이 깔린 거실에 앉아 담요 두 장을 덮고 체온을 유지하고 있었다. 이 역설적인 느낌을 제대로 표현하고자 애를 썼다. 무척 피곤했다. 다시 잠들고 싶었다.

하지만 뒤에서 나를 밀어붙이는 어떤 힘, 그러니까 잠을 자고 싶은 육체적 본능보다 훨씬 더 강한 에너지가 느껴졌다. 그 끝에서 '모멘텀(물질의 운동량을 뜻하는 물리학 용어로 물체가 한 방향으로 지속적으로 움직이려는 경향을 비유적으로 표현하고 있다-옮긴이)'이라는 단어가 떠올랐다.

스마트폰을 들여다보고, 뉴스를 확인하고, 받은 메일함과 SNS를 위아래로 스크롤할 때마다 우리는 디지털 자극의 모멘텀을 생성하게 된다. 모멘텀의 원리는 플라이휠(속도를 조절하는 바퀴-옮긴이)이 회전하는 것과 비슷하다. 화면을 넘기며 흥분한 교감신경계가 정신없이 회전하는 것이다. 새로운 디지털 자극을 받을 때마다 교감신경계의 추진력이 더해지며, 추진력이 강해질수록 콘텐츠를 향한 충동을 멈추기는 더욱 어려워진다.

나는 이와 같은 미묘한 상황을 일상에서 거의 매일 경험한다. 온종일 대면 혹은 화상으로 여러 건의 회의를 마치고 나면 이 모멘텀은 나를 TV나 팟캐스트, 인스타그램, 페이스북의 뉴스피드에 몰두하게 만든다. 이런 활동은 산만함을 부추긴다.

그리고 실험의 한가운데에서 나는 가장 순수하고 과도한 형태의 모멘텀을 경험하고 있었다. 실험 첫째 날에는 평소보다 10배 많은 모멘텀을 생성했다. 그러자 둘째 날이 되었을 때 플라이휠의 회전 속도를 늦추기가 10배쯤 더 어려워졌다.

이 역설적인 불균형의 원리를 처음 접한 건 10년 전 요가 교사 연수 때였다. 당시 강사는 이것을 1990년대 세계적인 영성 리더인 디팩 초프라Deepak Chopra에 의해 대중화된, 고대 인도의 치유법 '아유르베다'의 핵심 원리라고 소개했다.

"몸과 마음이 균형을 잃고 한쪽으로 기울면, 그 방향으로 기울임을 부추기는 음식이나 활동, 사건을 더욱 갈망하게 된다."

이것은 우리의 생명이 작동하는 방식이기도 하다. 뒤에서 더 자세히 설명하겠지만, 호르몬 시스템과 우리 뇌 속 신경화학 물질은 이러한 불균형의 피드백 루프를 유지하는 데 중심적인 역할을 한다.

이것이 바로 모멘텀이다. 산만함을 부추기는 이 힘은 왜 우리가 잠을 자지 못하고 휴식을 취하지 못하며 끝없이 이어지는 생각 속에서 현재에 집중하지 못하는지, 왜 스마트폰을 내려놓을 수 없는지 그 이유를 설명한다.

콘텐츠 폭식을 시작한 이튿날에는 이른 아침부터 최근 벌어진 대법원 논란을 다룬 팟캐스트를 들었다. 패널들의 온갖 재치 있는 농담에 시간 가는 줄 몰랐다. 그 와중에 스마트폰 앱으로 《뉴욕타임스》부터 《월스트리트저널》, 지역 신문, ESPN, 내가 가장 즐겨 보는 덴버 브롱코스의 블로그부터 주식 시황까지 챙겨 보았다. 쉬지 않고 폭스 뉴스와 CNN 채널의 아침 뉴스 프로그램마저 시청했다.

수많은 미디어가 물밀듯이 몰려드는 가운데, 전혀 예상치 못한 순간 웃음이 터져나오는 유쾌한 경험을 하기도 했다. 첫 번째는 어젯밤 폭스 뉴스 진행자가 디즈니가 추진 중인 '사회적 불평등에 관한 어젠다'를 언급했을 때였다.

"이제는 가족과 디즈니랜드에 갈 때 양말을 챙겨야겠습니다. 아이들이 못 볼 것을 보지 않도록 얼굴에 씌워줘야 하니까요."

아이들 얼굴에 양말을 씌우겠다니!

두 번째는 아침 뉴스 앵커가 외신 특파원과 연결할 때였다. "안녕하세요, 알렉시스"라는 앵커의 인사에 특파원도 "안녕하세요, 알렉시스"라고 그대로 답했다. 이내 자신이 실수한 사실을 깨달은 그는 멋쩍은 듯한 표정으로 카메라를 바라보며 이렇게 말했다.

"어머, 방금 제가 제 이름으로 저한테 인사한 것 같아요."

뉴스가 끝난 후에는 광고가 나왔다. 고작 이틀 만에 낮 시간대 케이블 뉴스 광고에 푹 빠져버렸다. 각종 처방약 광고를 나오는 대로 모두 적어보기도 했다. 한 시간 남짓한 시간 동안 판상 건선, 당화혈색소A1C 수치 상승, 빈뇨, 편두통 발작 등의 질환을 치료하는 최신 약품에 관해 알게 됐다. 이후엔 엘비스 프레슬리와 전직 미국 대통령 몇몇의 성경을 소장 중이라는 성경 박물관 광고를 시청했다.

이런 경험을 되돌아보면서 놀라지 않을 수 없었다. 내가 여전히 모든 과정을 즐기고 있었기 때문이다. 실험 전, 나는 이틀만 지나면 분명히 디지털 포화 상태, 즉 스마트폰에서 앱을 열지 못하거나 연신 깜빡이는 TV 속 이미지를 계속 쳐다볼 수 없는 지경에 도달할 거라는 가설을 세웠다.

비슷한 한계는 아날로그 세계 어디서나 존재한다. 가령 마음껏 폭식을 하면, 처음 며칠은 즐겁다가도 어느 순간 몸이 아프다는 느낌이 들고 음식을 거부하게 된다. 또 여러 날 과도한 음주를 하면 더 이상 술을 한 모금도 마실 수 없는 상태에 이른다. 성관계 역시 일정 정도를 넘어서면 쾌락이 고통으로 바뀌고 더는 할 수 없게 된다.

나는 화면 속 가상 세계에도 이 같은 규칙이 적용된다는 생각으로 실험을 시작했다. 어느 순간에는 스마트폰, 아이패드, TV에 거부감이 들 거라 확신했다. 그리고 몇 가지 불편한 증상을 분명 경험했다. 첫째 날 밤에는 가벼운 두통이 있었다. 불안과 짜증이 지속됐다. 가끔 멍하고 어지러웠고 방향감각을 잃은 듯한 느낌이 들기도 했다. 심리학자 린다 스톤Linda Stone이 일명 '이메일 무호흡증'으로 명명한, 네모반듯한 화면 앞에서 일시적으로 숨 쉬는 법을 잊어버린 것 같은 증상도 경험했다.[1]

하지만 완전한 거부감이 들지는 않았다. 대신 내 마음 한구석에는 다음엔 또 어떤 재미있는 콘텐츠가 나올까 하는 기대가 자리하고 있었다. 어떤 것 하나에 지나치게 몰두할 수는 없는 아날로그 세계 속 중력의 법칙이 디지털 세계에는 적용되지 않는 것 같았다.

이 사실은 예상보다 더 무서운 결과를 초래했다. 디지털 세계에 대한 갈망이 커질수록 그 갈망은 무한대에 가까워졌다. 평생을 이 덧없는 쾌락의 파도를 타며 보낼 수도 있을 것 같았다. 그러다 문득, 뉴스에서 본 게임중독자들과 내가 그렇게 다르지 않다는 생각이 들었다.[2] 며칠 동안 잠도 자지 않고 먹지도 않다가 뇌졸중으로 피자 상자 더미에 얼굴을 묻고 죽어간 그들이 그렇게 될 수밖에 없었던 이유를 이해하게 되었다.

잠도 자지 않고 그렇게 긴 시간 동안 모니터 앞을 지키게 하는 힘은 과연 무엇일까? 무엇이 우리 모두를 스크린에 집착하게 만드는 것일까? 정답은 어렵지 않다. 중독이다.

디지털 기기를 가리켜 말하기에 중독이라는 단어가 다소 무겁고 거창한 것이 사실이다. 고작 손바닥만 한 화면일 뿐이지 않은가. 디지털 중독이 알코올이나 마리화나, 코카인, 오피오이드 같은 약물 중독과는 다르다는 점을 지적할 필요도 물론 있다. 하지만 점점 더 많은 연구가 디지털 기기에 집착하는 현대인의 습관을 게임중독, 쇼핑중독, 병적도벽 등과 함께 경증에서 중증의 '행동중독'으로 분류하고 있다. 뉴욕대학교 애덤 알터Adam Alter 교수는 이렇게 설명한다.

"행동중독은 특정 행동을 거부할 수 없을 때 발생한다. 단기적으로는 깊은 심리적 욕구를 해소하지만, 장기적으로는 심각한 해를 끼친다."[3]

도박중독자가 매일 밤 블랙잭 테이블로 돌아오는 이유는 단기간에 심리적 욕구를 충족할 수 있기 때문이다. 하지만 이런 단기적 쾌락을 몇 달 또는 몇 년에 걸쳐 추구하다 보면 장기적 이득이 파괴된다. 에이스가 되고 왕좌를 거머쥐는 짜릿함을 좇느라 직장, 가족, 돈을 모두 잃어버린 사람들의 사례를 우리는 이미 알고 있다.

이제 왜 우리가 그토록 스마트폰에 집착하는지도 쉽게 설명할 수 있다. 단기적으로 기분이 좋아지기 때문이다. 오늘날 많은 사람이 비슷한 경험을 한다. 뉴스 사이트나 SNS 피드, 이메일을 확인하면서 하루를 시작하는 것은 장기적 관점에서 그리 좋은 일이 아니다. 가족과 함께하는 소중한 시간을 기기에만 매달려 보내는 것도 장기적 관점에서는 바람직하지 않다. 하지만 우리는 그렇게 할 수 있고, 실제로 그렇게 한다. 두 상황 모두 단기적 관점에서 이득이 되어서다.

여기까지 왔는데도 여전히 스크린을 향한 충동을 중독이라 할 수 있는지 의문이 드는 사람들을 위해 한 가지 이야기를 더 소개하려 한다. 나는 내가 정말 중독 상태인지 확인하기 위해 과학적으로 검증된 인터넷 중독 평가IAA를 활용하기로 했다.[4]

오늘날 많은 이들처럼 나 역시 시간이 나면 자연스레 스마트폰을 집어 들고, 문자가 오면 바로바로 확인한다. 또 스트레스나 불안, 부담감을 느낄 때면 자연스럽게 디지털 기기에 손이 간다.

내가 받은 37점은 '경계성 인터넷 중독' 단계에서 가장 높은 점수다. 이뿐만 아니라 인터넷 중독 테스트IAT도 받았는데, 결과는 44점으로 '경미한' 인터넷 중독에 속하는 것으로 나왔다.[5] 첸 인터넷 중독 척도CIAS 검사에서도 비슷한 결과를 받았다.[6] 이 기준에 따르면 나는 '경증'에서 '중증'으로 넘어가는 디지털 중독 경계에 속해 있었다.

여기에서 강조하고 싶은 사실은 이 점수의 주인공이 게임 중독자가 아니라는 점이다. 매일 명상하고, 주의 산만에 대한 글을 쓰고, 스마트폰 사용 시간을 제한하기 위해 수많은 전략을 사용하는 사람의 점수가 이렇게 나온 것이다.

비판론자들은 내가 겪고 있는 이 징후가, 심각한 디지털 중독자의 증상은 아니라고 주장할 수 있다. 스마트폰 때문에 은행 잔고가 바닥난 것도, 결혼 생활이 파탄 난 것도 아니라는 사실을 근거로 들면서 말이다.

하지만 이런 비판론자들의 기준은 지나치게 높게 설정되어 있다. 비판론자들은 디지털 중독을 마치 스위치를 켜고 끄는 행위처럼 이분법적으로 해석한다. 이들은 사람이 세상과 소통할 수 없을 정도로 극심한 중독 상태와 기기를 집어 들고 싶은 충동에서 완전히 벗어난 자유 상태, 둘 중 하나에 위치한다고 본다.

하지만 디지털 중독에 대한 평가는 이보다 훨씬 더 면밀하게 이루어져야 한다. 디지털 중독을 좀 더 세밀한 척도를 통해, 즉 양극단 사이에 여러 회색 지대가 존재하는 스펙트럼으로 이해한다면 우리 중 대다수는 경중에서 중증의 중독 상태에 있을 것이다. 물론 디지털 중독으로 인해 우리 삶이 완전히 파괴된 건 아니다. 하지만 삶의 질이 서서히 나빠지고 있다는 사실 역시 부인할 수 없다.

✤

우리가 느끼는 이런 감정은 결코 우연의 결과가 아니다. 〈소셜 딜레마Social Dilemma〉 같은 폭로성 다큐멘터리와 구글Google, 메타Meta 등 대기업의 내부 고발자들은 우리의 시선이 스마트기기에 묶이게 된 배경에 정교한 시스템이 자리하고 있다고 폭로했다. 유능한 기술자와 인공지능 알고리즘의 합작품인 이 시스템은 인간의 심리적 취약점을 악용해 우리가 중독 상태에서 벗어나지 못하도록 조장한다.

니르 이얄Nir Eyal은 자신의 저서 『훅: 일상을 사로잡는 제품의 비밀』에서 이처럼 시선을 사로잡는 주요 혁신 중 하나로 '가변적 보상'을 꼽았다. 칫솔, 자동차, 잔디 깎는 기계 등의 도구와 상호작용할 때 우리는 각각 깨끗한 치아, 안전한 도착, 정돈된 잔디라는 예측 가능한 보상을 경험한다. 반면 문자나 이메일, SNS, 즐겨 찾는 뉴스사이트와 상호작용할 때 주어지는 보상은 그처럼 단순하지 않다. 그때의 보상은 새롭고 예상치 못한 방식으로 주어진다. 무한한 참신성. 이것이 바로 가변적 보상의 마법이다.

이는 아날로그 세상과 디지털 세상 사이에 존재하는 중요한 차이다. 이얄이 이야기한 것처럼 아날로그 세계의 예측 가능한 보상은 욕구를 유발하지 못한다. 불이 켜지는 모습을 보기 위해 냉장고 문을 반복적으로 여는 사람은 없다. 하지만 냉장고를 열 때마다 마법처럼 새로운 간식이 나타난다면 당연히 호기심이 생길 것이다.[7] 가변성이 매력적일 수밖에 없는 이유에 대해 이얄은 다음과 같이 부연했다.

"우리는 세상이 돌아가는 방식에 대해 특정한 가정을 가지고 있다. 그런데 일이 예상했던 방식대로 풀리지 않는다면 어떨까? 진화론적 관점에서 보면 이는 세상의 또 다른 원리를 배울 기회이므로 자연스럽게 여기에 몰입하고 집중하게 된다."

요컨대 우리는 이 같은 가변성과 불확실성이 더해지는 순간에 특별히 더 집중할 수밖에 없다는 것이다. 우리가 영화를 보고, 책을 읽고, 스포츠 경기 관람을 즐기는 이유가 바로 여기에 있다. 이얄은 이렇게 덧붙였다.

"2년 전 슈퍼볼 게임에서 어떤 팀이 우승했는지에 누가 관심을 두겠는가? 우리는 불확실한 결과를 알고 싶어 한다. 다음 경기에서 누가 이길지 궁금해한다."

이처럼 새로움을 갈망하는 인간의 습성을 '새로움 편향'이라고도 부른다. 새로움 편향은 그 자체로는 좋지도 나쁘지도 않지만, 이를 억제하지 않고 방치하면 우리에게 딱히 도움이 되지 않는 가변적 보상조차 마냥 좋도록 만든다. 이에 대해 심리학자 대니얼 레비틴Daniel Levitin은 다음과 같이 설명한다.

"우리는 전화를 받고, 인터넷에서 뭔가를 검색하고, 이메일을 확인하며 문자를 보낸다. 이 모든 행위는 우리 뇌 속의 새로움과 보상을 추구하는 중추를 조정해 통증을 완화하는 화학 물질인 내인성 오피오이드가 분비되도록 유발한다. 그 결과 기분은 좋아지지만 업무는 제대로 처리할 수 없게 된다."[8]

도파민에 따른 중독 피드백 루프는 다음과 같이 작동한다. 알림이 울리면(단서) 이것이 새로움에 대한 편향(갈망)을 촉발하고, 스마트폰을 열면(반응) 바로 그 순간 뇌의 신경전달물질인 도파민이 폭발적으로 분비돼 쾌감과 그 이상의 갈망(보상)을 느끼게 된다.[9] 급격히 분비된 도파민이 사라지는 동시에 다음 쾌락을 향한 갈망이 다시 생겨나므로 현상은 멈추지 않고 반복된다.

다만 새로움을 추구하는 경향이 우리가 스크린을 갈망하는 유일한 이유라고 오해해서는 안 된다. 이 모든 과정은 알림이 울리는 데서 시작한다. 스크린 관련 기술은 인간 두뇌의 약점을 적절히 파고들도록 설계되었다. 화면을 미끄러지듯 스크롤하는 기술은 유튜브 동영상이나 넷플릭스 프로그램이 끝난 후에도 기기를 내려놓지 못하게 만든다. '좋아요'와 '최고예요' 표시, 댓글, 하트와 같은 사회적 보상 전략은 비교와 인정에 관여하는 뇌 구조를 활성화한다. 출석을 기록하는 장치는 매일 기기에 로그인하도록 동기를 부여한다.

이 기술들은 무언가를 갖기 전보다 갖고 난 후에 그것의 가치를 더 높게 평가하는 일명 '소유 효과', 즉 손실에 대한 우리의 혐오감을 악용한다. 근사한 프로필을 설정하고 팔로워를 확보하며 더 높은 레벨로 올라가려면 시간과 에너지를 투자해야 하는데, 사람들은 그 같은 노력이 낭비라는 느낌을 받지 않으려고 다시 스마트폰을 집어 든다. 이는 우리의 관심을 끌도록 프로그래밍된 주머니 속 작은 기기의 수많은 전략 중 일부에 불과하다.[10]

이 모든 과학이 중요한 이유는 무엇일까? 무언가에 주의를 집중하는 시간이 계속 짧아지는 이유, 중요한 일을 하는 와중에도 쉽게 산만해지는 이유, 인생의 멋진 순간을 놓치는 이유를 설명하는 데 도움이 되기 때문이다. 이를 통해 궁극적으로 오늘날 점점 더 많은 사람이 삶에서 닫는 순간은 많아지고 여는 순간은 적어지는 이유를 설명할 수 있게 된다. 우리는 스크린에 중독돼 있다.

우리는 그저 습관을 따를 뿐이다.

매일 반복하는 익숙한 흐름이

우리를 이 작고 아늑한 산만함의 세계로 계속 돌아오게 한다.

3장

양극화

분노로 가득한 세상에서
살아가기

36시간이 지난 후, 콘텐츠 폭식 실험은 예상하지 못한 방향으로 흘러갔다. 나는 산책을 나갈 준비를 하면서 그 시간에 들을 만한 흥미로운 정치 팟캐스트 프로그램을 찾고 있었다. 방해받지 않는 자연 산책 같은 건 내 선택지에 없었다. 그런데 문제가 하나 발생했다. 즐겨 듣던 팟캐스트의 에피소드를 모두 들었고 평소 흥미를 느낄 만한 기사도 모두 읽은 상태였다. 케이블 뉴스에서도 좌파와 우파 대결 구도의 뻔한 뉴스만 쏟아내고 있었다.

결국 지루해진 것이다.

바로 이때 새로움 편향이 발동했다. 뭔가 색다른 것, 더 강력한 콘텐츠에 대한 욕구를 느끼던 중 우연히 샌디훅Sandy Hook

총기 참사는 거짓이며 유가족은 모두 돈을 받고 고용된 이들이라고 주장한 악명 높은 음모론자 알렉스 존스Alex Jones의 팟캐스트를 듣게 됐다. 콜로라도 산기슭에서 조용히 산책하던 나는 순식간에 그들의 대화에 빨려들어 갔다.

대화는 20대 후반의 두 진행자와 존스의 농담으로 시작됐다. 이윽고 진행자가 현재 미국의 정치 환경에 대한 견해를 말해달라고 존스에게 요청했고 존스는 여태껏 내가 들어본 중 가장 거친 논조로 말을 이어갔다.

최선을 다해 그의 생각을 요약해 보겠다. 존스는 부패한 범죄 집단이 미국 자유주의 정치인을 매수해 자신들의 의견을 관철시키고 있다고 생각한다. 이 보이지 않는 범죄 집단이 민주당을 일종의 '정치적 망치'로 사용해 미국의 근간을 무너뜨리고 있다는 것이다. 그에 따르면 이 집단은 '제임스 딘과 마이클 조던'으로 대표되는 미국 문화의 우수성에 심각한 위협을 느낀다. 따라서 자유주의 엘리트들을 이용해 미국과 자본주의 체제를 파괴하고, 궁극적으로는 전 세계를 디스토피아적 폭정으로 몰아넣을 반인륜적 공산주의를 추진하려 한다. 사탄을 숭배하는 이 악마 집단은 완전한 통제권을 갖게 되면 인류의 90퍼센트를 순차적으로 몰살해 자신들의 권력을 더욱 공고히 할 것이다.

이 대화에서 가장 말이 안 되는 부분은 무엇일까? 바로 존스를 인터뷰하는 두 진행자가 마치 예수님을 인터뷰하는 사람처럼 흥분 상태였다는 사실이다. 두 사람은 두 시간이 넘는 대화 동안 연신 "말도 안 돼요" "젠장" 같은 감탄사를 쏟아냈다. 그 내용을 더 구체적으로 소개하고 싶지는 않다. 존스가 그나마 제정신으로 보였던 순간이 딱 한 번 있었다. "소위 '도마뱀 사람들'이라고 불리는 집단이 배후에 있다고 믿느냐?"라는 질문에 대한 대답이었다. 악마 집단이 초부유층 엘리트 진보주의자들이 아닌 인간을 뛰어넘은 도마뱀 무리에 의해 운영된다는, 온라인에 떠도는 낭설을 믿느냐는 질문이었다. 다행히도 존스는 이 황당무계한 주장에 선을 그었다.

"아니요. 도마뱀이 배후에 있진 않은 것 같아요. 그저 악마를 숭배하는 똑똑한 진보주의자들입니다."

이들의 대화로 인해 내 방향감각은 완전히 상실됐다. 지금까지 내가 소비하던 것이 '디지털 정크푸드'였다면 이것은 '디지털 헤로인'이었다. 이전까지는 콘텐츠 폭식 실험을 하면서도 스스로를 통제할 수 있다고 느꼈다. 하지만 이때는 그러지 못할 수도 있다는 두려움이 엄습했다. 내 머릿속은 그야말로 소용돌이쳤다.

이 인간 이거 제정신이 아니네. 누가 이걸 믿어? 말도 안 돼. 그런 허무맹랑한 소리를 듣고 있는 진행자는 더 나쁜 놈이네. 이런 미치광이를 초대하다니. 아니야, 혹시 또 모르지? 저놈 말이 하나라도 맞는다면? 아니, 그런 생각은 하지도 마.

나는 이어폰을 꽂은 채 공터 사이로 난 구불구불한 길을 걷던 중이었다. 주변 나무에서는 새 떼가 지저귀고, 길 가장자리에는 초록색 풀잎이 빼꼼히 고개를 들고 있었다.

내가 저 이야기에 빠져들면 어쩌지? 그건 사실이 아니잖아. 그럴 리가 없어. 하지만 날것 그대로를 말하고 있잖아. 어떤 면에선 흥미진진해. 이걸 믿게 되면 난 가족과 친구들을 잃고 말겠지? 그럴 거야. 그들은 아무것도 모르지. 그저 지구가 둥글다고 생각하니까. TV 뉴스에 나오는 것만 진짜라고 믿지. 하지만 난 다른 걸 볼 수 있어. 실제로 무슨 일이 일어나고 있는지 알아.

작은 오두막으로 떠나야겠지. 방 하나짜리 작은 오두막으로. 지역은 몬태나가 되려나? 아니, 거긴 너무 추워. 따뜻한 애리조나가 좋겠다. 판자로 된 창문이 있는 곳. 벽에는 도표를 붙여놓아야지. 압정과 줄을 이용해 일련의 사건을 지도 형식으로 죽 그려봐야지. 홀로코스트, 달 착륙, 9·11 테러… 모두 여기에 속할 거야.

오, 맙소사. 내가 지금 무슨 생각을 하는 거지?

이 생각의 소용돌이 때문에 나는 마치 마약을 한 것 같은 착각에 빠졌다. 영화 〈환상 특급〉의 한 장면이 펼쳐진 것 같기도, 어두운 지하 세계로 빠져드는 것 같기도 했다. 마약은커녕 술도 한 모금 안 마시고 맑은 정신으로 아름다운 봄날에 익숙한 거리를 걷고 있었는데 말이다. 고작 몇 시간 전, 술에 잔뜩 취해 폭스 뉴스 채널과 CNN에서 흘러나오는 전문가들의 농담을 듣고 있을 때보다 더 혼란스러운 심정이었다. 불안했고 화가 났으며 겁도 났다.

하지만 진짜 무서운 건 따로 있었다. 콘텐츠 폭식을 경험하는 동안 느껴본 것 중 가장 강렬한 갈망이 찾아왔다. 그건 바로 존스에 대해 더 많이 알고 싶다는 갈망이었다.

이 인터뷰와 여기서 촉발된 욕망은 콘텐츠 폭식을 새롭고 불안한 방향으로 이끌었다. 팟캐스트가 끝날 무렵, 진행자는 팟캐스트 슈퍼스타 조 로건Joe Rogan과 알렉스 존스의 '전설적인' 인터뷰를 들어보라고 추천했다. 이들의 조언에 따라 나는 무려 세 시간 동안 석탄이 실제로는 청정연료이며, 코로나19 팬데믹이 다가오는 자유주의·진보주의 폭정에 대비해 고안된 음모라는 이야기를 듣게 됐다.

잘못된 정보의 늪에 깊이 빠져들수록, 그것을 맹신하는 일이 얼마나 쉽게 벌어지는지 놀랐다. 민주주의 제도 밖에 숨은 권력 집단이 있다거나 미국항공우주국NASA이 실제로는 달에 사람을 보낸 적이 없다는 황당한 이야기를 들으면서 완전히 새로운 현실, 수년 동안 묻혀 있던 진실을 발견했는지도 모른다는 생각에 엄청난 흥분감에 휩싸였다. 내가 좋아하는 후보의 지지율이 올라갔다는 소식이 주는 충격보다 수천 배는 더 강한 느낌이었다. 머릿속 화이트보드에 몰랐던 사실 하나를 더하는 정도가 아니었다. 화이트보드에 적힌 모든 내용을 모두 지우고 세상이 작동하는 방식에 대해 전혀 다른 기본 지식을 채우는 느낌이었다. 한때는 당연하게 여겼던 사실, 부모님의 말씀이나 TV에서 얻은 모든 정보가 완전히 거짓일지도 모른다니. 그 의심과 깨달음의 과정은 실로 놀랍다. 이 깊은 깨달음 뒤에는 생각지 못한 선물이 찾아온다. 당신이 현실의 최전선에 있는 소수의 사람만이 공유하는 특별한 인사이트를 갖게 되었다는 느낌이다. 삶의 진정한 작동 방식을 이해하는 소수의 선택받은 사람이 된 것만 같다.

나는 처음으로 내 친구 어맨다의 아버지 프랭크에게 깊이 공감했다. 그는 위와 같은 이론을 탐구하는 데 인생을 바친 인물이다. 30년 전 10대 시절, 어맨다네 집에 놀러 갔을 때 프랭크를 처음 만났다. 당시 그는 금융 분야에서 일하고 있었다. 대학

졸업장을 갖고 있었고, 철학과 역사에 대해 이야기하기를 즐겼다. 그는 민주당에 투표했지만 특별한 정치적 성향은 없었다.

20년 후, 이혼의 고통을 겪은 그는 삶의 공허함을 채울 뭔가를 찾아 헤맸다. 그렇게 태평양 북서부에 있는 한 공동체에 들어가 명상을 하고 영성에 관한 책을 읽으며 하루하루를 보냈다. 물론 요리와 청소, 건물 관리도 병행했다. 그러다 두 번째 거절의 순간이 찾아왔다. 공동체 리더가 프랭크를 쫓아낸 것이다. 프랭크의 건강에 문제가 생기자 리더는 이렇게 말하며 그를 내보냈다.

"당신은 깨달음에 도달할 체력도, 시간도 없다. 그저 다른 사람 자리만 차지하고 있을 뿐이다. 그러니 이제 떠나라."

큰 충격을 받은 프랭크는 짐을 꾸려 공항으로 향했다. 집으로 돌아갈 참이었다. 비행기 탑승을 기다리던 그는 우연히 옆자리 남성과 대화를 나누게 됐다. 연약한 모습의 프랭크와는 달리 이 남성은 얼핏 봐도 자신감이 넘쳐 보였다. 대화는 이내 남자가 열정을 바치는 대상에 관한 이야기로 이어졌다. 그것은 인터넷에서 음모를 꾸미는 컴퓨터 과학자를 쫓는 일이었다.

바로 이때 프랭크의 인생은 완전히 바뀌었다. 영성을 탐구하던 그의 열정은 이후 10년간 완전히 새로운 이론의 그물망으로 옮겨갔다. 그는 큐어넌QAnon 단체(도널드 트럼프의 지지자 집단–옮긴이)의 충실한 일원이 되었고, 자연히 가족에게서 멀어졌다.

난 오랫동안 프랭크를 이해할 수 없었다. 그는 왜 모든 사람들과 멀어졌을까? 왜 자신의 손자들마저 만나길 거부했을까? 그의 인생에서 진짜 중요한 것은 무엇일까?

하지만 이제 나는 프랭크를 새로운 관점에서 이해하게 됐다. 큐어넌 같은 단체의 주장들은 거칠고 허무맹랑하지만, 꽤 흥미진진하다. 다른 어떤 것과도 비교가 안 될 만큼 강력하게 우리 뇌의 새로움 편향을 자극한다. 이 디지털 헤로인의 매력에 푹 빠졌다면, 나 역시 손주 만나는 걸 포기할지언정 거기에서 빠져나오길 거부했을지도 모른다.

프랭크의 이야기는 디지털 중독과 정치적 분노의 원인에 대한 중요한 통찰을 제시한다. 이런 행동은 대개 충족되지 못한 정서적 욕망을 충족하려는 더 깊은 욕구에서 비롯되는 경우가 많다. 실제로 심리학자 카렌 더글러스Karen Douglas의 연구에 따르면, 사람들은 다음의 네 가지 요소가 복합적으로 작용할 때 음모론에 빠져든다. 불확실한 상황, 안전하고 싶은 마음, 힘과 자율성에 대한 욕구, 자기 자신과 자신이 속한 집단을 긍정하려는 갈망이 바로 그것이다.[1]

디지털 중독에 관한 또 다른 연구도 이와 비슷한 사실을 시사한다. 강박적으로 스마트폰을 확인하는 행동 이면에는 더 깊은 정서적 상처가 숨어 있다는 것이다. 홍콩의 대학생을 대상으로 진행된 이 연구는 디지털 중독이 악순환 때문에 발생한다고 주장했다.[2] 우리는 외로움을 느낄 때 디지털 기기에서 위안을 찾지만, 이는 우리를 더 외롭고 방황하게 해, 결국 디지털 기기에서 위로를 찾고자 하는 갈망을 더욱 부풀린다.

이것은 매우 중요한 내용으로, 추후 열림 실천법을 다룰 때 다시 언급할 것이다. 디지털의 유혹에서 벗어나 각종 산만함과 분노를 끊어내고자 노력할 때, 새롭게 최적화된 습관을 만드는 것만으로는 충분치 않은 경우가 많다. 애초에 산만함이 없는 삶을 무섭고 불편하다고 느끼게 만드는 깊은 정서적 상처부터 해결해야 할 수도 있다.

우연히 시작된 음모론 탐구는 실험 3일 차에도 계속됐다. 다시 미디어의 '변방'에서 '주류'로 복귀하며 두 가지 사실을 깨달은 나는 큰 충격을 받았다. 첫째, 모두가 분노에 가득 찼다는 사실이다. 비단 알렉스 존스나 음모론자뿐 아니라 케이블 뉴스의 앵커와 게스트도 마찬가지였다. 주요 신문의 사설은 물론 정치 문제를 다루는 SNS의 게시물 또한 분노로 점철돼 있었다. 심지어 모두가 이러한 분노의 고리를 이어가길 원하는 것처럼 보였다. 평범한 사람이 쓴 합리적인 선거 관련 글에는 아무도 '좋아요'를 누르지 않을 것이라는 사실을 정치인과 인플루언서, 미디어 기업, 음모론자들까지 모두가 알고 있다. 하지만 그 글에 폭력적인 수사와 허위 사실, 선거의 상대 진영이 적이라는 주장을 살짝만 가미한다면? SNS 플랫폼의 알고리즘이 알아서 여러분의 게시물을 입소문 내줄지도 모른다.

둘째, 이처럼 고립된 정보를 쏟아내는 공간의 분노가 우리로 하여금 서로에게 마음을 닫도록 만든다는 사실이다. 폭스 뉴스를 듣다 보면 자연스레 '사회적 불평등에 관한 어젠다'를 내세우는 급진 좌파를 경멸하게 된다. 《뉴욕타임스》 오피니언 페이지를 읽다 보면 공화당 극우주의자들이 민주주의의 근간을 훼손하고 있다는 느낌을 지울 수 없다. 알렉스 존스의 말에 귀 기울이면 미국을 포함해 전 세계를 파괴하려는 비밀 범죄 집단이 음모를 꾸미고 있다는 생각을 걷잡을 수 없다. 여러분이 어떤 정당을 지지하든, 누구에게 투표하든 상관없다. 오늘날 우리가 가는 모든 곳에는 피해자와 악당, 진실을 위한 정의로운 십자군과 완전히 그릇된 적이 존재한다. 그리고 악당은 비단 TV 속 인물에만 국한되지 않는다. 그들은 우리의 이웃이나 친구, 가족, 심지어 내 아이일 수 있다.

이처럼 나의 콘텐츠 폭식 실험은 끔찍한 방향으로 흘러갔다. 예상치 못했던 과정에서 나는 우리가 자신의 삶뿐만 아니라 서로를 향해 마음의 문을 닫게 되는 두 번째 힘이 있음을 새롭게 이해하게 됐다. 그것은 바로 양극화의 힘이다.

나는 스마트폰을 사용하거나 페이스북 계정을 만들기 전부터, 그리고 명상법을 알기 훨씬 전부터 정치적 양극화의 영향을 탐구하는 데 몰두했다. 2005년 당시 박사과정 3년 차 학생이던 나는 막 논문 작업을 시작했었다. 주제는 정치적 수사와 양극화였다.

나는 기독교 우파를 사례 연구 대상으로 삼아 제임스 돕슨James Dobson의 '포커스 온 더 패밀리Focus on the Family' 같은 활동가들과 여러 해를 함께 보냈다. 나는 집단 구성원이 다른 관점에서 완전히 격리되어 일방적인 정보만을 제공받는 '고립된 인프라'의 위험성을 강조했고, 이 내용은 『스핀의 도덕성The Morality of Spin』이라는 내 첫 번째 책으로 출간됐다.

당시 민주주의 이론에 관한 연구가 증가하면서 인터넷 채팅그룹과 고립된 미디어의 위험성을 지적하는 분위기 역시 형성되고 있었다. 하버드대학교의 캐스 선스타인Cass Sunstein 교수는 이 같은 현상을 '집단 양극화'로 명명했다. 이 연구팀은 관련된 한 실험에서 전통적인 진보 도시 콜로라도주 볼더의 민주당 지지자로 구성된 '블루 스테이트 그룹'과 전통적인 보수 도시 스프링스의 공화당 지지자로 구성된 '레드 스테이트 그룹'을 구성했다. 연구팀은 두 그룹에게 동성 결혼, 차별 철폐 조치, 지구온

난화 등의 사안에 대해 그룹 내 토론을 진행하고 토론 15분 전과 토론 15분 후에 자신의 의견이 어떻게 변했는지 추적하도록 했다.

같은 생각을 가진 사람들과 이야기를 나눈 후 이들에겐 어떤 변화가 찾아왔을까? 선스타인 교수는 "거의 모든 구성원이 토론 후에 더 극단적인 입장이 되었다"라고 발표했다.[3] 즉 같은 견해를 가진 사람들과 이야기할 때 생각은 더 극단으로 치우치고 급진적으로 변한다는 것이다.

2005년에도 양극화는 심각한 문제처럼 보였다. 하지만 당시 스탠퍼드대학교의 모리스 피오리나Morris Fiorina 같은 정치학자들은 이 문제의 범위를 조심스레 제한했다. 정치적 양극화는 케이블 뉴스쇼의 전문가와 정치인에게만 국한된 엘리트 현상이라고 보았던 것이다.[4]

그러나 이후 20년간 스마트폰과 트위터, 페이스북 그리고 인스타그램 같은 각종 SNS가 등장했고 중앙에서 통제하는 미디어가 점차 힘을 잃게 되면서 이 같은 분열의 문화는 사회 곳곳으로 번졌다. 더 이상 정치 전문가만 서로에게 분노하지 않는다. 양극화는 주류가 되어 가족 모임이나 학교 행사, 그리고 이전에는 비정치적이었던 다른 활동에서까지 양극화 현상이 나타난다. 심지어 국경도 가리지 않고 전 세계적으로 빠르게 퍼지고 있다. 이와 관련해 가장 많은 연구가 이루어진 미국의 상황을

살펴보자.[5]

- 2020년 미국 대통령 선거에서 트럼프와 바이든 지지자 중 77퍼센트는 상대 후보를 지지하는 친구가 "소수에 불과하거나 전혀 없다"라고 답했다.[6]
- 유권자의 86퍼센트는 "지난 몇 년간 반대 정당을 지지하는 사람과 데이트하는 것이 더 어려워졌다"라고 답했으며, 45퍼센트는 "반대 정당 지지자와 데이트하지 않겠다"라고 답했다.[7]
- 미국인의 59퍼센트는 "자신의 견해에 반하는 사람과 정치 이야기를 나눌 때 스트레스와 좌절감을 느낀다"라고 답했다. 이는 2016년의 46퍼센트보다 훨씬 증가한 수치다.[8]

우리가 소통하는 방식에 대한 이 같은 통계 수치는 꽤 놀랍다. 상대 진영에 대한 우리의 믿음이 점점 더 극단으로 치닫고 있음을 보여주는 연구 결과는 더욱 놀랍다.

- 지난 30년간 상대 정당을 수용하는 정도는 꾸준히 감소해 왔다. 1980년대 미국인의 47퍼센트는 상대 정당에 대해 "호의적이고 흥미가 있다"라고 답했지만 지금 그 수치는 25퍼센트에 불과하다.[9]

- 정치 간행물 「치명적인 대중 당파성 Lethal Mass Partisanship」에 따르면, 민주당과 공화당 지지자의 42퍼센트가 상대방을 "완전한 악"으로 규정했다. 지난 선거에서 투표한 1억 3700만 명 중 약 4900만 명이 상대방을 악으로 간주했다는 뜻이다.[10]
- 또한 공화당원과 민주당원 5명 중 1명은 상대 진영이 "완전한 인간으로 간주할 만한 특성이 부족하고 마치 동물처럼 행동한다"라고 말했다. 공화당원의 16퍼센트, 민주당원의 20퍼센트는 "상대 진영 다수가 죽어버리면 나라가 좀 더 나아질 것"이라고 답했다.[11]

이와 같은 통계는 우리가 내면 세계와 외부 세계 모두에 마음의 문을 닫고 있음을 보여준다. 스마트폰 화면에 몰두하는 사이 우리는 자신에게 마음의 문을 닫아버린다. 그리고 내가 지지하지 않는 후보에게 투표하는 사람들, 내가 보는 채널과 다른 노선의 뉴스 채널을 시청하는 사람들, 혹은 나와 다른 생각을 하는 사람들에게까지 모두 문을 닫아버린다.

3일간의 콘텐츠 폭식 실험이 끝나갈 무렵, 걷잡을 수 없는 피로가 밀려들었다. 수면 패턴은 완전히 망가졌다. 3일째 아침에는 전날보다 더 일찍, 새벽 2시 40분에 눈이 떠졌다. 건망증이 심해졌고 딸과의 대화에 좀처럼 집중할 수 없었다. 파편화된 생각은 머릿속을 빙빙 맴돌았다.

한 가지를 더 깨닫고 있었다. 이와 같은 의도적인 3일간의 실험으로는 콘텐츠에 갇혀 지낸 지난 몇 년간의 경험을 온전히 재현할 수 없다는 사실이었다. 실험이 진행되는 동안 나는 이 기간이 곧 끝날 것이며, 이 모든 행위를 의식적으로 하고 있음을 늘 인식했다. 그래서 콘텐츠에 완전히 사로잡히는 경험은 사실상 한 번도 해보지 못했다.

하지만 좋은 것과 나쁜 것의 경계를 없애는 탄트라 수행의 측면에서는 분명 효과가 있었다. 무절제한 탐닉이 완전한 영적 깨달음으로 이어지진 않았고, 초감 트룽파가 말한 '우주적 오르가슴'을 느끼지도 못했다. 하지만 콘텐츠를 향한 불타는 욕망은 며칠에 걸쳐 서서히 사그라들었다. 스마트폰이 제공하는 새로움이 사라졌다. 새롭게 경험하는 자유였다.

실험이 끝난 다음 날 아침 신기한 일이 일어났다. 침대에서 일어나 아내와 대화를 나누는데 문득 '평소라면 스마트폰을 들고 화장실로 갔을 텐데' 하는 생각이 들었다. 지난 10년간 거의 매일 그랬던 것과 달리 스마트폰을 집어야겠다는 생각이 들지 않았다. 욕구 자체가 생기지 않았다. 처음에는 일시적으로 우연히 이런 기분이 드는 게 아닐까 걱정했다. 하지만 다음 날에도,

그다음 날에도 똑같았다.

탄트라 수행 동안 스마트폰 화면 뒤에 숨어 있던 마법이 사라진 듯했다. 비유하자면 첫사랑을 경험한 10대 시절과 비슷했다. 고등학생 시절, 열정과 호기심이 가득했던 첫사랑의 느낌을 기억하는가? 상대가 잠에서 깨어나 양치하고, 밥을 먹고, 화장실에 가는 일거수일투족을 지켜보면서 사소한 질투와 낮은 자존감으로 마음이 무너졌던 기억이 있을 것이다. 이처럼 욕망의 대상에 완전히 몰입하는 경험은 난제를 해결하는 데 큰 도움이 될 수 있다. 그 경험 이후에는 결코 이전과 같은 방식으로는 상대방을 볼 수 없게 된다.

이것이 바로 스마트폰과의 관계에서 내게 일어난 일이다. 험난한 과정을 거쳤으니 난제의 첫 매듭은 푼 셈이다. 이제 나는 스마트폰이 무엇을 제공하는지 속속들이 알게 됐다. 이 얇은 스마트폰이 내게 미친 막강한 영향력, 즉 새로움을 욕망하는 마음을 일부나마 깨트렸다.

여러분의 디지털 욕구는 나와 다른 형태일 수 있다. 게임이나 문자, 요리 프로그램, 온라인 쇼핑, 유튜브, 스포츠뉴스, 포르노 등 욕구의 대상은 무수히 많다. 하지만 콘텐츠가 다르더라도 매료되는 경험 자체는 같다. 그러니 이제 여러분에게도 자신만의 취향이 한껏 반영된 산만함의 뷔페를 탐욕스럽게 즐기는 과정이 어떤 느낌인지 엿볼 수 있는 하나의 창문이 생겼을 것이다.

다음 주제로 넘어가기 전에 잠시 시간을 내어 다음 질문에 대해 생각해 보자.

이미 닫혀버린 마음의 덫에서 벗어나기 위해 오늘 내가 할 수 있는 일은 무엇인가?

아마도 여러분은 생활에 몇 가지 작은 습관을 더해야 한다고 대답할 공산이 크다. 하지만 이런 방법만으로는 닫힘의 힘을 극복하기 쉽지 않다. 칼 뉴포트Carl Newport는 『디지털 미니멀리즘』에서 이렇게 언급했다.

"여러분이나 나 같은 한낱 개인은 인류 역사상 가장 정교한 기술, 즉 새로움을 향한 인간의 욕구를 악용해 가능한 한 오래 그 자리에 머물도록 설계된 인공지능 알고리즘에 맞서 싸우고 있다. 이는 마치 다윗과 골리앗의 싸움과 같다."[12]

골리앗을 상대로 승리하려면 단편적인 해결책이 아닌 총체적인 해결책이 필요하다. 우리 삶에 완전히 새로운 행동 구조를 만들어야 한다. 가장 중요한 것에 집중할 자유를 빼앗는 기술의 힘을 무력화하면서, 동시에 이런 기술의 이점은 누릴 수 있게 하는 그런 체계가 필요하다. 자신만의 구조를 만드는 데 도움이 되는 다양한 팁과 도구를 책 말미에 '열린 마음 실천 가이드'로 정리해 두었다. 당장 동기부여를 하고 싶다면 중간 단계를 건너뛰고 '디지털 중독을 끊어내는 도구'와 '극단적 의견 대립을 극복하는 도구'부터 살펴보자.

하지만 순서대로 읽기 원하는 분들을 위해 매우 간단하지만 강력한 방법을 여기에서 몇 가지만 먼저 소개하겠다. 바로 실천해 보자.

- 공간을 재배치해 유혹 없는 환경을 만든다. 이는 다양한 방식으로 진행할 수 있다. 먼저 집중력을 흩트리는 모든 앱을 홈화면 밖으로 옮기는 식으로 스마트폰의 구성을 바꾼다. '방해 금지' 설정으로 거슬리는 알림도 비활성화한다. 또 스마트폰을 주머니에서 꺼내 다른 방에 옮겨둠으로써 생활 공간을 새롭게 배치한다. 특히 업무를 할 때나 친구, 가족과 대화할 때 유용한 방법이다. 뉴스, 이메일, 문자, SNS 등에 뺏기는 시간을 차단함으로써 공간뿐만 아니라 시간 또한 재배치될 것이다.
- 뉴스 프로그램을 큐레이션해 분노를 극복한다. 이때, 개인의 일방적인 의견에만 기반하는 라디오 토크쇼나 케이블

뉴스처럼 선동적인 프로그램은 피해야 한다. 정치적으로 나와 반대되는 성향의 프로그램은 하나 이상 포함한다. 세상에서 벌어지는 일들을 이해하는 다양한 관점을 배우고 내 가정에 반하는 생각과 일부러 씨름하는 것이다.

- 콘텐츠 폭식을 실험해 보자. 다소 이상하게 들릴 수도 있다는 건 안다. 단순히 사용을 중단하려고 노력한다면 그 의도는 좋지만 오히려 기기를 향한 욕구가 더 강해져 디지털 중독과 양극화로 이어질 수 있다. 하지만 콘텐츠 폭식은 닫힘 상태에서 열림 상태로 나아가기 위한 새로운 변화를 유발한다. 여러분도 나처럼 스마트폰 잠금화면 뒤에 숨어 있을지도 모를 흥미롭고 새로운 무언가를 궁금해하는 마음이 사그라드는 신기한 경험을 하게 될 것이다.

이와 관련된 좀 더 구체적인 내용은 열린 마음 실천 가이드에서 확인할 수 있다.

끝으로 기억하자. 여정의 첫 단계는 닫힘 상태를 덜 마주하게 되는 구조를 의도적으로 설계하는 것이다. 먼저 닫힘에서 벗어나야 열림으로 나아갈 수 있다.

2부

열린
세계로

O P E N

4장

확장된
마음

우연히 찾아온
두 번의 변화

1999년 12월, 스무 살의 나는 쿠바 아바나에 6개월간 머물고 있었다. 그곳에 간 이유는 여러 가지였다. 우선 대학교 3학년 때 스페인어를 익혀 외국에서 공부해 보고 싶었다. 또 쿠바의 거장 음악가들에게 재즈 피아노를 배우고 싶은 마음도 있었다.

더 솔직한 마음으로는 바쁘고 힘든 일상에서 벗어나 앞으로 뭘 하며 살아야 할지 고민하고 싶었다. 대학에 입학한 지 2년이 지났을 무렵, 나는 흔히 '2년 차 슬럼프'로 불리는 증상을 심하게 앓았다. 주변 친구들은 모두 진로를 정한 것 같았다. 어떤 친구는 1990년대 후반 인터넷 기술 발달의 물결 속에서 스타트업 아이디어로 초기 투자를 유치했다. 하지만 난 여전히 두 달에

한 번씩 전공을 바꿔가며 뭘 할지 고민하고 있었다.

그러던 중 문득 성취만을 좇는 삶에서 벗어나 쉬어가고 싶었다. 그것이 쿠바로 간 가장 큰 이유였다. 부산한 도시 아바나에서 생활한 지 3개월, 나는 몇몇 친구와 함께 카리브해의 작은 해변 마을 라 보카로 여행을 떠났다. 마을에 도착했을 때 우리를 안내한 여성은 그곳에서 몇 킬로미터 떨어져 있는 해변에 가보라고 권유했다.

"정말 아름다워요. 꼭 가보세요."

우리는 라 보카 중심가에 모여 있는 열다섯 채 남짓한 작은 집들을 지나 한적한 고속도로 갓길로 죽 걸어갔다. 한 시간쯤 지났을까? 마침내 플라야 앙콘의 드넓은 백사장이 눈앞에 펼쳐졌다.

그곳은 열대 섬 속 오아시스 그 자체였다. 줄지어 늘어선 야자수에, 유리처럼 투명한 청록색 바다가 그림같이 펼쳐져 있었다. 사람은 20명이 채 안 되는 듯했다. 마침 파도도 잔잔했다. 거센 일렁임 없이 그저 해안으로 조용히 밀려왔다가 다시 밀려가는 나른한 물결 소리만 들릴 뿐이었다.

잠시 후, 나는 혼자 바닷속으로 걸어 들어갔다. 딱히 이유를 설명할 순 없었다. 한 걸음 한 걸음 내디딜 때마다 시원한 바닷물이 발목을 지나 무릎, 허리까지 차올랐다.

어느 순간 걸음을 멈췄다. 무릎을 꿇자 자연스럽게 바다에 깊은 경외감이 들었다. 그렇게 한참 동안 바다를 지켜봤다. 그 때의 내가 무슨 생각을 했던 건지 여전히 잘 모르겠다. 당시 나는 명상 훈련을 받은 적이 없었다. 이 책의 주제인 열림 수행에 대해서도 들어보지 못했다. 어떤 황홀한 상태에 도달해야 한다는 사명감은 당연히 없었다. 그저 무릎을 꿇고 앉아 바닷물이 들고 나는 모습을 하염없이 바라보았다. 짙푸른 바다와 연푸른 하늘이 맞닿은 수평선에 감탄하며 바람 소리와 갈매기 소리, 해변 저편의 바에서 들려오는 살사 음악에 몸을 맡겼다.

얼마나 오랫동안 앉아 있었는지는 기억나지 않는다. 30분? 1시간? 그저 할 일도, 갈 곳도 없이 앉아 편안하게 쉰 기억만 남아 있다.

바로 그때, 내 생각에 변화가 일었다. 마음속 소용돌이가 잦아드는 느낌이었다. 나머지 생각은 알아차림awareness(내 생각과 고정관념을 배제하고 지금 일어나는 현상을 있는 그대로 인식하는 것-옮긴이)과 동시에 차분히 가라앉았다. 그것은 대학생으로서 경험했던 불안에 휩싸인 짙은 먹구름보다는 저 멀리 보이는 가볍고 옅은 구름에 더 가까웠다.

몸의 느낌도 사뭇 달랐다. 순간 일어나는 감각과 잘 조화된 듯했다. 가슴과 어깨를 파고드는 물줄기의 시원함, 머리를 스치는 바람의 따뜻함에 온전히 집중했다.

가장 놀라운 건 마음의 변화였다. 내 마음이 무척 넓어진 것 같았다. 약간 확장된 정도가 아니었다. 평생에 걸쳐 두 눈을 덮고 있던 초조함과 불안, 야망이라는 가리개가 완전히 벗겨진 것 같았다. 탁월함을 중시하는 문화권에서 성공하기 위해 꼭 필요한 덕목들이었다. 하지만 그 순간만큼은 압박을 느낄 시험도, 잘 보여야 할 사람도 없었다. 내 인생이 넓게, 훨씬 더 넓게 보였다.

아마 여러분은 이렇게 물어볼 수도 있다.

"혹시 바다에 들어가기 전에 담배를 피운 건 아닌가?"

이에 대해서는 솔직하게 대답할 수 있다.

"아니요."

마약은 물론 그 어떤 화학물질도 흡입하지 않았다. 난해한 요가 수련을 한 것도, 특별한 기술이 있었던 것도 아니다. 그저 삶을 바라보는 새로운 관점 하나를 발견했을 뿐이다. 그것은 내가 경험한 그 어떤 것보다 현실적이고 선명하게 펼쳐지는 관점이었다.

당시에는 이 경험을 표현할 만한 단어가 없었다. 하지만 25년이 지난 지금, 나는 그것을 '열림opening'이라는 단어로 부르고자 한다. 이것이 내가 마주한 첫 번째 열림의 순간이다.

2007년 12월, 스물일곱의 나는 인생에서 두 번째 열림과 마주했다. 이번엔 행복의 문이 아니었다. 내 마음속 가장 어두운 골목을 통해서만 들어갈 수 있는 고통의 문이었다.

쿠바에서 첫 번째 열림을 경험한 지 8년, 마침내 인생에서 무엇을 해야 하는지 깨달았다. 철학자가 되고 싶었다. 그리고 그 길을 향해 잘 나아가고 있었다. 박사과정 마지막 해였다.

하지만 그때 내 인생은 불현듯 우회로로 접어들었다. 모든 것은 3개월 전, 9월의 어느 따뜻한 오후에 시작됐다. 아내 케일리와 함께 뉴저지주 프린스턴의 카네기 호숫가의 오랜 둑길을 따라 자전거를 타러 나섰다. 케일리와 나란히 자전거를 타던 와중에 순간적으로 집중력을 잃었고 자전거 핸들은 케일리 쪽으로 쏠렸다.

두 자전거의 손잡이가 순식간에 매듭처럼 꼬여버렸다. 몸이 공중에 붕 떴다가 정수리부터 수직 낙하했다. 치아가 죄다 부러진 것만 같았다. 그대로 잠시 바닥에 뻗어 있었다.

다행히 이는 괜찮았지만 머리는 괜찮지 않았다. 어지러웠고, 방향감각이 없어졌다. 평온하던 프린스턴대학교 캠퍼스가 파도에 일렁이는 유람선 갑판처럼 느껴졌다. 한 달 후, 양쪽 귀가 울리기 시작했다. 깨어 있는 동안 윙윙대는 소리가 내내 귓전을 울렸다. 녹슨 제초기가 공회전하며 내는 소음과 비슷한 소리였다. 이것은 결국 내 인생의 새로운 배경음악이 됐다. 영원히 사라지지 않을 것 같았다.

그렇게 3개월이 지났다. 불안과 우울이 안개처럼 밀려왔다. 모든 일상이 버거웠다. 동네 마트에 가는 30분이 산에 오르는 것처럼 고됐다. 특히 고역이었던 건 비행기였다. 고작 3시간의 비행이 흡사 에베레스트 등반 같았다.

마음이 무너지자 아내 케일리와 2년간 이어온 결혼 생활에도 위기가 찾아왔다. 사그라들지 않는 불안과 피로 속에서 잡아 두었던 여행과 약속을 모두 취소했다. 서서히 삶의 끈을 내려놓았다. 평범한 일상은 그렇게 무너져 갔다. 몇 달이 지난 후의 나는 더 이상 케일리가 결혼한 그 남자가 아니었다.

어느 명절날, 부부관계를 완전히 깨트릴 수 있는 선택에 직면했다. 처가 방문을 또 한 번 거절하거나 지긋지긋한 비행기를 타야 했다. 결국 비행기를 타보기로 했다.

덴버 공항과 뉴어크 리버티 공항 사이의 고도 약 10킬로미터 상공, 여지없이 그 순간이 찾아왔다. 왼쪽 귀에서 윙윙거리는 소리가 울리기 시작하더니 곧 머리가 어지러워졌다. 비행에 대한 두려움은 극에 달했고 정신은 이미 통제 불능 상태였다.

비행기 타는 건 아무것도 아니었는데. 이젠 더 이상 못 타는 거야? 너무 피곤해. 집에 가고 싶어. 다시 예전으로 돌아가고 싶다고. 난 못 해. 못 하겠어. 제발 날 여기서 꺼내줘. 여기만 아니면 돼. 여기만 아니면 된다고. 할 수만 있다면 창문에서 뛰어내리고 싶어.

어떻게든 벗어나려고 했다. 간절히 이 광기에서 벗어나 닫힘 상태가 되고 싶었다. 하지만 비행기는 그것이 불가능하도록 완벽하게 설계된 장소였다. 나는 그 안에 꼼짝없이 갇혀버렸다. 비행기에서 뛰어내리는 선택지는 없었다. 응급실에도 갈 수 없었다. 어떻게든 이 순간을 정면으로 마주해야 했다.

바로 그때, 내 안에서 뭔가가 열렸다.

의도한 건 아니었다. 하지만 남은 게 그것뿐이었다. 지난 수년간 영성에 대해 회의감을 느끼고 있었지만, 그때만큼은 작은 창문 밖을 내다보며 이렇게 기도했다.

"하나님, 제발 도와주세요. 제발요. 제발 도와주세요. 어떻게 해야 할지 모르겠어요."

바로 그 순간, 뭔가가 바뀌었다. 내 마음속에 작은 가능성이 열렸다. 쿠바에서 경험했던 넓게 열린 마음과는 달랐다. 이번에는 현실과의 싸움을 멈추고 도움을 요청할 수 있을 정도, 딱 그 정도의 작은 공간이었다.

물론 눈앞의 현실이 바뀐 건 아니었다. 갑자기 하늘이 갈라지지도 않았다. 눈부신 섬광이 내 몸으로 쏟아져 들어오는 듯한 느낌도 없었다. 나는 여전히 겁에 질려 있었고, 이미 많은 것이 망가질 대로 망가져 있었다. 평범한 일상을 되찾으려면 아직도 몇 년에 걸친 시간이 필요해 보였다.

하지만 분명한 변화가 있었다. 눈앞의 공포를 인정할 수밖에 없었기에 상황을 통제하겠다는 의지가 사라졌다. 그 의지를 완전히 놓아버렸다. 그리고 공포에 다가갔다.

그러자 내 마음이 넓어졌다. 결혼 생활과 내 삶 전체를 재건하는 긴 여정을 시작할 수 있을 것 같았다.

열림. 지난 수천 년간 철학과 명상의 대가들이 탐구하고 기록해 온 이 경험을 과학적으로 검증하는 연구가 활발하게 이뤄지고 있다.

1960년대 초 비교심리학자 T. C. 슈네일라T. C. Schneirla는 개미부터 영양(주로 아프리카나 유라시아에 서식하는 사슴과 동물 – 옮긴이), 아마추어 골프선수에 이르기까지 모든 생명체가 접근과 후퇴라는 두 가지 행동을 번갈아 시행함을 확인했다. 새로운 경험 앞에서 이들이 보인 특징은 둘 중 하나였다. 마음을 열어 확장하거나 아니면 마음을 닫고 후퇴하거나.[1]

현대 심리학에서는 이 같은 열림과 닫힘의 구분을 사람의 성격을 정의하는 5대 특성 중 하나로 설명한다. 경험에 대한 '개방성' 혹은 '폐쇄성'으로 불리는 이 특성은 성격의 다섯 가지 특성 중 마지막 특성이다. 경험에 대한 개방성이 높은 사람들은 호기심과 상상력이 강하고 관심사가 다양하며, 변화하는 감정을 적극적으로 수용한다. 반면 경험에 대한 폐쇄성이 높은 사람들은 경직된 생활 패턴 속에서 기존의 사고방식을 선호하며 관심사도 넓지 않다.[2]

열림의 경험은 엄숙하고 이례적인 것처럼 보일 수 있다. 하지만 내가 그랬듯이 소수의 영적 구도자뿐 아니라 누구나 이런 경험을 할 수 있다. 다만 그 상태를 열림이라는 용어로 표현하지 않을 뿐이다. 시간이 점차 느려지면서 한층 더 크고 넓은 시야로 삶을 바라보게 되는 정적인 순간. 분명 여러분도 한 번쯤 경험해 봤을 것이다. 해 질 녘에, 숲속 산책길에서, 콘서트장에서 혹은 연인과 함께하는 시간 속에서.

혹은 이와 반대 상황에서 열림을 경험했을 수도 있다. 의사에게 병을 진단받은 순간에, 사랑하는 사람의 임종을 지켜보면서 혹은 아무것도 못 할 정도로 심신이 탈진한 상태에서.

이런 순간에 경험하는 것이 바로 열림이다. 내면에서 붙잡고 있던 모든 것을 내려놓고 마음이 확장되도록 허용할 때, 열림이 찾아온다.

그렇다면 열림의 순간 우리 마음속에선 어떤 일이 일어날까? 형언할 수 없는 대상을 간단히 정의하면 그 개념을 잘못 설명할 위험이 있다. 그럼에도 우리 마음이 열릴 때 일어나는 세 가지 변화를 소개하고 싶다. 이런 변화에 대한 인식이 더 많은 열림의 순간을 경험하기 위한 첫걸음임을 여러분이 꼭 기억해 줬으면 좋겠다.

닫힘에서 열림으로의 세 가지 변화

	닫힘 상태	열림 상태
마음의 초점	무의식적 마음 방황	메타 인식
마음의 태도	후퇴	접근
마음의 크기	좁은 마음	확장된 마음

변화 1—마음의 초점이 바뀐다. 닫힘 상태에서는 마음이 무의식적으로 산만하게 방황하며 어디에도 주의를 집중하지 못한다. 그러다 열림 상태가 되면 집중하는 대상 자체를 더 잘 인식하게 된다. 스스로 무언가를 의식하고 있다는 사실을 자각하게 되는 것이다.

변화 2—마음의 태도가 바뀐다. 마음이 닫혀 있으면 불편한 생각과 감정, 느낌, 감각이 우리를 움츠러들게 만든다. 그래서 늘 한 보 후퇴하는 태도로 확인에 확인을 거듭하고, 여러 가지 강박적인 행동을 하게 된다. 집중력도 떨어진다. 그러나 마음을 열면 일단 접근하는 태도가 된다. 강렬한 욕구의 한가운데에 머무는 방법을 배우고, 불편함이 우리에게 무엇을 가르쳐주는지 고민하기 시작한다.

변화 3 ─ 마음의 크기가 바뀐다. 마음을 닫으면 우리의 마음은 포시즌스 호텔 스위트룸 정도의 작은 크기로 줄어든다. 그래서 스트레스를 주는 대화, 고통스러운 감각, 불안과 번민에 갇혀버린다. 하지만 마음을 열면 그 크기가 한층 커진다. 더 큰 관점에서 삶을 바라보게 된다.

열림의 첫 번째 변화
: 무의식적 마음 방황에서 메타 인식으로

평소 무엇에 집중하는가? 바쁜 직장인을 코칭할 때 주로 하는 질문이다. 나는 그들에게 60초간 자신의 마음속에서 일어나는 일을 주의 깊게 관찰해 보라고 말한다. 여러분도 지금 당장 시도할 수 있는 방법이다. 타이머를 설정하고, 1분 동안 마음의 흐름을 지켜보자.

이를 경험한 많은 사람은 해야 할 일의 목록 정리부터 이메일 작성, 파트너와의 소송, 다음 식사 메뉴 선정까지 수많은 생각이 스쳐 갔다고 답한다. 이 모든 생각은 단 60초 만에 일어난다.

심리학자들은 이 같은 정신 집중 상태를 '마음 방황'이라 지칭한다. 지금 이 순간에서 벗어나 과거와 미래에 대한 온갖 잡다한 생각으로 시간을 여행하는 경험이다.

하버드대학교 심리학과 대니얼 길버트Daniel Gilbert와 매슈 킬링즈워스Matthew Killingsworth 교수는 연구를 통해 인간이 깨어 있는 시간의 약 47퍼센트를 이 같은 마음의 방황 상태에서 보낸다는 사실을 확인했다. 매우 놀라운 결과다. 하지만 이보다 더 중요한 것은 방황하는 마음과 불행 사이에 강력한 상관관계가 존재한다는 점이다. 연구진은 이 사실에 대해 다음과 같이 언급한다.

"인간의 마음은 방황하는 마음이고, 방황하는 마음은 불행한 마음이다. 아직 일어나지 않은 일에 대해 생각할 수 있는 능력은 감정적 대가를 치르는 인지적 성취다."[3]

20년의 연구 끝에 신경과학자들은 우리의 뇌 속에서 방황과 관련된 집합 하나를 발견했다. 일명 '디폴트 모드 네트워크default mode network'다. 뇌의 상호작용을 담당하는 이 네트워크는 매우 특이하다. 우리가 정신적 유휴 상태일 때, 즉 일이나 이메일, 대화 등 외부의 자극에 집중하지 않고 있을 때만 활성화된다. 뇌는 한가한 순간을 놓치지 않고 디폴트 모드로 전환함으로써 우리가 과거를 회상하고 미래를 염려하는 반복적인 생각 속에서 목적 없이 방황하도록 만든다.

디폴트 모드 네트워크의 활동과 마음이 닫힘 상태가 되는 경험 사이에는 흥미로운 상관관계가 존재한다. 이에 대해 마이클 폴란Michael Pollan은 다음과 같이 언급했다.

"디폴트 모드 네트워크는 하루를 살아가는 데 필요한 '아주 적은 양의 정보'만 받아들이도록 일종의 필터, 혹은 '감속 밸브' 역할을 한다."[4]

이런 필터링 효과는 우리가 감각을 자극하는 방대한 정보에 압도되지 않도록 예방해 준다. 확실한 장점이다.

하지만 여기에는 대가가 따른다. 우리 주변에서 일어나는 많은 일을 걸러냄으로써 일종의 정신적 닫힘 현상을 유발하는 것이다. 그래서 우리는 풍광이나 소리, 감각, 무한한 가능성 등이 존재하는 주변을 주의 깊게 바라보는 대신, 경직되고 예측 가능한 사고 패턴에 갇혀버린다. 디폴트 모드 네트워크가 작동할 때 우리는 과거와 미래를 방랑하느라 지금 여기에서 일어나는 삶의 경험에 대해 낮은 수준의 열림 상태가 된다.

평소 마음이 방황 상태에 놓여 있다면, 열림 상태에서는 어떤 일이 벌어질까? 과학자들은 우리가 이때 '메타 인식'을 경험하게 된다고 말한다. 메타 인식은 생각과 느낌, 감각 등 자신의 주관적 경험을 자각할 때 발현된다.[5] 당면한 문제에서 한발 물러나 더 큰 그림을 보면서 마음속 소용돌이에 휩쓸리지 않은 채로 상황을 관찰할 수 있는 능력인 것이다.

메타 인식으로 전환되는 경험은 어떤 느낌을 줄까? 동네 극장에서 공포 영화를 보고 있다고 상상해 보자. 눈앞에 끔찍한 장면이 펼쳐지면 공포가 나를 덮치는 느낌이 든다. 귀신이 나오는 호숫가 별장에 놀러 온 고등학생 다섯 명의 이야기에 깊이 빠져들었을 때는 마치 내가 그 이야기 속 일부가 된 것 같다. 내가 지금 극장에 앉아 있다는 사실, 화면에 나오는 주인공은 모두 엄청난 몸값의 할리우드 배우란 사실, 그리고 실제로 전기 톱에 목이 잘린 사람은 아무도 없다는 명백한 사실을 까맣게 잊고 이야기에 몰두한다.

미국의 심리학자 대니얼 골먼Daniel Goleman과 리처드 데이비슨Richard Davidson은 삶에서 길을 잃는 이와 같은 경험을 '단순 인식'이라 부른다.[6] 이 단순 인식은 우리가 삶의 대부분을 경험하는 방식이다. 아침에 눈을 뜬 순간부터 우리는 온갖 잡념에 사로잡히고, 머릿속에서는 각종 생각이 영화처럼 반복 재생된다. 몇 년 전 겪은 충격적인 일부터 어젯밤 배우자가 했던 끔찍한 말, 가게에서 산 머핀 꾸러미를 들고 학교 기금 모금 행사에 갔던 부끄러운 기억 등이 파노라마처럼 펼쳐진다.

우리는 극장에서 영화에 빠져들 때처럼 마음속 영화 또한 실제라고 느낀다. 때로는 우리가 영화를 보고 있다는 사실조차 잊어버린다. 실제로 일어나고 있는 일을 망각함으로써 단순 인식을 경험하는 것이다. 우리의 마음은 방황하고 있지만 우리는 그 사실조차 제대로 인식하지 못한다.

하지만 메타 인식이 시작될 때, 즉 열림의 상태에서는 생각의 초점이 뒤바뀌며 전혀 다른 상황이 펼쳐진다. 만약 공포 영화를 보다가 메타 인식이 발현된다면? 분명 다음과 같은 생각이 들 것이다.

'잠깐만, 난 지금 쫓기고 있지 않아. 하키용 마스크를 쓴 연쇄 살인마에게 쫓기고 있는 건 내가 아니라고. 그저 영화의 한 장면일 뿐이야.'

실제 삶에서 이런 경험을 한다면 마치 백일몽에서 깨어난 듯한 느낌일 것이다. 한순간 친구가 보낸 문자를 공격적인 시비로 해석해야 하는지 고민하다가, 다음 순간 곧바로 꿈에서 깨어나 내가 그런 생각을 하고 있음을 알아차린다. 말도 안 되는 스토리가 펼쳐지는 내 마음을 들여다보다가, 이윽고 이 생각의 주인공이 내가 아니라는 사실을 깨닫는다. 너무나 당연한 말이다. 만약 주인공이 나라면 그런 내 모습을 지켜보는 사람도 있어야 하지 않겠는가?

이 변화는 미묘하고 사소한 것처럼 보일지 모르겠으나, 당신이 관점이 완전히 전환되는 사건이다. 방황하는 마음을 알아차리면 비로소 우리의 정체성도 바뀔 수 있다. 의식하지도 못한 채 사사건건 스스로를 질타하던 내면의 목소리에서 벗어나, 실시간으로 일어나는 이 모든 일을 온전히 인식하고 목격하는, 훨씬 더 큰 존재로 바뀌게 된다.

메타 인식으로 변화할 때 마음의 내용이 바뀌지는 않는다. 대신 스스로의 마음과 관계를 맺는 방식이 바뀐다. 메타 인식 상태에서는 '나는 슬프다'라는 생각이 '슬픔이 있다'라는 생각으로 전환된다. '나는 슬프다'라고 생각할 때 그 감정은 견고하고 변하지 않으며 나라는 사람에 꽁꽁 묶여 있다. 하지만 '슬픔이 있다'라고 생각하면 그 감정은 한순간 왔다가 가는, 지나가는 산들바람처럼 유동적이고 일시적인 것이 된다.

과학자들은 이와 같은 열림의 해방 효과를 '탈중심화'라고 부른다.[7] 최근 연구들을 통해 열림의 탈중심화가 모든 종류의 정신 건강에 도움이 된다는 사실이 밝혀졌다. 이것은 긍정적인 감정을 촉진하는 반면 부정적인 감정에 대한 반응을 위축한다. 우울증 관련 증상을 개선하고, 인지 능력을 향상시키며, 스트레스와 불안을 좀 더 능숙하게 관리할 수 있도록 하는 것이다.[8]

이 모든 일은 단지 마음속에서 일어나는 일을 알아차리는 행위만으로 가능해진다.

열림의 두 번째 변화
: 후퇴에서 접근으로

1845년 7월 4일, 헨리 데이비드 소로Henry David Thoreau는 매우 야심찬 실험을 시작했다. 이날은 하버드대학교 출신의, 그러나 뭉툭하게 튀어나온 코와 거친 물결 모양의 갈색 머리를 봐서는 영락없는 자연주의자인 그가 월든 연못 기슭의 오두막에서 첫날 밤을 보낸 날이다.

소로는 이후 2년 2개월 동안 이곳에서 고립된 생활을 하며 콩밭을 매는 과정부터 연못의 물소리, 오두막에서의 일상, 문명 생활을 떠난 이유까지 모든 것을 기록으로 남겼다. 정치철학을 공부하던 대학원 시절, 소로의 『월든』이라는 책을 접한 나는 꼭 동지를 만난 것 같았다. 소로는 내 교수님들과 달랐다. 그에게 철학은 생계를 유지하거나 '종신 교수' 또는 '정교수'라는 직함을 얻기 위한 수단이 아니었다. 삶의 실천 그 자체였다.

내가 쿠바에서 뜻밖의 열림을 경험한 계기도 실은 소로에게서 온 것이었다. 그는 자신이 머물던 오두막에서 경험한 신비로운 순간을 다음과 같이 묘사했다.

햇볕이 잘 드는 오두막 문턱에 앉아 동틀 무렵부터 정오까지 몽상에 잠겼다. 소나무와 히코리나무, 옻나무로 둘러싸여 어떤 방해도 없이 고독과 고요함을 즐겼다. 새들은 지저귀지 않고 조용히 집 안을 배회했다. 서쪽 창문에 밀려드는 햇살과 멀리서 들려오는 여행자의 마차 소리에 그제야 시간이 꽤 지났음을 알아차렸다.[9]

소로가 몇 시간 동안 문 앞에 앉아 햇살과 나무, 새, 가벼운 아침 바람으로부터 느꼈을 경외감이 짐작되는가? 여러분도 이와 비슷한 경험을 한 적 있을 것이다. 시간이 흘러감을 의식하지 못한 채 마음속 공간이 확장되는 것을 느낀 순간 말이다.

이따금 주어지는 이 황홀한 열림의 경험은 무척 심오하다. 그리고 우리는 이를 음미해야 한다. 다만 이것은 자칫 함정이 될 수도 있다. 열림의 순간은 삶이라는 훨씬 더 큰 파이의 아주 얇은 한 조각에 불과하다. 이 같은 숭고한 경험을 향한 지나친 집착은 파괴적인 착각으로 이어질 수 있다. 한 영적 스승이 언급한 용어를 빌리면 '가벼운 오르가슴의 지속적인 경험'이 평생의 목표처럼 오인될 수 있다는 것이다.

이 스승은 거의 모든 순간에 '가벼운 오르가슴'을 느낀다고 주장했는데, 이와 관련해 나는 늘 두 가지가 궁금했다. 첫째, 그게 과연 사실일까? 둘째, 설령 사실이라고 해도 상실감이나 고통, 정서적 혼란, 감정적 파고를 겪는 사람들에게 이를 어떻게 설명할 수 있을까?

소로는 오르가슴적 삶 자체를 믿지 않는다. 그에게 열린 삶이란 골반 밑에서부터 정수리까지 황홀한 쾌감을 느끼는 삶이 아니다. 열린 삶이란 인간이 경험할 수 있는 모든 것에 물러나지 않고 다가가는 삶임을 그는 우리에게 일깨워 준다. 이 같은 소로의 철학은 『월든』의 상징적인 문구에 잘 나타나 있다.

내가 숲으로 간 이유는 삶의 본질적인 요소만을 마주하고 싶었기 때문이다. 깊이 있게 살면서 삶의 골수까지 빨아들이고 싶었다. 견고하게, 스파르타식으로 살고 싶었다. 그래서 삶이 아닌 모든 것은 과감히 자르고 깎아내 삶을 한쪽 구석에서 가장 낮은 조건으로 만들어두고자 했다. 만약 그것이 보잘것없는 것으로 판명된다면, 그 실체에 도달해 삶의 보잘것없음을 세상에 알리고 싶었다.[10]

나는 소로의 말을 이렇게 의역하려 한다.
'나는 삶에서 물러나기 위해서가 아니라 삶에 다가서기 위해서 숲으로 갔다.'
이 말은 열림의 두 번째 변화를 완벽하게 설명한다. 우리가 마음을 열면, 삶을 대하는 태도가 후퇴에서 접근으로 바뀌게 된다.
이러한 변화 역시 크게 중요하지 않은 것처럼 들릴지 모르겠다. 그러나 그 의미는 매우 크다. 삶에 대해 마음을 연다는 건 90분간의 전신 마사지가 끝났을 때, 혹은 추운 겨울 따뜻한 물에 몸을 담글 때 느끼는 감각적 즐거움에 다가서는 게 아니다. 진정으로 마음을 연다는 건 기쁨이 아닌 슬픔, 만남의 행복이 아닌 헤어짐의 아픔, 오르가슴의 환희가 아닌 처절한 고통에까지 이르는 삶의 모든 것에 다가서는 일이다. 쿠바에서 경험한 마음의 낙원뿐 아니라 비행 중 신경쇠약 상태에서 경험한 지옥 그리고 그 사이 어딘가에서 우리가 느낄 수 있는 모든 감정과 경험에 다가설 수 있다는 의미다.

소로와 같은 상징적인 철학자가 경험한 일이기에 영감을 주는 것이 아니다. 여러분이 그런 태도를 시도해 본 적이 있다면, 그가 말하는 '삶의 완전한 덧없음'에 눈을 돌려본 적 있다면 적극적으로 삶에 다가설 때 느낄 수 있는 즐거움을 이미 알고 있을 것이다.

물론 그런 경험은 짜증이 나기도 한다. 끔찍하게 느껴질 수도 있고 절대 하고 싶지 않을 수도 있다. 너무 강한 거부감이 들어 혼자서는 다가서지 못할 때도 있다. 그렇다면 이런 질문을 해보자. 왜 어려움에 접근해야 하는가? 쾌락을 가져다주는 일에만 집중하고 나머지는 외면해 버리는 온화한 접근법을 받아들이면 안 될까? 이에 대해 터프츠대학교 심리학과 헤더 어리Heather Urry 교수는 흥미로운 해답을 제시한다. 그의 연구팀은 삶의 어려운 순간에 물러서지 않고 다가서면 뇌에서 어떤 일이 일어나는지 살펴보았다. 그는 실험 참가자들을 '유다이모닉eudaimonic 웰빙 그룹(성장하려는 욕구를 바탕으로 삶의 어려움에 접근하는 사람들)'과 '헤도닉hedonic 웰빙 그룹(삶의 어려움에서 물러나 더 즐거운 경험을 좇는 사람들)', 두 그룹으로 분류했다.

참가자들의 다양한 뇌 영역에서 나타난 활성화 정도를 그룹별로 측정한 결과, 놀랍게도 '완전한 덧없음'이라는 삶의 가치를 추구하는 소로의 직관이 확인되었다. 고통보다 쾌락을 추구하는 헤도닉 웰빙 그룹의 참가자들은 회복탄력성 및 지속적인 심리적 안녕과 관련된 전전두엽 피질 왼쪽의 활성화 정도가 현저히 낮은 것으로 나타났다.[11] 이 같은 연구 결과는 역설적인 결론으로 이어진다. 쾌락을 추구하면 가장 빨리 행복으로 갈 수 있을 것 같지만, 어렵고 불편하고 고통스러운 인생의 순간에도 기꺼이 다가서는 역량을 개발할 때 비로소 깊고 지속적인 만족감을 느낄 수 있다는 것이다.

열림의 세 번째 변화
: 좁은 마음에서 확장된 마음으로

미국 철학자 토머스 네이글Thomas Nagel은 1970년대에 「박쥐가 된다는 건 어떤 것일까?What Is It Like to Be a Bat?라는 수필을 썼다. 이 수필을 통해 그는 인간의 방대한 경험을 깔끔하게 정돈된 과학적 설명으로 축소할 수 있다는 생각에 도전하고자 했다.

박쥐의 경험을 예로 들어보자. 여러분이 이미 박쥐 뇌의 신경생리학부터 날개의 역학까지 모두 섭렵했고, 박쥐의 행동과 짝짓기 의식, 급습 패턴에 몰두했다고 가정해 보자. 네이글은 박쥐에 관한 가장 포괄적인 과학 지도가 있어도 인간이 절대 알 수 없는 한 가지가 있다고 지적한다. 그것은 '박쥐가 박쥐인 것이 과연 어떤 느낌인지'에 대한 실질적 경험, 즉 공중을 활공한 뒤 밤하늘에 내려앉을 때의 느낌이다.[12]

열림에 대한 경험도 마찬가지다. 이에 대한 모든 과학적, 철학적 성찰은 아주 훌륭하다. 열림의 경험이 다단계 마케팅 사기가 아니라는 점을 미리 알고 있으면 도움이 된다. 마찬가지로 열림이 마음의 문을 닫도록 부추기는 잡념을 줄이면서 세상을 탐색하는 데 도움이 된다는 사실을 알아야 한다. 어려운 생각과 감정, 상황 앞에 물러서지 않고 적극적으로 다가갈 때 일어나는 강력한 변화를 숙지하는 것도 좋다.

하지만 제아무리 뛰어난 뇌 영상 연구와 통제된 실험이 있다 해도 그것만으로는 열림의 경험이 주는 느낌을 온전히 설명할 수 없다. 이 상태의 가장 심오한 특성, 즉 열림의 마법을 다 설명할 수 없다. 내가 쿠바 해변에서 무릎을 꿇고 앉았을 때나 뉴어크행 비행기에서 창밖을 내다봤을 때 경험한 것은 메타 인식, 탈중심화, 접근하는 태도가 전부가 아니었다.[13] 더 신비로운 무언가가 있었다.

당시 내 마음은 일종의 마법 양탄자 위에 올라타 일생일대의 여행을 떠났다. 다만 이 양탄자는 실제로는 아무 곳으로도 가지 않았다. 그저 내가 본래 있던 곳으로 더 깊이 들어갔을 뿐이다. 이것이 내가 소개하는 세 번째이자 마지막 열림의 변화, 즉 마음의 크기가 변화하는 과정이다.

열림의 상태에서는 마음이 확장된 느낌이 든다. 평온한 상태에서 찾아왔든, 고통의 상태에서 찾아왔든 상관없이 이러한 전환이 일어나면 머릿속 15센티미터 공간이 이전까지의 한계를 뛰어넘었다는 느낌이 든다. 왼쪽 엄지발가락부터 창밖의 나무, 이웃의 잔디 깎는 소리 등 매 순간 의식에 들어오는 모든 것을 감싸안도록 마음이 드넓게 확장되는 느낌이다.

미국의 전설적인 영적 스승 람 다스는 이런 변화를 구름에 비유해 설명했다.[14] 스트레스에 휩싸이면 광활한 하늘을 올려다봐도 두려움이나 좌절감, 압도감의 구름 조각만 보인다. 우리는 보통 잡다한 일상을 이처럼 잘린 시야로 바라본다. 빨랫줄에 널린 빨래를 바라볼 때, 출근을 서두를 때, 일과가 끝난 뒤목 뒤가 뻐근해지며 편두통이 찾아올 때 모두 마찬가지다.

하지만 열림 상태로 구름을 바라보면 인식의 크기가 달라진다. 스마트폰 카메라에서 광각 모드로 확장하는 것처럼 마음의 크기가 커진다. 마음속에는 여전히 어두운 구름이 보이고 고통의 감정은 남아 있다. 하지만 그것에 대한 인식이 근본적으로 바뀐다. 작고 어두운 구름 조각, 그 너머로 광활한 푸른 하늘이 보인다.

그날 쿠바의 해변에서 그리고 내 인생을 바꾼 운명의 비행기 안에서 느낀 감정이 바로 그런 것이었다. 나는 운이 좋게도 이 자연스러운 마음 상태로 돌아갈 만한 여유가 생길 때마다 마음의 크기가 확장되는 경험을 하고 있다.

여러분 역시 삶의 관점이 바뀌고 마음의 크기가 커지는 경험을 분명 해봤을 것이다. 지금 이 순간에도 빠르게 경험할 수 있을지도 모른다. 나 자신에게 물어보자. 지금 내 인생에서 가장 어두운 구름은 무엇인가? 새벽 2시에 나를 깨우는 생각은 무엇인가? 내가 도망치고 싶은 감정은 무엇인가? 지우고 싶은 기억은 무엇인가?

열림의 마법은 그 모든 것에서 벗어날 자유를 준다.

하지만 어떻게 해야 이 마법을 불러일으킬 수 있을까? 억지로는 안 된다. 전등 스위치를 켜거나 문자 전송 버튼을 누르는 것처럼 간단하지 않다. 그렇게 간단했다면 열림의 경험이 그만 큼 마법 같지도 않았을 것이다. 우리가 할 수 있는 최선은 열림의 순간이 더 자주 찾아오도록 여건을 조성하는 것이다. 여기에는 연습이 필요하다. 우리의 몸과 마음, 신경계에 새로운 습관을 만들어야 한다.

이 책의 말미에서는 우리 삶에 더 많은 열림의 순간을 초청하기 위한 실용적인 도구를 다섯 가지 제시한다. 여러분이 공감할 만한 것도, 그렇지 않은 것도 있을 수 있으니 다양한 도구와 기법 중에서 자신만의 방법을 찾아가 보자. 인플루언서, 팟캐스트, 자기계발서로 가득한 세상에서는 이처럼 자기 주도적으로 길을 찾는 연습을 반드시 해야 한다. 이들은 모두 인생의 어떤 문제에도 적용할 수 있는 만능 해결책을 갖고 있다고 주장하기 때문이다.

하지만 우리는 잘 알고 있다. 우리 개개인은 모두 다른 존재라는 사실을. 저마다 목표가 다르고 도전 과제도 다르다. 신체와 심리 구조 역시 제각각이다. 이런 다름을 이해하고 포용할 때 열림으로 나아갈 수 있을 것이다. 그 첫발을 내딛기 위해 내가 제시한 도구를 적극적으로 활용하여 연습해 보길 권한다.

5장

약물을
통한
열림

**가장 두려워했던 것의
힘을 빌리다**

작은 질문 하나가 중요한 계획을, 심지어 인생의 방향을 바꾸기도 한다. 내 경우가 그랬다.

10월의 어느 따스한 아침, 콜로라도 사니타스산 입구에서 함께 공부하는 동료이자 영적 동반자인 십년지기 앤드루를 만났다. 우리는 반가움의 포옹을 나눈 뒤 긴 계곡을 따라 구불구불 나 있는 등산로를 걸으며 대화했다. 자연스럽게 대화 주제가 집필을 준비하던 이 책으로 넘어갔다.

"분열과 분노를 갈망하며 닫혀 있는 상태로 사는 것과, 좋거나 나쁜 우리 삶의 모든 측면에 열려 있는 상태로 사는 것 사이의 차이에 관한 책이야."

산 아래 주택가를 향해 내려가는 비탈길 어디쯤이었다. 이야기를 들은 앤드루는 내게 결정적인 질문을 던졌다.

"열림의 수단으로 환각제를 탐구하려는 거야?"

왜인지는 몰라도 그 질문이 나에 대한 공격처럼 느껴졌다. 긴장해서 목과 어깨에 힘이 들어갔고 나를 방어해야 한다는 생각도 들었다. 앤드루에게 화가 난 건 아니었지만, 적잖이 놀랐다.

나는 왜 그 생각을 못 했을까? 약물. 약물에 대해선 뭐라고 해야 할까?

"아니, 그건 아니야."

앤드루에게 대답했다.

"환각제는 내 관심 영역이 아니야. 내가 원하는 건 약물을 복용하지 않고도 누구나 연습을 통해 도달할 수 있는 열림이야. 환각제는 한 번 잘못 복용하는 것만으로도 우리를 벼랑 끝으로 내몰 수 있어. 그런 위험은 감수할 가치가 없다고 생각해."

앤드루도 수긍하며 "정말 맞는 말"이라고 답했다.

환각제에 관한 앤드루와의 대화는 그렇게 끝난 줄 알았으나 실은 끝이 아니었다. 이날의 대화가 그 후 몇 주간 머릿속에서 반복 재생됐기 때문이다. 상상 속에서 대화 상대는 앤드루가 아니었다. 나는 책이 출간된 어느 시점부터 상상 속에서 오프라 윈

프리Oprah Winfrey나 〈굿모닝 아메리카Good Morning America〉의 진행자들과 이야기를 나누었다. 그들은 하나같이 똑같은 질문을 했다.

"왜 책에 환각제 내용은 넣지 않았나요?"

가상의 글로벌 무대 속 인물들은 나를 책망하며 쏘아붙였고, 이에 나는 본격적인 변호 태세를 갖추어 대답했다.

"왜 환각제를 포함하지 않았냐고 물었죠, 오프라 씨? 음, 여기엔 네 가지 이유가 있습니다."

첫 번째 이유, 알다시피 불법 약물은 나쁘다. 나는 초등학교 6학년 때 약물 남용 예방 교육DARE을 이수한 이후 약물에 대한 건강한 불안을 갖고 살아왔다. 대학 시절 마리화나를 몇 번 피워봤지만, 그 느낌이 무척 싫었다. 30대 초반에는 치료 목적에서 소위 엑스터시MDMA라 불리는 약물을 시도해 봤다. 그건 마리화나보다는 좋은 기억으로 남아 있다. 하지만 어디까지나 치료 목적이었다. DARE 교육을 이수하고 30년이 지난 지금까지도 불법적인 약물 복용은 근본적으로 잘못된 것이라고 믿는다. 특히 직업을 갖고 가정을 이루었으며, 남들에게 존경받을 만한 점이 있다고 스스로 자부하는 사람으로서 더욱 그렇다. 내가 만약 약물 중독자라면 초등학생인 딸아이의 학교 행사에서 다른 부모들이 날 어떻게 생각할지 상상하고 싶지 않다.

두 번째 이유, 약물로 인한 경험은 열림이 아니라 도피이기 때문이다. 열림은 모든 삶의 여정에 접근하는 태도지만 약물은 그 반대다. 인간 경험에 수반되는 고통, 슬픔, 불편함에서 도망치기 위한 회피 전략이다. 마치 스마트폰과 비슷하다. 우리 마음의 문을 닫는 또 다른 수단일 뿐이다.

이에 대한 증거가 있느냐고 묻는다면, 내가 아는 한 약물로 인해 가장 많이 실패해 본 인물인 리처드 앨퍼트Richard Alpert를 소개하고 싶다. 그는 '환각에 취해 어울리고 기존의 질서를 탈피하자!'라는 말로 유명한 티모시 리리Timothy Leary와 함께 2주간 약물 관련 실험을 진행했다. 둘은 실험 참가자들을 집 안에 가두고 강력한 환각제인 LSD를 4시간마다 400마이크로그램씩 주입해 일시적인 환각 상태를 영구적인 상태로 만들고자 했다.[1] 하지만 실험은 실패로 끝났다. 돈 래틴Don Lattin은 자신의 저서 『하버드 환각 클럽Harvard Psychedelic Club』에서 이렇게 언급했다.

"실험 참가자에게는 LSD에 대한 내성이 빠르게 생겼고, 결국 서로를 철저히 증오하게 됐다."[2]

이 실험의 실패는 결국 리처드 앨퍼트가 람 다스로 개명해 명상과 바크티 요가, 봉사 같은 영적 수행을 통해 열림을 추구하는 계기가 됐다. 열림의 도구를 약물에서 수행으로 바꾼 이유에 대해 람 다스는 이렇게 설명한다.

"이런 약물은 신을 영접하는 느낌을 줄 수 있다. 하지만 유효

기간은 단 2시간에 불과하며 이후에는 반드시 거리를 둬야 한다. 기분이 최고조에 도달하는 이런 경험의 함정은 그 방식이 어떻든 순간의 기억에 집착하게 만든다는 점이다. 누구든 그 기억을 다시 떠올리도록 강요받는다."[3]

나는 이런 람 다스의 주장을 적극 수용한다. 그는 인류 역사상 환각제와 관련해 가장 많이 경험한 사람 중 한 명이기 때문이다. 환각제를 통하면 약간 더 확장된 열림을 경험할 수도 있다. 하지만 단 몇 시간뿐인 경험을 꼭 해야 할까? 매일 점진적으로 수행하면 평생 경험할 수도 있는데 말이다.

세 번째 이유, 환각제의 효과가 그토록 확실하다면 이를 복용하는 많은 사람의 자아도취적 행동은 어떻게 설명할 수 있을까? 마이클 폴란은 그의 저서 『마음을 바꾸는 방법』에서 이 점을 날카롭게 지적한다.

"환각제의 효과는 매우 역설적이다. 환각제 복용을 통해 자아가 해체되는 경험을 하지만 그 경험으로 인해 자아가 팽창될 수 있다. 우주의 위대한 비밀을 알게 된 사람은 자신이 위대한 일을 위해 선택받은 특별한 존재라고 느낄 수밖에 없다."[4]

이 같은 폴란의 지적은 일리가 있다. 만약 약물이 정말로 우리를 이기적인 집착에서 벗어나게 하고 더 높은 의식 상태를 지속시켜 준다면, 약물을 가장 많이 복용하는 사람이 지구상에서 가장 해방된 존재가 돼야 할 것이다.

하지만 경험상 그것은 사실이 아니다. 진실은 오히려 그 반대였다. 수십 년간 환각제를 복용한 사람들은 깨달음을 얻은 존재가 아니다. 그저 약에 취한 사람들일 뿐이다. 약물 복용으로 얻은 심오한 통찰을 발표하는 몇몇 사람은 자신을 배타적인 그룹의 일원이라 여기는 함정에 빠진 듯하다. 평범한 사람은 이해할 수 없는, 마음의 본질을 꿰뚫어 보고 있는 엘리트 신비주의자 그룹 말이다.

네 번째 이유, 환각제는 사람을 그야말로 엉망으로 만든다. 내가 평생에 걸쳐 수집한 실제 사례가 그 근거다. 첫 번째 사례자는 내 친척이다. 40여 년 전 록 콘서트에서 LSD를 복용한 그는 이후 심각한 우울증에 빠졌고, 평생 제대로 된 직업조차 갖지 못했다. 친척이 내 손을 붙잡고 애원하듯 말하던 모습이 잊히질 않는다.

"이 약은 절대 먹지 않겠다고 나랑 약속해. 널 망쳐버리고 말 거야."

내 친구 한 명은 아야와스카라는 환각제를 복용한 후 몇 달간 편집증과 불안증에 시달렸고 아파트 창문 밖으로 뛰어내리고 싶은 충동을 수시로 느껴야 했다. 캘리포니아의 베니스에서 거리 한복판에 있는 11층 건물 옥상에서 알몸으로 춤을 추는 여성을 본 적도 있다. 엑스터시를 복용했던 그는 환각 상태에서 옥상 가장자리를 빙글빙글 돌다가 사람이 많은 보도로 추락했다(놀랍게도 전선에 걸려 목숨은 건졌다). 실로시빈으로 알려진 환각버섯을 정기적으로 섭취한 뒤 이상행동이 나타난 대학 동기도 있다. 어느 날 밤 한 친구에게서 걸려온 전화를 통해 몇 년간 정신 건강이 서서히 나빠졌던 그의 소식을 알게 되었다.

"어젯밤 윌이 주차장에서 뛰어내려 자살했어."

사람들의 삶이 무너지는 것을 지켜보며 나는 약물의 위험성을 뼈저리게 느꼈다. 약물은 자칫 나를 죽음으로 몰아갈 수도, 평생을 미치광이 상태로 살아가게 할 수도 있다.

이상 네 가지 이유에 비추어 다시 처음의 질문으로 돌아가보자. 환각제를 열림을 경험하기 위한 수단으로 사용해도 될까? 절대 아니다. 마음의 크기를 확장하는 필수 도구라고 여기기에 약물은 너무 위험하고, 예측할 수 없으며 파괴적이다.

지금까지의 내 삶도 괜찮은 것 같았다. 단지 앤드루의 질문에 더 나은 대답을 내놓고자 그런 위험을 감수할 순 없다고 생각했다. 적어도 그때까지는.

하지만 내적 갈등은 지속됐다. 이후 몇 달간 나는 향정신성 화합물인 케타민에 대한 뉴스를 꾸준히 접했다. 즐겨 듣던 팟캐스트에서 케타민을 언급하는가 하면 케타민 치료제를 대규

모로 공급해 상당한 논란을 일으킨 신생 기업 마인드 블룸Mind Bloom에 대해서도 알게 됐다. 한 친구는 케타민 보조 요법으로 약물 치료가 어려운 우울증을 극복한 자신의 친척 이야기를 들려주었다. 친구는 "케타민이 그의 인생을 바꿔놓았다"라고 했다. 새로운 결과가 하나씩 쌓일 때마다 케타민에 대한 나의 저항은 서서히 느슨해졌고, 저항은 조금씩 호기심으로 바뀌었다. 어느 순간 '내가 갇혀 있지는 않았나' 하는 생각을 하고 있었다. 나 역시 환각제라는 새로운 가능성과 도구에 닫힌 태도를 버리지 못한 채 말로만 열림을 찾고 있었는지도 모른다. 물론 케타민을 잔뜩 복용하고 벌거벗은 채 숲속을 배회할 작정은 아니었다. 그저 약물을 좀 더 알아보고 싶었다.

케타민은 내가 10대였던 1990년대에 동네 클럽에서 인기를 끌던 환각제였기에 그 존재는 일찍부터 알고 있었다. 하지만 케타민이 내 고향 콜로라도주에서뿐 아니라 미국 전체에서 유일하게 식품의약국FDA의 승인을 받은 합법적인 환각제라는 사실은 이번 조사를 통해 처음 알게 됐다. 이 사실은 내게 더 많은 가능성을 열어주었다. 환각제 복용에 대한 첫 번째 반대 논거인 '불법 약물은 나쁘다'는 주장을 반박하는 데 도움이 됐다.

뿐만 아니라 내 고향에는 케타민 보조 정신 치료KAP를 하는 전문 치료사가 많다는 사실도 알게 됐다. 집에서도 단 몇 분 만에 이 합법적인 치료를 받을 수 있다는 뜻이었다. 내 호기심은 더욱 커졌다. 몇 달간의 연구와 고민 끝에 나는 미국 최고의 환각 보조 치료사 중 한 명에게 연락을 취했다.

❖

세라 루이스Sara Lewis는 미국 최초의 불교대학 나로파대학교에서 환각제 관련 교육과 연구를 책임지고 있었다. 적갈색 곱슬머리를 지닌 세라는 온라인으로 이루어진 첫 만남에서 따뜻한 미소로 나를 반겨주었다. 줌 카메라 쪽으로 몸을 기울인 그의 뒤로 벽에 걸린 화려한 탕카(티베트의 불교회화로 두루마리 형태의 그림-옮긴이)가 눈에 띄었다. 그보다 더 인상적이었던 건 차분하지만 온 마음을 다해 나를 환대하는 세라의 존재감이었다. 그는 아야와스카를 복용하고 신나게 드럼을 치던 마약 추종자와는 전혀 달라 보였다. 고작 몇 분 동안 가벼운 대화를 나누었을 뿐인데 나는 이미 그를 믿게 되었다.

세라는 역설적인 방식으로 약물에 접근했다. 본래 통제가 어려운 약물이기에 더욱 엄격하고 학문적이며 통제된 방식으로 취급했다. 그가 시카고대학교에서 사회복지학 석사를 취득하고, 케타민 및 엑스터시 보조 요법과 관련해 환각제 연구를 위한 학제 간 연구 협회MAPS에서 여러 교육 과정을 이수했기에 이 같은 접근법에 더욱 믿음이 갔다. 높은 수준의 명상가이기도 한 그를 신뢰하지 않을 수 없었다.

과연 세라는 '마약은 사람을 엉망으로 만든다'는 나의 논리를 설득력 있게 반박할 수 있을까? 나는 세라에게 창문에서 뛰어내리고 싶은 충동을 느낀 친구와 실제로 뛰어내린 친구에 관해 이야기했다. 그러면서 이렇게 덧붙였다.

"지금의 제 삶은 꽤 괜찮아요. 난 친구들이 한 것과 같은 경험은 하고 싶지 않아요."

아마도 이런 반대 의견을 수천 번은 들어봤을 세라는 당황스러운 질문에도 차분하게 대답했다.

"실제로 저를 찾아오는 환자분들 중 절반가량은 잘못된 환각제 사용에서 벗어나고 싶어 하는 분들이에요. 그러니 충분히 일리 있는 걱정이죠. 환각제는 신체에 치명적인 영향을 미칠 수 있는 물질이므로 정말 신중하게 사용해야 합니다."

그런데 여기서 끝이 아니었다. 그의 이어지는 말에 내 강력한 반발심은 무장해제 됐다.

"그래서 당신 같은 사람에게 이상적인 약물이기도 해요. 스스로를 통제하기 어려워지는 등 의도치 않은 결과를 두려워하는 사람들 말이죠. 케타민의 주요 효과 중 하나는 불안을 줄여주는 겁니다. 복용 초반에는 매우 크게 도움이 되죠."

나는 치료의 실행 방법을 구체적으로 물었다. 세라는 최소 세 번의 일반적인 심리 치료와 자신의 친구인 정신과 전문의가 진행하는 엄격한 심사 과정을 거친 후에야 비로소 케타민 보조 세션이 시작됨을 알려주었다.

이어지는 설명에 따르면 케타민 보조 세션은 그의 사무실에서 두 시간 반 동안 이뤄질 예정이었다. 내가 안대를 쓰고 누워서 헤드폰으로 음악을 듣는 15분 동안, 혀 밑에 넣은 알약 형태의 케타민은 서서히 녹아내릴 것이었다. 이 시간 동안 세라는 내 옆의 소파에 앉아 복용 여정을 안내해 준다. 그렇게 투여된 약의 효과는 최대 1시간 20분간 지속된다. 세션이 끝나면 아내가 데리러 와야 한다고 말한 세라는 이렇게 당부했다.

"아마 좀 어지럽고 방향감각이 흐려질 겁니다. 운전은 절대 금물이에요."

케타민 보조 세션이 끝나고 하루나 이틀 후에 효과를 극대화하기 위한 '통합 세션'이 예정돼 있었다.

세라의 모든 설명이 끝난 후, 화면을 닫고 컴퓨터 앞에서 일어났다. 몇 달 전 앤드루가 했던 질문에 대한 저항감은 이미 사라져 있었다. 물론 여전히 환각제 사용은 긴장을 늦출 수 없는 부분이었다. 통제력을 잃거나 끔찍한 경험을 하게 될까 봐 겁이 났다. 하지만 내 안의 깊은 직관에서 뭔가가 열리기 시작했다. 난 준비가 돼 있었다.

이런 약물은 치료 목적일 때조차 우리를 황폐하게 할까? 아니면 디지털 중독과 분노를 유발하는 깊은 감정적 상처를 치유하는 새로운 방법이 되어줄까? 이제 곧 알게 될 터였다.

바로 이 지점에서 면책 조항이 필요하다. 철저한 지침과 함께 복용하더라도 환각제는 신체적으로나 정신적으로 해를 끼칠 위험이 있다. 여러 경험을 바탕으로 한 내 이야기는 일반적인 정보를 제공할 목적일 뿐 전문가의 의학적 조언을 대신할 의도는 없다. 환각제 복용에 관심이 있다면, 바로 6장 마지막에 나오는 내 제안을 주의 깊게 읽어보고 숙련된 의료 전문가의 감독을 받길 바란다.

케타민은 해리성 마취제다. 해리적 특성은 자신의 신체와 자신을 둘러싼 환경은 물론 자기에 대한 인식까지 흐릿하게 해 현실과 단절되는 경험을 유발한다. 동시에 마취적 특성은 통증에 둔감하게 만든다. 그렇기에 많은 양을 복용하면 소위 '케이홀 k-hole'로 불리는 기억상실로 이어질 수 있다.

케타민은 1962년 웨인주립대학교 화학과 캘빈 스티븐스 Calvin Stevens 교수가 처음 개발했다고 알려졌다. 하지만 좀 더 깊이 파고들면 '천사의 가루'로 알려진 펜사이클리딘PCP에서 유래했다고 볼 수 있다. 두 약물은 모두 '클럽 마약'으로 불린다. PCP는 마취 효과가 강력하지만 과다 복용 시에도 신체에 치명적인 영향을 미치지는 않는다는 점에서 연구자들의 관심을 끌었다.

하지만 치명적이지 않을 뿐, 경미한 정도의 심리적 부작용까지는 피할 수 없었다. PCP를 복용한 환자들은 감각이 왜곡되어 인지되거나 환각을 보고 경련하는 등 정신 분열과 유사한 증상을 겪어야 했다. 이때 PCP 계열이지만 부작용은 훨씬 덜한 케타민이 효과적인 대안으로 등장했다. PCP보다 마취 효과는 짧았고 여전히 심리적 부작용도 유발했지만, 그 정도는 약했다.[5]

1960년대 후반, 케타민은 인체 사용이 허가돼 베트남 전쟁에서 마취제로 사용됐다. 부상 시 의료 지식이 없더라도 쉽게 사용할 수 있었던 케타민은 '마약 친구'라는 별칭까지 붙었다. 일부 보고에 따르면, 케타민의 빠른 효과는 부상병의 사망률을 낮추고 전장의 사기를 높이는 데 일조했다.[6]

이후 30년간 케타민은 세 가지 방식으로 이용됐다. 첫 번째는 의료 분야에서, 특히 소아외과 수술에서 강력한 마취제로 사용됐다.

두 번째는 유흥용이었다. 1970년대 후반에서 1980년대 사이 케타민은 실험실을 벗어나 지하 세계로 침투했다. 케타민이 K, 비타민 K, 슈퍼 K, 스페셜 K, 킷캣, 퍼플, 제트, 슈퍼 애시드, 캣 발륨 등 온갖 기괴한 은어로 불리기 시작한 시기다.[7] 1990년대 후반, 미국 정부가 케타민을 옥시콘틴, 펜타닐 등과 함께 통제 등급 3등급 물질로 지정하면서 그 인기는 절정에 달했다.[8]

마지막으로 세 번째, 환각성 치료제로서의 기능이 세상에 널리 알려졌다. 멕시코의 정신과 의사 살바도르 로케Salvador Roquet는 '정신 합성'으로 명명한 접근법을 통해 케타민 보조 치료법을 개척했다. 그는 정신 분열과 같은 해리 상태를 유발하는 케타민의 결점을 환자의 심리적 트라우마를 치유하는 데 역으로 이용했다. 케타민을 복용한 환자는 자신의 깊은 내면세계를 면밀히 들여다볼 수 있었다.[9] 로케의 케타민 보조 요법은 곧 미국으로 전파되었지만, 당시 미국에서 케타민은 불법이었기 때문에 이를 활용한 치료가 널리 확대되지는 못했다.

케타민이 우울증과 기타 정신질환 치료제로서 새로운 관심을 불러일으키기 시작한 건 1990년대 초, 예일대학교 정신의학과 존 크리스털John Krystal 교수의 연구를 통해서였다. 더 구체적인 내용을 알고 싶었던 나는 크리스털 교수와 직접 이야기를 나눠보았다.

크리스털 연구팀은 우울증이 아닌 조현병의 특성을 정의할 목적으로 케타민 연구를 시작했다. 이에 대해 크리스털 교수는 다음과 같이 설명했다.

"연구 초기 단계에서 케타민이 인간의 인지와 행동에 미치는 영향을 발견했고, 곧 이것이 조현병 환자들의 증상과 유사하다는 사실에 관심을 두게 됐습니다. 이 유사성은 조현병 발현에 있어 글루타메이트 수용체의 잠재적 역할에 대한 우리의 가설을 뒷받침하는 것이었습니다."

매우 중대한 과학적 발견이 기대되는 순간이었다.

"케타민의 우울증 치료 효과에 관심을 두게 된 계기는 동료들과 했던 활발한 토론이었습니다."

매일 일과가 끝나면 크리스털은 동료이자 멘토인 데니스 차니Dennis Charney와 함께 연구에서 직면한 문제와 가능성에 관해 이야기를 나누곤 했다. 당시 차니의 연구실에서는 일명 '우울증의 모노아민 가설'을 실험하고 있었는데, 우울증이 세로토닌이나 노르에피네프린, 도파민 같은 신경전달물질의 고갈로 인해 발생한다는 가설이었다. 그러나 연구팀은 이 가설의 치명적 결함을 발견했다. 건강한 성인에게서 이 신경전달물질의 수치를 낮춰도 우울증이 발생하지 않는다는 점을 확인한 것이다.

차니와 크리스털은 '우울증은 뇌간의 신경전달물질이 아닌 한 단계 높은 뇌의 중추와 관련돼 있지 않을까?'라는 의문을 품었다. 두 사람은 각자의 연구 프로그램을 결합하면 해답을 찾을지도 모른다고 생각했다. 크리스털은 케타민이 글루타메이트 같은 뇌의 상부 중추를 고유의 방식으로 활성화한다는 사실을 이미 발견했기 때문이다. 이들은 우울증 환자에게 케타민을 투여하는 방법을 떠올렸다. 그러면 글루타메이트 시스템 같은 뇌의 상부 중추가 우울증의 원인과 치료법을 발견하는 데 중요한 역할을 하는지 확인해 볼 수 있었다.

과연 결과는? 크리스털의 다음 이야기가 모든 것을 말해준다.

"결과는 매우 충격적이었다. 우리는 실험에 참여한 우울증 환자들에게 케타민을 투여한 후 그로 인한 급격한 기분 변화를 관찰했다. 보통 케타민의 급성 효과는 120분 정도면 가라앉는다. 하지만 환자들의 효과는 이보다 훨씬 더 오래 지속됐다. 집으로 돌아가기 전 사람들은 '몸이 좀 가벼워졌다'고 말하곤 했다. 하지만 이후 며칠간 환자들을 추적 관찰하며 괜찮냐고 묻자 대부분 '조금 나아진 게 아니라 완전히 나아졌다'고 대답했다."10

이 같은 결과는 케타민에 대한 과학적 이해를 근본적으로 바꿔놓았다. 더 이상 케타민을 단순히 강력한 마취제나 지하 세계 부랑자들의 마약만으로 간주할 순 없었다. 케타민은 새로운 방식으로 정신질환을 이해하고 치료할 수 있는 강력한 열쇠였다.

시내에 위치한 오래된 빅토리아풍 주택 1층 세라의 사무실로 향했다. 붉은 벽돌 건물의 외벽은 흰색과 초록색으로 장식돼 있었다. 몇 달에 걸쳐 총 다섯 번의 일반 심리 치료를 받은 시점이라 이미 익숙한 공간이었다. 세라가 예고했던 대로 정신과 전문의도 만났다. 그는 내게 자해나 자살을 생각해 본 적이 있는지, 외부에서 전해지는 목소리를 들어본 적 있는지 질문했다. 나는 무사히 심리 평가를 통과했다. 이번에는 이전과 달리 오른쪽 앞주머니에 100밀리그램 케타민 15정을 넣고 대기실로 들어갔다.

내가 가장 좋아하는 대기실 좌석 쪽으로 걸어가자 100년 된 나무 바닥이 삐걱거렸다. 기다리는 동안 앞서 경험한 다섯 번의 치료 과정이 떠올랐다. 나는 세라에게 내 평생 불안의 근원이 된 어린 시절의 경험에 관해 이야기했다. 대화를 통해 나는 내 안의 모든 불안과 두려움의 밑바닥에는 무의식적인 믿음이, 그러니까 '나는 뭔가 잘못됐다'라는 생각, 일부만 잘못된 게 아니라 완전히 잘못됐다는 생각이 깔려 있음을 확인했다.

이런 믿음이 내 삶에 가져온 고통에 관해서도 이야기했다. 그 중심엔 수치심과 당혹감이 있었다. 그리고 질투도 있었다. 적어도 내가 보기엔 행복하고 빛나 보이는 사람들, 나처럼 공황 발작으로 정신병원에 입원할 걱정 같은 건 해본 적 없는 이들을 향한 부러움이었다.

이 믿음은 성취를 향한 끝없는 노력으로 연결되기도 했다. 성인이 된 후엔 삶이라는 이름의 러닝머신 위를, 오직 나를 증명하겠다는 마음에 가득 차서 달렸다. 달리는 내내 마음속으로 이렇게 중얼거렸다.

'이것 봐, 난 엉망이 아니야. 똑똑한 사람이라고. 난 흥미로운 책을 쓰고, 주목받을 만한 일을 하며 나 자신의 가치를 높이지.'

나의 믿음과 상처는 대체 어떤 모습으로 나타날까? 케타민을 향한 첫 여정이 시작되길 기다리는 동안 궁금해졌다. 세라의 사무실로 향하는 하얀 문이 열렸다. 모퉁이에서 고개를 살짝 내민 그는 미소를 머금고 말했다.

"준비되셨죠?"

"네, 그런 것 같아요."

나는 안쪽으로 걸어 들어가며 말했다.

방은 이전과 완전히 달라 보였다. 앞쪽으로 툭 튀어나온 창문은 블라인드에 가려져 있었다. 소파는 부드럽고 따뜻한 시트와 편안한 베개가 놓인 침대로 바뀌어 있었다. 스피커와 헤드폰이 연결된 책상 위 노트북에서는 뉴에이지 음악이 흘러나왔다. 세라는 실험 과정에 대해 다시 한번 설명하며 내가 가진 선택권을 언급했다.

"필수가 아니라는 사실을 확실히 알려드리고 싶어요. 지금도 늦지 않았습니다. 내키지 않으시면 그냥 여기에 앉아 일반적인 치료를 진행하면 됩니다."

"알려주셔서 감사합니다. 하지만 예정대로 진행하겠습니다. 준비됐어요."

세라는 내게 케타민을 꺼내라고 했다. 동네 약국에서 구입한 케타민은 포장지에 싸여 있었다. 일반적인 흰색 골판지 상자에 들어 있어 자칫 알레르기 약이나 항생제처럼 보일 수 있었지만, 왠지 모르게 임상실험에 쓰일 전문적인 약 같았다. 각각의 케타민은 투명한 플라스틱 통에 격자 모양으로 놓여 있었다. 나는 100밀리그램 용량의 케타민을 한 알씩 꺼내 세라가 손에 들고 있는 회색 도자기 그릇 안에 넣었다. 오늘은 일반적인 용량의 1/3 정도에 해당하는 100밀리그램만 복용해 내 몸의 반응을 살피기로 했다.

"준비되셨나요?"

세라가 물었다. 나는 헤드폰을 목에 걸고 안대를 쓴 채 다리를 꼬고서 침대에 앉아 있었다.

"어서 문 열고, 들어갑시다."

나는 대답했다.

"그 말 좋네요. 제가 드릴 수 있는 유일한 조언은 이겁니다. 그냥 '그래'라고 말하세요. 어떤 상황이 펼쳐지든 그냥 '그래'라고 하면 됩니다."

세라가 당부를 마치자마자 나는 약을 입에 넣었다. 진짜 행동으로 옮기고 있었다. 더는 되돌릴 수 없었다. 스카이다이빙을 하기 위해 비행기 문밖으로 뛰어내릴 때처럼.

세라의 지시를 따라 민트 맛 케타민 알약을 곧장 삼키지 않고 15분간 입안에서 녹였다. 세라는 1~2분에 한 번씩 경쾌한 어조로 "섞어요"라고 지시했고, 그때마다 입속에서 케타민과 침을 뒤섞었다.

15분이 지나고 세라가 '이제 삼켜도 된다'고 허락했을 때 민트 맛 약물이 목구멍을 타고 위장으로 넘어갔다. 그 순간 무거운 에너지가 머리 쪽에서부터 몸 전체로 퍼지는 게 느껴졌다. 마치 무거운 담요가 나를 꽉 감싸는 것 같았다. 팔다리가 침대 속으로 가라앉았다. 편안했다.

안대를 쓰고 있어 칠흑같이 어두웠다. 으스스한 음악과 함께 물 흐르는 소리가 들려왔다. 깊은 밤, 나는 물속에 있었다. 한치 앞도 보이지 않는 어둠 속이었다. 나는 세라에게 말했다.

"여기 좀 무서워요."

"괜찮아요."

어둠 속에서 뱀의 머리가 모습을 드러냈다. 그는 낮은 소리로 내 이름을 불렀다.

"네이트."

순간 두려움이 엄습했다.

여기서 이성을 잃는 건가? 미치기 시작하는 건가?

세라에게 도움을 청했다.

"뱀 같은 게 보이는데 뭔지 잘 모르겠어요."

"질문은 안 돼요."

세라의 대답을 들은 나는 다시 어둠 속에서 뱀에 주목했다. 이제 이상하리만치 모든 것이 잘 느껴졌다. 어둡고 무서웠지만 크게 당황하지 않았다. 그저 내 마음속에서 뱀이 놀고 있을 뿐이었다. 별일 아니었다.

그때부터 온갖 트라우마가 영화처럼 떠올랐다. 내가 가장 두려워하는 장면, 맞벌이 부모를 두어 집에 혼자 남겨졌던 어린 내가 거기에 있었다.

그런데도 이상하게 괜찮았다. 나의 관점이 전환되고 있었다. 내 인생의 어둡고 끔찍했던 모든 순간이 좋게 보이기 시작했다. 소위 트라우마라 불리는 기억을 통해 인생에서 위대하고 행복하며 의미 있는 모든 것을 추적할 방법을 알게 됐다.

어느 순간 나는 짙은 색의 화살표가 위쪽으로 꾸준히 올라가는 주식 차트를 떠올렸다. X축은 내가 겪은 최악의 트라우마를, Y축은 진행 상황을 나타냈다. 새로운 재난이나 충격적인 사건이 발생할 때마다 놀랍게도 상황은 오히려 나아졌다. 내 인생의 비극적인 순간마다 화살표는 점점 위로 향했다. 마치 강세장의 나스닥NASDAQ처럼 말이다.

발전

트라우마

그래프는 케타민의 나라에서 내가 마주했던 뒤집힌 세상을 완벽하게 나타내고 있다. 그곳에선 나쁜 것과 좋은 것의 경계가 없었다. 나는 세라에게 외쳤다.

"이 어둠의 정체를 알았어요. 그게 뭔지 알았어요. 그건 바로 신이에요."

체감상으론 몇 시간이 흐른 것 같았지만 실제로는 20분 남짓이 지나 있었다. 그때쯤 음악이 바뀌었다. 지금까지 들어본 여느 음악과는 달랐다. 마치 내 몸이 악기가 된 것 같았다. 음표와 화음 하나하나가 나를 통해 파문을 일으켰다. 내가 바로 음악이었다.

말로 표현할 수 없는 완전한 이완감이 찾아왔다. 모든 노력과 시도, 일상의 모든 중독이 완전히 사라졌다. 나는 그저 여기에 누워 음악을 듣고 있었다. 그리고 생각했다.

"이 정도면 충분해."

내게 필요한 모든 것이 채워진 느낌이었다.

나는 세라에게 말했다.

"인생은 정말 아름다워요. 속도를 늦추고 멈춰야만 그걸 볼 수 있죠."

두 시간 후, 마침내 헤드폰과 안대를 벗었다. 나는 완전히 정상이었다. 심지어 이성이 더 또렷해진 것 같았다. 침대에서 일어서자 세라는 옆으로 와 날 부축했다. 제대로 일어설 수도 걸을 수도 없었다. 몸이 흔들리고 어지러웠다. 정신도 약간 혼미했다.

대기실을 찾은 아내 케일리와 함께 집으로 향했다. 수백 번도 더 가본 길이었지만, 마주하는 모든 것이 유난히 빛나 보였다. 나뭇가지의 새싹은 색색으로 피어나고 있었다. 선명한 오후의 햇살은 눈에 보이는 모든 것을 감쌌다. 동시에 세상은 불편할 정도로 빠르게만 느껴졌다. 자동차가 우리 옆을 질주했다. 자연은 늘 그 자리에 차분히 머물렀지만, 인간 세상은 모두가 '빨리빨리'를 외치며 급하게 돌아가고 있었다. 그래서 바로 지금, 여기에서 일어나는 일의 아름다움을 의식하지 못했다.

집에 도착한 뒤 몇 시간이 지나자 약의 효과는 완전히 사라졌다. 나는 정신을 차리고 케일리에게 내 경험을 이야기하기 시작했다.

"간단히 말하면, 오늘 환각제 보조 요법의 힘을 살짝 엿본 것 같아. 케타민 덕분에 내 마음속 가장 어두운 곳까지 들여다볼 수 있었어. 그리고 그게 무엇이든 외면하지 않고 다가갈 수 있었어. 마치 외줄을 타는 듯했지만, 어떤 위험천만한 상황에서도 날 지켜줄 거대한 안전망이 아래를 받치고 있는 것 같았어. 수년간 해온 어떤 치료와 요가, 명상에서도 경험하지 못한 느낌이었지."

나는 환각제 보조 치료와 열림의 연관성을 비로소 이해하고 있었다. 100밀리그램의 케타민은 나에게 후퇴하는 대신 접근할 수 있는 거의 초자연적인 능력을 선물했다. 내 인생에서 처음으로 모든 것에 마음을 진정으로 열 수 있게 되었다.

케타민은 뇌를 어떻게 변화시킬까? 이 질문에 명확한 답변을 하기는 어렵다. LSD나 실로시빈 같은 전통적인 환각제는 그 효과가 뇌의 일부 영역에만 제한되어 나타난다. 하지만 케타민은 뇌 전체의 변화를 유도하기 때문에 구체적인 작용 범위를 분리해서 논하기가 어렵다.[11] 현재까지는 많은 연구자가 케타민의 활동 위치로 글루타메이트 시스템을 지목한다. 특히 케타민은 이 시스템에서 NMDA라는 신경 수용체를 강력하게 억제하는 것으로 밝혀졌는데, 이 작용이 해리 경험을 유발할 수 있다.

이 독특한 작용 방식 때문에 케타민은 항우울제로서 주목받고 있다. 크리스털의 선구적인 연구 이후 케타민의 독특한 특성에 주목하는 실험이 빈번히 진행됐다. 일부 연구자들은 케타민을 '즉각적인 항우울제'라고 불렀다. 우울 증상을 완화하는 데 몇 주가 걸리는 기존 SSRI 계열 항우울제와 달리 케타민은 투여 직후부터 효과가 나타났기 때문이다.

자살 충동을 느끼는 환자를 대상으로 한 연구에서 케타민은 단 몇 시간 만에 자살 충동을 억제한 것으로 나타났다.[12] 극심한 우울증과 자살 충동으로 약물 복용의 효과가 나타나기까지 7~8주를 기다리기 어려운 환자에게 케타민이 이상적인 약물이 될 수도 있다는 뜻이다.

하지만 이는 케타민의 문제점이기도 하다. 케타민의 항우울 효과는 즉각적이지만, 일회성 복용으로는 그 효과가 충분하지 않음이 증명됐다. 대부분의 연구에서 환자는 케타민을 복용한 후 며칠이 지나면 우울 증상이 재발했고 추가 복용이 필요했다.[13]

이 문제를 해결하기 위해 현재 치료 과정에서는 케타민을 일주일에 2~3회씩 몇 주에 걸쳐 투여한다. 최근 연구 결과에 따르면 이 같은 집중적인 투여 방식은 우울증 치료에 매우 효과적이다. 웨슬리 라이언Wesley Ryan 연구팀이 실험한 바에 따르면 마지막 케타민 주입 후 일주일이 지나자 환자의 50퍼센트가 더

이상 우울증의 기준을 충족하지 않는 것으로 나타났다.[14]

그렇다면 케타민을 안전하면서도 장기적인 우울증의 해결책이라고 말할 수 있을까? 아니면 단기적인 미봉책에 불과한가? 정확한 결과는 아직 나오지 않았다. 초기 연구에 따르면, 케타민은 매우 안전하며 긍정적인 효과가 지속된다.[15] 그러나 치료가 아닌 유흥 목적으로 케타민을 복용한 사람들을 조사한 결과 반복 사용 시 방광 장애 및 궤양성 방광염, 심지어 장·단기 기억장애까지 일으킬 수 있음이 확인됐다.[16]

중독의 위험도 있다. 여기에서 케타민의 역설을 발견하게 된다. 한쪽에서는 알코올 중독 및 기타 약물 남용을 치료할 도구로 케타민 보조 요법을 연구하고 있다.[17] 이들 연구는 케타민이 알코올과 여러 중독성 물질의 복용을 중단하는 데 도움이 될 수 있음을 시사한다.

반면 케타민 자체에 중독성이 있을 수 있다는 연구 결과 역시 속속 등장하고 있다. 이들은 케타민을 취급하는 의료기관이 늘고 통신 판매로 이전보다 손쉽게 케타민을 구할 수 있게 되면서, 케타민 중독의 새로운 물결이 생겨날 수 있다고 경고한다.[18]

요컨대 케타민과 중독은 매우 복잡하게 얽혀 있다. 이는 다른 향정신성 약물과 마찬가지로 케타민도 심신에 복잡한 영향을 미치며, 사용법에 따라 치유를 도울 수도 있고 극심한 해를 끼칠 수도 있다는 점을 상기한다.

　1회차 케타민 보조 치료가 끝난 지 정확히 일주일이 지났다. 나는 다시 세라의 사무실에서 두 번째 케타민 여행을 준비하고 있었다. 치료의 여건은 지난번과 거의 동일했다. 작지만 눈에 띄는 차이는 나에게 있었다.

　이번에는 덴버에서 오렌지 카운티로 비행기 여행을 앞둔 상황이었다. 앞서 언급했듯 내게 비행은 그저 그런 일이 아니다. 2001년 9·11일 테러 이후 나에게는 비행에 대한 원초적인 공포가 생겼다. 승객을 가득 태운 비행기가 세계무역센터의 철근 벽을 그대로 통과하는 장면을 몇 번이고 반복해 보는 동안 나 역시 그 비행기 안에서 한 줌의 재로 변했을 수 있다는 생각을 멈출 수 없었다. 그 사건은 내 정신상태를 완전히 바꿔놓았다.

　이후 나는 1~2주에 한 번은 꼭 비행에 관한 꿈을 꿨다. 보통 비행기를 타고 있는데 뭔가 나쁜 일이 벌어지는 꿈이다. 비행기를 잘못 타 엉뚱한 목적지로 향하는 꿈은 좀 나은 편이고, 전속력으로 급강하하는 비행기에 꼼짝없이 묶여 발만 동동 구를 때도 많다. 실제로도 비행기를 타면 예외 없이 이런 증상이 발현됐다. 자전거 사고 후 덴버에서 뉴어크로 이동할 때처럼 가끔은 굉음이 울리고, 심한 메스꺼움에 시달리기도 했다. 공중에서 느낀 절망감, 외로움, 갇힌 듯한 답답함 등 공포의 이미지가 내 의식 속 깊숙이 새겨져 있다.

그날 세라의 사무실에 들어섰을 때, 마치 비행기 탑승을 기다리며 공항에서 느낀 것과 같은 불안이 밀려들었다. '케타민 익스프레스'의 탑승을 앞둔 기분이었다.

다시 한번 침대에 누운 나는 앞주머니에서 케타민을 꺼냈다. 이번에는 투명한 마름모꼴 알약 두 개를 회색 약통에 넣었다. 이전보다 더 많은 용량인 200밀리그램을 복용하는 데 동의한 상황이었다. 세라는 내게 준비가 됐는지 물었다.

"이 약이 데려가는 곳이라면 어디든 가고 싶어요."

나는 대답했다.

케타민이 입안에서 녹아내리기 시작했다. 비행기 좌석에 앉아 이륙을 준비하는 상황과 똑같이 느껴졌다. 비행기 이륙을 막을 수 없는 것처럼, 그 순간 내 몸에 흡수되는 케타민을 막을 수 없었다. 이제 이륙은 피할 수 없는 일이었다.

나는 약을 삼켰다. 지난번과 똑같은 무거움이 전해져 왔다. 안대를 쓰고 헤드폰을 낀 채 침대에 누웠다. 무거운 에너지가 또 한 번 내 몸 전체를 감쌌다.

그날은 음악이 달랐다. 거칠게 반복되는 베이스와 테크노 비트의 가요가 흘러나왔다. 모든 소리가 내 뇌에서 생성된 다음

팔다리와 각종 기관을 타고 멜로디로 발산되는 것 같았다.

나는 비행기를 타고 있었다. 실제 존재하는 비행기는 아니었지만, 내 마음속에서는 이미 비행이 시작되었다. 나는 통로석에서 다른 좌석을 죽 둘러봤다. 유나이티드 항공의 여객기가 어딘가로 향하고 있었다. 목적지가 어딘지는 알 수 없었다. 단조로운 저음의 엔진 소리가 반복되었다. 아이패드를 보거나 책을 읽고 음료를 주문하는 승객들의 모습이 보였다.

모든 풍경이 현실처럼 생생했지만 실제 비행과 다른 점이 딱 하나 있었다. 평온한 마음이었다. 10킬로미터 상공에서 대기권을 뚫고 날아가는 비행기에 앉아 있다는 사실이 황홀하기까지 했다. 더할 나위 없는 최고의 선택 같았다.

비행기의 크기는 점점 더 커졌다. 어느 순간 벽도 천장도 사라졌다. 나는 여전히 비행기 안에 있었으나, 비행기는 경계 없는 물체가 되었다. 푸른 하늘과 내가 명확히 구분되지 않았다. 비행기가 모든 것에 활짝 열려 있었다.

깨달음의 순간, 나는 세라에게 말했다.

"지금 막 깨달았어요. 인생은 비행기를 탄 상태와 같다는 것을요. 비행기가 곧 인생이죠. 인생에서 이륙할 때와 착륙할 때를 내가 결정하진 않아요. 인생의 여정이 곧 비행이네요. 그래서 난 늘 비행 중이고요."

그런데 곧 장면이 전환됐다. 난 여전히 비행 중이었지만, 광활한 하늘에서 밀폐된 기내 공간으로 돌아왔다. 그곳은 다름 아닌 끔찍한 신경쇠약이 찾아왔던, 덴버에서 뉴어크로 이동하던 비행기 안이었다. 그때 공황발작으로 괴로워하는 내가 보였다. 나를 감쌌던 두려움, 무력감, 공포심이 선명하게 보였다. 그리고 그것은, 그것은…. 정말 아름다웠다. 무척 놀라웠다. 마치 아이가 태어나는 장면이나 빅뱅이 일어나는 순간을 실시간으로 마주한 것 같았다.

이 '끔찍한' 경험을 하며 경외심에 사로잡혔다. 당시에는 내 인생이 곧 끝나는 줄 알았는데 돌이켜 보니 내 인생은 그때 막 시작되고 있었다. 이 순간은 내게 학업 생활의 벽 너머를 바라보며 요가와 명상 같은 수행법을 탐구하도록 했고, 이 책을 시작하게 만든 질문의 싹이 되었다. '어떻게 하면 삶에 더 열린 태도로 접근할 수 있을까?'라는 질문이었다. 이 사실을 깨닫자 내 안에 있던 뭔가에 '탁' 하고 금이 가는 기분이었다.

공황발작은 이내 사라졌다. 나는 비행기를 타는 짜릿한 기쁨을 느끼며 전 세계를 여행하고 있었다. 그 순간, 난 비행기와 사랑에 빠졌다. 할 수만 있다면 비행기에서 영영 살고 싶었다. 절대 내리고 싶지 않았다.

그런데 다시 얼마 가지 않아 비행기가 전속력으로 추락하기 시작했다. 빙글빙글 돌며 급강하했다. 비행기는 거대한 불덩어리가 되어 땅에 충돌했다. 붉게 타오르는 거대한 화염이 비행기를 집어삼켰다. 그 불길에 나도 까만 재가 돼버렸다. 이 모든 걸, 나는 지켜봤다. 정말 장관이었다. 비행기 추락 장면은 마치 예술 작품 같았다.

나는 세라에게 소리쳤다.

"신이에요! 신이 추락 사고를 일으켰다고요! 모든 것이 너무 아름다워요!"

결국 비행기는 사라졌다. 시간은 1991년으로 거슬러 올라갔다. 나의 고향 볼더, 그곳에서 나는 열두 살 소년이었다. 같은 볼더에 위치한 세라의 사무실에서 고작 몇 블록 떨어진 번화가가 보였고, 등굣길에 스케이트보드를 타다 넘어져 앞니 두 개가 부러진 내가 거기에 있었다. 내가 입에 피를 흘리며 동네 가게로 들어가던 모습과 가게 주인이 나를 대신해 직장에 있는 엄마에게 전화를 거는 모습이 연달아 보였다. 엄마는 곧 1988년식 도요타 캠리를 타고 등장했다. 가게로 달려온 엄마는 나를 꽉 안아주었다. 엄마의 깊은 사랑이 느껴졌다.

그 뒤론 중학생이 된 열세 살의 내가 보였다. 역시나 세라의 사무실에서 불과 몇 블록 떨어진 케이시중학교의 지하 복도였다. 평소보다 일찍 나를 데리러 온 엄마는 복도 끝에서 달려오며 이렇게 외쳤다.

"할아버지가 곧 돌아가실 것 같아."

그 순간 엄마의 슬픔이 온전히 나에게 스며들었다. 엄마는 40

대 중반의 나이에 부모님의 임종을 지켜보았고, 이젠 내가 그 나이가 되어 부모님의 노년을 지켜보고 있다. 그리고 내 딸도 언젠가 40대 중반이 되어 나와 아내의 노년을 지켜볼 것이다. 타임머신을 탄 듯 세대가 빠르게 뒤바뀌는 모습을 보면서 부모님도 나도, 아내와 딸도, 나아가 온 지구가 영원하지 않다는 명백한 진리를 똑똑히 마주했다.

케타민 익스프레스에 처음 탑승했을 때의 설렘은 이제 아득한 추억처럼 느껴졌다. 눈물이 흘렀다. 위와 폐, 가슴에 경련이 일었다. 나는 세라에게 말했다.

"전 정말 괜찮아요. 그 점을 꼭 알아주면 좋겠어요. 이런 감정을 느끼니 얼마나 다행인지 몰라요."

"괜찮다는 거 알아요. 그냥 그 감정에 머물러 보세요."

세라가 말했다. 케타민 세계의 기준으로는 몇 년, 실제로는 20~30분 정도가 흐르자 눈물이 멎었다. 세라는 아내와 딸이 곧 도착할 거라고 했다. 나는 깜짝 놀라 밖으로 나갔다.

도저히 믿을 수 없었다. 그토록 오래 지속된 비행에 대한 두려움을 완전히 떨쳐버렸다. 헤아리지 못할 정도로 깊은 슬픔을 단 몇 시간 만에 해소했다. 케타민을 통해 나는 가장 깊고 원초적인 두려움이 현실로 다가오는 모습을 지켜봤다. 비행기 추락사고로 한 줌 재가 돼버린 내 모습을 목격했다. 나는 분명 그곳에 있었다. 화염과 연기가 눈앞에서 펼쳐졌다. 그건 정말 놀라운 경험이었다. 케타민의 효과가 점차 사그라들었을 때 나는 내 경험을 딱 두 단어로 설명했다.

"정신이 들었다."

어떻게 그럴 수 있었을까? 비행기 추락과 그로 인한 공황발작이 어떻게 한순간에 신의 은총으로 바뀔 수 있었을까? 향정신성 화합물 하나와 베테랑 전문가 한 명이 심각한 트라우마의 본질을 어떻게 그렇게 단시간에 뒤바꿀 수 있었을까?

나는 이 질문을 앞서 소개한 예일대학교 정신의학과 존 크리스털 교수에게 던졌다. 그는 이 사례가 케타민 보조 정신 치료 모델의 새로운 가능성을 잘 보여준다고 말했다. 기존의 접근 방식은 케타민 화합물만 투여하는, 순전히 약리학적인 접근법이었다. 하지만 이 새로운 모델은 케타민과 집중적인 정신 치료를 결합한 형태였다. 내가 세라와 경험한 것도 바로 이 모델이었다.

크리스털은 이 같은 결합 형태의 접근법이 케타민을 포함한 여러 환각제의 가장 흥미로운 특성 중 하나를 활용한다고 설명했다. 그것은 곧 신경가소성(뇌가 외부 요인에 따라 스스로 신경 회로의 구조와 기능을 변화시키는 현상-옮긴이)의 조건을 형성하는 능력이었다.

"케타민은 신경가소성이 강화되도록 창을 여는 역할을 합니다. 이 상태는 복용 후 6~10시간이 지나서 시작돼 1~2주간 지속됩니다. 따라서 단 한 번의 케타민 복용만으로도 전통적인 형태의 심리 치료 효과를 강화할 수 있다고 봅니다."[19]

실제로 케타민과 정신 요법을 병행하면 부가적인 효과가 나타나는데, 이 점을 이용하면 우울증 환자는 비교적 적은 용량을 오랜 기간에 걸쳐 복용함으로써 약물의 긍정적 효과를 경험할 수 있다. 이는 약물을 장기적으로, 빈번하게 사용함으로써 야기되는 위험을 근본적으로 줄일 수 있다는 뜻이다.[20]

여기서 흥미로운 점이 한 가지 더 있다. 케타민은 뇌에서 빠져나간 후에만 신경가소성을 증가시킨다는 사실이다. 환자가 케타민의 효과를 '최대치'로 경험하는 시기에는 오히려 신경가소성이 감소한다. 크리스털은 신경가소성이 감소하는 이 기간을 숙련된 치료사가 치유를 위해 적극적으로 활용할 수 있다고 설명한다.

"케타민의 작용 방식에는 역설이 있다. 신경가소성의 핵심 연결점인 NMDA 수용체를 차단함으로써, 케타민이 뇌에 남아 있을 때는 오히려 신경가소성을 감소시킨다는 점이다. 따라서 적절한 종류의 인지 활성화 및 치료와 결합하면 케타민 복용으로 인한 부적응 기억을 약화할 수 있다."

문득 비행기 추락 사고에 대한 나의 뒤집힌 관점이 완전히 이해되기 시작했다. 20년 동안 내 뇌는 추락 사고 장면을 저장해 두고, 기억 통합이라는 과정을 통해 이를 두려움이라는 감정적 경험과 연결했다. 그래서 비행기에 타거나 심지어 탑승하는 장면을 상상하기만 해도 추락 사고와 관련한 기억과 장면이 떠올랐다. 그 순간 내 뇌는 자연스레 신경가소성이 발현되는 절차를 시작해 이런 트라우마적 장면과 공포, 불안, 공황 경험 간 연결을 강화하고자 노력했다. 요컨대 내 뇌는 신경가소성이 발현되는 유기적 절차를 내게 불리한 쪽으로 사용하고 있던 것이다.

그러다 케타민을 발견했다. 세라와 치료 요법을 진행하는 동안 케타민은 내 뇌의 신경가소성 발현 과정을 차단했다. 이 요법은 기억 통합의 수레바퀴를 멈춰 세웠다. 나는 여전히 비행기 추락 사고로 죽어가는 내 모습을 볼 수 있었다. 그러나 케타민은 이런 이미지와 공포와 공황이라는 반응 사이의 연결고리를 끊어버리고, 새로운 뭔가가 개입할 공간을 열어주었다. 그리하여 나는 20년간의 부정적 감정 상태에서 벗어나 완전히 새로운 눈으로 이전의 트라우마를 바라볼 수 있게 되었다.

나는 이처럼 새로운 시각으로 비행기 추락 사고를 바라본 경험을 크리스털에게 자세히 이야기했다. 그러자 그는 활짝 웃으며 이렇게 답했다.

"정말 멋지군요. 부적응 기억의 강도를 약화했을 뿐만 아니라 새로운 기억을 유발해 비행에 관한 생각을 치유적이고 순응적인 방식으로 바꾼 것 같네요."

케타민과 신경가소성의 상관관계에 관한 연구는 아직 초기 단계다. 하지만 위 연구 결과는 케타민을 포함한 환각 화합물의 엄청난 치료 가능성을 보여준다. 신경가소성을 차단하는 케타민의 효과는 우리가 접근할 수 없는, 가장 충격적이고 끔찍한 기억에까지 우리의 마음을 열어주는 방법을 제시한다.

마찬가지로 케타민 같은 화합물을 복용한 직후에 발생하는 신경가소성은 우리의 좋지 않은 마음 습관을 바꾸는 길을 제시한다. 이를 이용하면 자기 파괴적인 사고방식에서 벗어나 더 큰 용기와 사랑을 품고 개방적인 태도로 삶에 접근할 수 있게 된다.

케타민 익스프레스로 세계 일주를 마친 나는 이틀 후에 통합 세션을 위해 세라의 사무실을 다시 찾았다. 우리는 세션에서 일어난 모든 일에 관해 이야기했다.

"제가 예상했던 일과 실제로 일어난 일 사이에 너무 큰 차이가 있어서 놀랐어요. 제 삶에 비행기가 그토록 많은 부분을 차지할 줄은 몰랐답니다."

이런 이야기도 나누었다.

"모든 나쁜 것이 사실은 좋은 것이고, 모든 삶은 완벽하며, 모든 것이 결국 신이라는 사실을 케타민이 보여줄 거라 생각했어요. 하지만 어린 시절의 기억과 여러 세대의 모습이 눈앞에 빠르게 지나갔을 때 제가 마주한 건 신이 아니라 그저 압도적인 슬픔이었어요."

통합 세션이 진행되는 내내 나는 불안해했고, 세라에게 이런 내 감정을 토로했다.

"진짜 두려움이 다가오고 있어요. 지난 이틀 동안은 일생일대의 여행을 마친 후의 짜릿함만 있었습니다. 하지만 지금은 제 마음과 삶의 모든 것이 너무 빨리 변하고 있다는 사실에 불안이 밀려와요. 모든 게 너무 빠르고 급진적이에요. 그 속도가 너무 빠르면 어쩌죠? 제가 감당하지 못하면 어떡하죠?"

나는 환각제의 또 다른 깊은 역설을 직접 경험하고 있었다. 환각제 복용 여정은 본질적으로 급진적이고 파괴적이다. 모든 것을 뿌리째 뒤흔들 수 있다. 이것이 바로 환각제의 잠재적 보상이자 위험이다. 이런 급진적 경험은 평생 습관으로 굳어진 사고의 패턴을 깨트릴 수 있으므로 엄청난 보상이 될 수 있다. 하지만 이 모든 것의 속도가 너무 빠른 탓에 현실로 돌아왔을 땐 안정적이던 지반이 휩쓸려 내려간 것 같은 느낌 또한 받을 수 있다. 이는 잠재된 위험이다.

환각적 경험이 열림으로 가는 하나의 수단이라면, 여기에는 엄격함과 혼란 사이를 중재하는 과정이 꼭 필요하다는 사실을 깨닫게 됐다. 심리적 우주공간으로 무작정 뛰어들 순 없다. 지구로 돌아왔을 때 안정적으로 착륙할 장치도 필요하다.

이것이 세라 같은 숙련된 환각 보조 치료 전문가가 필요한 이유다. 그들은 나 같은 사람이 용감하게 저 멀리 떨어진 의식 세계로 가도록 안내하지만 통제 불능의 급진적 경험은 하지 않도록 통제한다. 그들은 예비 심리 치료 세션, 숙련된 지침, 엄격한 정신과 검사, 환각 치료 이후의 통합 세션 등 일련의 과정을 구조화했다. 이 같은 구조는 환각제를 복용한 사람이 정신적 은하계에서 좌초하지 않고 안전하게 귀환할 수 있도록 도와준다.

환각제 관련 논의에서 자주 간과되는 부분이 또 하나 있다. 바로 환각제와 환각 보조 치료를 근본적으로 구분하는 일이다. 환각제는 마음의 열림 상태를 지원하는 화합물 자체이고, 환각 보조 치료는 환각적 화합물을 의도적인 구조 및 지원과 결합한 행위다.

케타민, 실로시빈, LSD 등의 환각적 화합물은 의식에 변화를 일으킨다. 여기엔 의심의 여지가 없다. 이런 약물을 복용한 뒤 한 시간 정도가 지나면 정신의 지형이 근본적으로 바뀐다. 이 같은 변화는 열림 상태로 나아가는 데 도움이 될 수도 있고, 그렇지 않을 수도 있다. 일생일대의 신비로운 경험을 하게 될 수도 있지만 도와줄 이 하나 없는 마음속 지옥에 갇혀 길을 헤매게 될 수도 있다.[21]

반면 환각 보조 치료는 비교적 덜 위험한 길을 제시한다. 이 요법은 환각적 화합물이 일으키는 정신적 효과를 잘 설계된 구조와 결합해 행복, 슬픔, 환희, 낙담 등 우리 인생에 찾아오는 모든 감정에 다가서도록 한다. 이렇게 하면 치료 여정에서 완전히 통제력을 잃거나 해결되지 않은 트라우마에 부딪히더라도 그 경험마저 치유할 기회가 될 수 있다. 앞서 언급한 중독의 위험 또한 완화한다.

본문에서 이 도구를 '환각제'가 아닌 '환각 보조 치료'라고 조심스레 칭하는 이유가 바로 여기에 있다. 환각적 화합물만 사용했다면 그토록 심오한 열림을 경험하지 못했을 것이다. 환각 보조 치료를 통했기 때문에 가능한 일이었다.

6장

행복의
나라

우리가 눈앞의 행복을
놓치고 마는 이유

케타민 복용이 끝난 지 3주가 지났지만 여운은 가시지 않았다. 지인들과의 저녁 식사 자리에서는 역전되는 주식 차트, 사라지는 비행기, 비행기 추락으로 죽어가는 내 모습을 보며 느낀 기묘한 아름다움에 관해 이야기했다. 70대 초반인 친구의 어머니는 "이게 바로 내가 지난 몇 년간 그토록 찾아 헤매던 것이구나" 하며 눈빛을 반짝였다.

대문 앞에서 이웃과 우연히 마주칠 때도 환각제 이야기를 빼놓지 않았다. 이웃집에 사는 노부부는 깊은 영감을 받았다며 "죽음을 준비하려면 이런 게 필요하다"라고 했다. 불과 몇 달 만에 대인기피증 환자에서 환각제 전도사가 된 내 모습이 아이러니하게 느껴지기도 했다.

어느 맑은 금요일 오후 2시에 세 번째 환각 보조 치료가 예정돼 있었다. 서둘러 일을 끝내고 낮잠으로 휴식을 충분히 취한 뒤 여유롭게 세라의 사무실로 향했다. 따사로운 햇살을 받으며 볼더 시내의 울퉁불퉁한 보도블록 위를 걷는 내내, 또 어떤 새로운 여정이 나를 기다리고 있을지 가슴이 두근거렸다.

세라에게도 무척 중요한 날이었다. 세라가 4개월간의 출산휴가를 떠나기 전 함께하는 마지막 세션이었기 때문이다. 지난번처럼 200밀리그램을 복용하고, 통제력을 내려놓는 것에 초점을 두기로 했다.

나는 마치 숙련된 프로처럼 신발을 벗고, 마스크와 헤드폰을 착용했다. 케타민 두 알을 입에 넣고 15분 동안 침으로 녹이며 휘저었다. 이번에는 전혀 두렵지 않았다. 과연 케타민이 날 어디로 데려갈지 그저 궁금하고 설렜다.

약을 삼키자 다시 한번 무겁지만 편안한 에너지가 머리끝에서 발끝까지 내려가는 느낌이 들었다. 발사 준비를 마친 우주비행사처럼 편안하게 누워 있었다. 그런데 이상했다. 내 마음이 다채로운 색감이나 우주여행에 전혀 집중하지 못했다. 오히려 그 경험에 대해 이러쿵저러쿵 지적을 해댔다. 속으로는 이런 불만을 쏟아냈다.

음악이 마음에 안 들어. 지난번 음악이 훨씬 낫군. 너무 시끄럽기만 하고 말이야. 베개도 영 불편해. 단단하지 않고, 밀도도 없어. 집에 있는 템퍼 베개 같지 않군.

10분 후에는 이런 생각이 들었다.

아무것도 안 보이잖아. 그냥 여기 누워만 있네?

또 10분이 흘렀다.

대체 무슨 일이야? 그냥 누워만 있는 거잖아. 아무 일도 일어나지 않는데?

왼쪽 이어폰을 빼고 세라에게 물었다.
"이거 효과 있는 거 맞아요? 제가 케타민을 충분히 먹은 건가요?"
또다시 10분이 지났다.

너무 지루해. 헤드폰이랑 안대 다 벗고 싶어. 그냥 나가면 안 될까? 아니, 안 돼, 이 바보야. 넌 지금 케타민에 취한 상태라고. 운전도 못 해. 방에서 걸어 나갈 수조차 없단 말이야.

점점 더 깊은 좌절감을 느끼며 세라에게 말했다.

"제가 깊이 빠져들지 못하는 것 같아요. 이 모든 과정을 통제하면서 행복하고 가벼운, 신나는 경험을 하려고 노력하는데 말이에요. 모든 것이 그저 허무하네요."

"그럼 그 허무함과 함께해 볼까요?"

세라가 물었다. 나는 다시 헤드폰을 끼고 여행을 떠났다. 잠시 후, 세라가 또다시 물었다.

"허무함과 같이 있으니 어때요?"

나는 대답했다.

"허무함과 같이 있는 건 무척 허무하군요. 아니, 꽤 고통스러운걸요."

허무함이 존재하는 건 확실해 보였다. 그래서 허무함과 어울리면 어떤 일이 일어나는지 이해하려고 최선을 다했다.

얼마 뒤 소변이 마려웠다. 좀 부끄러웠다.

일어서서 나가야 할까? 세라에게 세션을 잠시 중지해 달라고 요청해야 할 것 같은데. 일어서서 걸으면 어지러울 거야. 세라가 나를 부축해 줘야겠지. 대기실에 다른 사람이 있으면 어떡하지? 이런 내 모습을 본다면? 케타민에 잔뜩 취한 상태 말이야. 이거 정말 부담스럽군.

나는 점점 더 창피해졌다.

와, 이게 세라의 출산휴가 시작 전 마지막 세션이라니. 완전히 망했네! 세라는 아마 저녁 식사 자리에서 남편에게 이렇게 말하겠지. '마지막 세션은 정말 끔찍했어. 그 불쌍한 사람은 자기 방식에서 좀처럼 못 벗어나더라고. 허무하다는 말만 반복하면서 말이야. 완전 바보 같았어.'

30분 후, 화장실에 다녀오는 부끄러움을 참아내고 그보다 더 지독한 정신적 방황을 끝내고 나니 어느덧 마지막 세션이 끝났다. 드디어 끝났다는 안도감과 기쁨이 밀려왔다.

나는 세라에게 솔직한 감정을 말했다.

"정말 이상했어요. 제가 이 모든 걸 잘못하고 있다는 생각이 들었죠. '행복의 나라'에 가고 싶다는 마음뿐이었어요. 계속 그 이름이 떠오르더군요. 하지만 그런 일은 일어나지 않았어요. 불꽃놀이와 마법도 볼 수 없었고요. 결국 행복의 나라엔 가지 못했죠. 평소에 느끼는 그저 그런 허무함이 아니라 아주 깊고 강한 허무함을 느껴야 했어요."

세라는 미소를 지으며 이렇게 답했다.

"최고의 여행을 하셨네요. 신나고 행복한 여행보다는 해석하기가 좀 어렵죠. 하지만 이런 여행에서 배울 점이 훨씬 더 많아요. 분석할 거리가 많거든요."

케타민에 취해 여전히 멍한 상태였던 나는 혼란스러운 마음을 안고 사무실을 나섰다.

배울 점이 그렇게 많다고? 정말? 허무한 감정 따위에서?

며칠 후 통합 세션에서 나는 주말 내내 머릿속을 떠나지 않던 질문을 던졌다.

"제가 뭔가 잘못한 기분이 들었어요. 일을 망쳐버린 것 같고요. 제가 뭐 잘못한 게 있나요?"

"전혀요."

세라는 단언했다. 나는 연달아 물었다.

"그렇다면 내가 뭔가 잘못하고 있다는 느낌은 대체 어디에서 온 걸까요?"

문제의 핵심을 꿰뚫은 세라는 이렇게 설명했다.

"모든 곳에서 올 수 있죠. 아침에 피곤한 상태에서 눈을 뜨면 내가 뭘 잘못했는지 궁금해져요. 어젯밤에 먹지 말아야 할 것을 먹었다는 생각이 들죠. 불안한 기분이 들어도 이런 생각을 해요. '대체 내가 뭘 잘못했지?' 친구가 내 문자에 바로 답장을 하지 않아도 똑같은 생각을 합니다. '뭘 잘못했을까? 친구의 기분을 상하게 하는 말을 한 건 아닐까?' 명상을 충분히 하지 않았을 수도 있습니다. 혹은 약을 먹어야 할 수도 있죠."

이내 지난 며칠간 나를 짓누르던 두 번째 질문을 던졌다.

"지난번 세션은 재미가 없었어요. 끔찍하거나 충격적인 장면은 없었지만, 확실히 재미있진 않았죠. 어디로 가게 될지도 모르는데 왜 환각제를 먹어야 하는지 의문이 들었어요. 예를 들어 마일 하이 스타디움에서 열리는 덴버 브롱코스의 경기 티켓을 사면, 이 팀이 이길지 질지는 모르지만 어쨌든 풋볼 경기를 볼 수 있다는 건 확실합니다. 그런데 케타민을 복용할 땐 아니에요. 축구를 보게 될지, 피겨 스케이팅을 보게 될지, 아니면 유니콘을 타고 돌아다닐지, 그것도 아니면 수천 명의 군중 속에서 그저 허무함을 느끼며 앉아 있게 될지 모르는 상태에서 그냥 경기장에 도착한 것 같달까요."

내 말을 다 듣고 난 후 세라는 이야기했다.

"글쎄요. 마음의 범위는 무척 넓습니다. 만족과 행복 외에도 수많은 감정이 있죠. 그것들은 우리 일상의 다양한 곳으로 이동합니다. 환각제는 우리가 이 모든 곳곳의 장소들과 소통할 수 있도록 도와주죠."

그렇게 통합 세션이 끝나고 차에 앉아 아이폰에 메모를 하고 있는데 문득 이런 생각이 들었다.

허무함으로 가득했던 이 마지막 여정이 어쩌면 내 인생을 가장 완벽히 은유적으로 표현하고 있는 것 아닐까?

열림의 상태를 지향하며 삶을 있는 그대로 받아들이자고 설파했지만, 사실 무의식의 깊은 곳에서는 매일 아침 행복의 나라에서 눈뜨기를 원했는지도 모른다. 그곳의 나는 철인 3종 경기 선수의 탄탄한 몸과 티베트 승려의 정숙한 마음, 열여덟 청춘의 불타는 성욕, 제프 베이조스Jeff Bezos의 막강한 투자 포트폴리오를 모두 갖고 있다.

왜 무의식 속의 나는 그곳에 가고 싶었을까? 아니, 어쩌면 이건 질문거리조차 안 될지도? 행복의 나라에서는 모든 것이 늘 멋지다. 페이스북, 틱톡, 인스타그램에 올라오는 그럴듯한 게시물이 눈앞에 현실로 펼쳐진다. 석양과 폭포수 아래에서 머리를 감고, 365일 24시간 가벼운 오르가슴을 지속적으로 경험한다. 이걸 원하지 않는 사람이 어디 있을까?

이런 곳은 존재하지도 않고 존재할 수도 없으며 앞으로도 존재하지 않을 것임을 잘 안다. 여러분도 알고 있을 것이다. 하지만 왠지 그건 중요하지 않은 것 같다. 우리는 여전히 다이어트나 명상, 승진, 성적 일탈, 리모델링, 해외 휴가, 호화로운 식사를 하면 행복의 나라에 도착할 것처럼 살아간다. 그래서 행복은 언제나 우리 눈앞에 있지만, 늘 손에 닿진 않는다.

이 사실을 이해하지 못하면 매번 자신이 뭔가 잘못했기 때문에 불행하다고 생각하게 된다. 엉터리 인플루언서를 믿은 잘못, 해로운 음식을 먹은 잘못, 나쁜 책을 읽은 잘못, 옳지 않은 직업을 가진 잘못, 항공편을 제대로 예약하지 못한 잘못, 엉뚱한 데이트 상대의 프로필을 누른 잘못, 안 좋은 자기 계발 프로그램을 선택한 잘못 등 수없이 많은 나의 잘못 때문에 내가 불행해졌다고 믿는다.

하지만 이번 환각 보조 치료를 통해 나는 모든 것이 내 믿음과 다름을 알게 됐다. 내가 잘못한 게 아니라면? 행복의 나라로 가는 길을 찾고자 노력한 것만이 유일한 잘못이라면 어떨까? 멋진 열대 섬의 낙원처럼 보이는 행복의 나라가 마음의 문을 닫게 만드는 근본 원인이라면?

이런 생각을 아이폰에 메모하며 흐린 날 지나가는 차들을 보았다. 그러자 답은 분명해 보였다. 행복의 나라는 목표가 아니다. 그건 장애물에 불과하다.

물론 이 생각이 대단히 새롭거나 혁신적인 깨달음은 아니다. 이미 불교의 네 가지 고귀한 진리는 물론 기독교의 원죄 사상에도 담긴 생각이다. 환상 속에서 길을 잃게 만드는 힌두교의 마술쇼 '마야'의 기본 사상이기도 하다.

하지만 그때 그 순간만큼은 행복의 나라의 거짓된 약속이 무척 새롭고 신선하며 생생하게 느껴졌다. 행복의 나라라는 꿈에서 깨어나는 것, 즉 마술처럼 행복한 순간뿐만 아니라 인생의 모든 순간에 기꺼이 다가설 수 있도록 마음에 자유를 주는 것만이 열림으로 가는 유일한 길임을 깨달았다.

❖

허무함이 가득했던 케타민 세션 이후 나는 다른 사람들의 경험담을 적극적으로 찾아다녔다. 그러면서 통제와 예측이 불가능한 환각 여행의 본질에 당황한 사람이 비단 나뿐만이 아님을 알게 되었다.

체코 출신의 심리학자 스타니슬라프 그로프Stanislav Grof는 환각 보조 치료의 선구자로 정서 치유와 내면 성장에 활용되는 호흡 기법인 홀로트로픽Holotropic 호흡법의 창시자다. 그는 자신의 경험에 대해 이렇게 말했다.

"케타민의 효과는 아주 큰 틀에서 보더라도 전혀 예측할 수 없었다. 다른 환각제로 실험할 때는 보통 어떤 일이 일어날지 대략적으로나마 짐작할 수 있었다. 하지만 케타민 체험은 마치 우주 속 디즈니랜드에 있는 듯한 기분이었다. 어떤 일이 일어날지, 어떤 '놀이기구'를 타게 될지 전혀 알 수 없었다."

그로프는 말을 이어나갔다.

"케타민을 일곱 번 연속으로 복용한 적이 있는데, 너무 끔찍하고 역겨워서 다시는 케타민을 먹지 않겠다고 결심했었다. 그 때 떠오른 끔찍한 장면은 화석연료 문제와 그것이 지구 생명체에 끼치는 저주에 관한 것이었다."

그로프는 당시의 경험을 "역겹고 불쾌한 시간의 연속"이라 묘사했지만 "놀라운 교훈도 얻었다"라고 덧붙였다.

"깊은 생태학적 깨달음과 함께, 지구상의 생명체가 계속해서 존재하려면 경제와 정치가 어떤 방향으로 발전해야 하는지에 대해 분명한 관점을 갖게 됐다."[1]

우리는 보통 이런 경험을 '불쾌한 여행'이라고 일컫는다. 불쾌한 여행을 경험한 이들을 위해 즉각적인 채팅 서비스를 지원하는 웹사이트 트립시트닷미TripSit.me는 이 같은 여행의 단계를 '불안하고 부정적인 여행 또는 여행 단계'로 정의한다.[2] '어려운 환각 경험에 대처하는 방법'에 관한 매뉴얼에 따르면, 이런 불쾌한 여행은 매우 다양한 스펙트럼에 걸쳐 있다. 가장 흔한 경험은 미쳐버릴 것 같거나 여행 자체가 끝나지 않을 것 같은 두려움이다. 하지만 잠재된 정신적 지뢰의 종류는 무척 다양하다. 오랜 트라우마가 되살아나는 것에서부터 무서운 장면을 보는 것, 강렬한 신체 감각이나 감정을 느끼는 것, UFO(미확인 비행물체)를 경험하는 것, 지구의 오염과 멸망을 경험하는 것에 이르기까지 무궁무진하다.[3]

유흥 목적으로 환각제를 복용하는 사람들 역시 '불쾌한 여행'을 흔히 경험한다. 존스홉킨스대학교 연구원 롤런드 그리피스Rolland Griffiths는 2000명을 대상으로 실로시빈 복용 후 경험했던 불쾌한 여행이 어땠는지 설문조사를 진행했다. 응답자의 39퍼센트는 불쾌한 여행을 인생에서 가장 힘들었던 5대 경험 중 하나로 꼽았다. 11퍼센트는 다른 사람 혹은 자신을 신체적 위험에 빠뜨렸다고 답했고, 약 3퍼센트는 치료를 받아야 했다고 응답했다.

그러나 이 같은 어려움에도 불구하고 응답자의 84퍼센트는 불쾌한 여행에 이로운 점이 있었다고 말했다.[4] 이에 대해 그리피스는 이렇게 설명했다.

"극도로 힘든 경험도 때로는 매우 의미 있는 경험이 될 수 있다는 반직관적 깨달음은 실로시빈에 대한 연구 결과와 일치한다. 즉 카타르시스로 묘사되는, 어려운 일을 극복한 경험은 개인적으로나 영적으로 매우 긍정적으로 작용할 수 있다는 것이다."[5]

이런 이유에서 많은 환각제 연구자는 '불쾌한 경험'이라는 표현 자체를 거부한다. 환각 보조 치료의 또 다른 선구자인 제임스 패디먼James Fadiman도 그중 한 명이다. 그는 '불쾌한 여행' 대신 '도전적이거나 어려운 여행'이라는 표현을 사용한다. 그 여정이 높은 산봉우리에 오르는 일과 비슷하기 때문이다.

"등산은 정말 힘듭니다. 매우 춥고 고통스러워요. 하지만 이미 각오한 것이므로 기꺼이 받아들이죠."[6]

신체적·심리적 피해 등 '불쾌한 여행'이 가지는 잠재적 위험은 전적으로 유흥 목적으로 환각제를 사용하는 사람들에게 발생한다. 통제된 환경에서 치료 수단으로 환각제를 사용할 경우, 숙련된 치료사는 극단적인 위험을 대부분 해소할 수 있다.[7] 이 치료법은 내담자가 긍정적인 경험을 할 수 있는 최적의 환경을 만드는 동시에, 어려운 장면을 목격하더라도 이를 긍정적인 경험과 통합할 수 있도록 공간을 조성한다. 여기에서는 극한의 경험도 성장과 열림의 촉매로 변한다.

이제 우리는 피할 수 없는 결론을 마주하게 된다. 환각적 경험은 우리를 행복의 나라로 데려다줄 수 없다. 그 과정에서 잠시나마 숭고한 상태를 경험할 순 있다. 동시에 그다지 숭고하지 않은 상태는 물론 힘든 감정이나 충격적인 기억, 각종 잡념도 마주할 수도 있다. 환각제 보조 요법은 행복과 일체감, 황홀경의 경험으로 가는 완벽한 경로는 분명 아니다.

우리가 상상하는 행복의 나라의 문제는 바로 이것이다. 행복의 나라에는 나쁜 것 대신 좋은 것만, 불편함 대신 안락함만, 어둠 대신 밝음만을 추구하는 우리의 모습이 반영돼 있다. 우리는 이렇게 묻는다. 인스타그램이 있는데 굳이 내면의 불안을 들여다볼 필요가 있을까? 정치적으로 다른 노선의 사람들에게 굳이 마음을 열어야 할까? 넷플릭스가 있는데 굳이 환각 여행으로 마음속 그림자를 마주할 필요가 있을까?

총 일곱 차례에 걸쳐 케타민 보조 요법을 진행한 이후 어느 정도 답을 찾은 것 같았다. 세 번의 여정에서는 일체감과 경외감, 두려움, 슬픔 등 비슷한 범주의 마음 상태를 경험했다. 그중 한 번의 세션은 칙칙한 회색 콘크리트 벽을 응시하며 그 속에 있는 지극히 평범한 구조의 완벽함을 바라보는 것으로 마무리됐다. 또 다른 세션에서는 내 마음이 선하고 순수하며 안전하다는 사실을 처음으로 확인했고 내가 내 마음 위를 떠다니는 듯한 느낌을 받았다. 그리고 가장 최근의 여정에서는 눈물과 웃음을 동시에 내뿜으며 생각했다. '이 모든 것은 사라지겠지. 우린 모두 죽게 될 테고. 그래도 괜찮아. 아니, 근데 나는 대체 왜 이런 생각을 하는 거지?'

즐거움과 편안함만이 목표라면 이런 경험은 의미가 없다. 하지만 단순히 기분이 좋아지는 게 아니라 더 확장된 마음으로 나아가고 싶다면, 이런 경험은 다가가서 부딪쳐야 할 대상이다. 인생도 환각 보조 치료도 마찬가지다. 마음속 괴물에게서 멀어지는 대신 그 괴물을 향해 달려 나갈 때 마법 같은 일이 일어난다. 그 괴물이 완전히 달라지는 모습을 보게 되는 것이다. 심지어 그들과 친구가 될 수도 있다. 그때 비로소 우리는 성장하고, 마음을 열게 된다.

행복의 나라 저편에서 우리를 기다리고 있는 건 바로 이런 일이다.

이쯤에서 나를 이 거친 내면의 모험으로 이끈 동기가 된 질문으로 다시 돌아가 보자. 환각제 복용이 열림 상태로 나아가는 길이 될 수 있을까? 환각제는 우리가 자신의 내면을 돌보지 않고 콘텐츠에만 몰두하는 심리적 매듭을 푸는 데 도움이 될까? 아니면 우리가 매일의 삶을 외면하고 도피하게 만드는 다른 많은 약물과 별반 다르지 않을까?

이런 화합물의 가능성을 연구하고 그 효과를 직접 경험한 사람으로서 내가 할 수 있는 최선의 대답은 '상황에 따라 다르다'는 것이다. 약물의 효과는 '배경', 즉 사용자의 마음가짐과 의도에 따라 전혀 다르게 나타날 수 있다. '약에 취한 채' 현실에서 벗어나는 것이 목표라면, 이때의 약물은 닫힘 상태로 가는 수단일 뿐이다. 하지만 좀 더 많은 자유를 경험하기 위해 내면의 어두운 구석까지 접근하는 게 목적이라면, 환각제는 분명 열림 상태로 가는 방법이 될 수 있다.

환경도 영향을 미친다. 파티나 클럽, 번화한 도시에서 약물을 사용하는 경우 이는 편집증 혹은 정신병으로 가는 편도 티켓이 된다. 하지만 숙련된 전문가와 함께 안전한 환경에서 치료를 위해 사용한다면 이는 마음과 감정, 삶의 모든 영역에서 열림 상태로 나아가기 위한 강력한 수단이 될 수 있다.

이 질문에 대한 좀 더 확실한 대답은 환각제에 관한 새로운 연구를 통해 확인 가능하다. 지난 2011년 존스홉킨스대학교의 캐서린 매클린Katherine MacLean, 매슈 존슨Matthew Johnson, 롤런드 그리피스는 획기적인 논문을 통해 환각제가 열림 상태로 가는 효과적인 수단이 될 수 있는지 질문을 던졌다. 특히 이들은 보조 치료라는 맥락에서 경험한 환각이 대개 30세 이후에는 잘 변하지 않는다고 여겨지는 개인의 성격을 바꿀 수 있는지 알고 싶어 했다. 이들은 환각 경험이 5가지 성격 특징으로 불리는 성실성·외향성·우호성·신경성·개방성에 미치는 영향을 연구했다.

결과는 놀라웠다. 단 한 번의 고용량 실로시빈 투여로 참가자들의 열림 수준이 현저히 높아졌다. 게다가 참가자의 상당수는 실험이 종료되고 1년이 지난 후에도 이러한 변화가 지속됐다. 연구진은 다음과 같이 결론지었다.

"실로시빈 세션 중 신비로운 경험을 한 참가자의 경우, 세션이 끝나고 1년이 지난 후에도 열림의 수준이 기준치보다 훨씬 높게 유지됐다."[8]

환각 보조 치료가 닫힘 상태를 촉진하는지 아니면 열림 상태를 촉진하는지, 이 질문에 대한 정확한 대답은 불가능하다. 그 효과를 어떻게 측정할 수 있을까? 보조 치료를 받지 않았을 때 인생이 어떻게 달라졌을지 누가 알 수 있을까? 이에 관해 엘리자베스 길버트Elizabeth Gilbert는 다음과 같이 말했다.

"인간의 삶에는 대조군도 없고, 변수의 변화에 따라 어떤 결과가 나왔을지 알 방법도 존재하지 않는다."[9]

하지만 나는 적어도 이것만큼은 말할 수 있다. 환각제 보조 요법은 내가 오랫동안 해결하지 못한 고통스러운 생각과 감정의 관계를 근본적으로 변화시켰다고 말이다. 나는 내 안의 두려움을 극복하기 위해 명상을 비롯한 수많은 수련법을 시도했다. 비행기가 이착륙할 때면 미친 사람처럼 눈을 크게 뜨고 명상했다. 자그마치 10년 동안 말이다. 이런 훈련은 두려움을 어느 정도 관리하는 데는 도움이 됐지만, 두려움 자체가 변하거나 사라지지는 않았다.

하지만 환각 보조 치료는 두려움에 대한 인식을 근본적으로 변화시켰다. 두려움이 사라졌다. 물론 두려움의 기억은 얼마간 지속됐다. 치료 세션이 끝나고 몇 달 후 덴버에서 마이애미로 가는 비행기에서 나는 예전의 불안감을 다시 느꼈다. 과거에는 이런 불안이 트라우마 루프에 갇혀 공중에서의 공황발작 혹은 비행기가 추락하는 상상으로 이어졌다.

하지만 이번에는 달랐다. 나는 순간 공포를 느꼈지만, 곧바로 마법의 비행기, 즉 '케타민 익스프레스'를 타고 신과 하나가 된 듯한 느낌을 받았다. 집에 있는 듯 완벽하게 편안했다. 나는 신경가소성이 실시간으로 작용하는 것을 경험했고, 내 마음이 끔찍한 사고가 기다리는 고속도로에서 자연스럽게 우회하는 모습을 지켜보았다.

세션이 끝나고 1년쯤 지났을 무렵 또 다른 사실을 발견했다. 지난 20여 년 동안 지독하게 나를 괴롭혔던 비행기가 추락하는 꿈을 꾸지 않게 됐다. 정확한 시점은 모르지만 어느 순간부터 꾸지 않고 있었다.

끔찍한 트라우마에 마침내 열림 상태가 된 이 경험은 기적 같았다. 나는 이제 인정할 수밖에 없었다. 점진적인 연습만으로는 너무 깊은 정신적 상처를 치유하기 어려울 수 있다. 환각 보조 치료는 바로 그런 때에 필요할지도 모른다. 좀처럼 접근하기 어려운 대상에 접근하도록 마음에 새로운 통로를 열어주는 것이다.

그렇다면 환각 보조 치료를 반드시 해야 한다는 의무감을 가져야 하나? 절대 그렇지 않다. 환각 보조 치료는 열림의 상태로 나아가기 위한 강력한 보조제로서, 어려운 감정과 마음을 새로운 시각에서 바라볼 수 있도록 도와준다. 그리고 그 긍정적인 효과는 꽤 오래 지속된다.

하지만 이것만이 유일한 방법은 아니다. 약물의 힘을 빌리지 않고도 얼마든지 열림 상태에 도달할 수 있다. 그런 약물을 한

번도 복용한 적 없는 위대한 성인과 요가 수행자, 명상의 대가를 떠올려 보자. 그들은 매일의 수행과 영적 헌신을 통해 열림으로 나아갔다.

사실 나는 지난 2년간 환각 보조 치료를 받으며 약물을 사용하지 않는 대안적 방법을 우연히 알게 됐다. 나는 환각 세션에서 했던 것처럼 안대와 헤드폰을 착용하고, 15~30분 정도 신비로운 음악을 들으며 바닥에 누워 있었다. 그러자 아주 놀라운 사실이 드러났다. 환각 보조 치료의 배경과 환경, 즉 그것의 목적과 조용하고 편안한 공간, 어두운 분위기, 그리고 음악이 약물만큼이나 강력한 효과를 내고 있었다. 비교적 짧은 시간 동안 전문가의 도움 없이 혼자서 진행한 이 세션은 나에게 미묘하지만 강력한 열림의 느낌을 선사했다. 나는 이 방법을 '약물 없는 환각 체험'으로 명명했다.

세라에게 이 이야기를 털어놓자 그는 환각제를 '비특이적 증폭제'로 정의한 스타니슬라프 그로프를 소개해 주었다.[10] 그로프는 케타민과 같은 약물이 인간 정신의 일부 특성을 증폭시킨다고 보았다. 그런데 약물만이 비특이적 증폭제가 될 수 있는 것은 아니다. 음악이나 호흡법, 기타 강력한 자극도 약물과 비슷하거나 그보다 약한 정도로 증폭 효과를 가져올 수 있다.

이것이 바로 약물 없는 환각 체험이 동작하는 원리다. 배경과 환경, 음악을 증폭제로 사용해 환각제 없이도 환각 체험을 할 수 있다. 즉 누구나 쉽게, 바쁜 일상에 적합한 방식으로 간편하게 환각을 체험할 수 있는 것이다. 이와 같은 방식의 약물 없는 환각 체험은 근래에 점차 인기를 얻고 있는 환각제 소량 투여법과 유사하지만, 한 가지 본질적인 차이가 있다. 약물 없는 환각 체험에서는 마음을 변화시키는 화합물을 투여하는 게 아니라 경험 자체를 투여한다는 점이다. 방법은 다음과 같다.

- 배경과 환경을 설정한다. 시간은 10분, 20분 또는 30분으로 정한다. 손바닥이 하늘을 향하도록 하고 등을 바닥에 대고 눕는다. 안대를 착용해 주변을 완전히 어둡게 만들고 헤드폰이나 귀마개를 착용해 소음을 제거한다. 잠이 들 경우를 대비해 타이머를 맞춰두는 것도 좋다.
- 마음을 편안하게 해주는 음악을 재생한다. 음악은 사전적인 의미에서 마약은 아니지만, 마음의 상태를 전환하는 데 엄청난 힘을 갖고 있다. 따라서 평소 즐겨 듣는 음악을 틀어둔다. 영감을 얻고 싶다면, 내가 내 스포티파이 계정(네이트 클램프)에 엄선해 둔 '약물 없는 환각 재생 목록'을 활용해도 좋다.
- 이제 마음의 문을 열어보자. 이 음악과 일상의 공간, 그리고 편안한 분위기가 여러분의 여행을 도울 것이다. 무엇이 떠오르든 '그래'라고 대답할 준비가 됐는지 살펴보자.

약물 없는 환각 체험의 편리함에도 불구하고 여전히 화합물 기반의 전통적인 환각 체험에 더 끌리는 독자도 있을 것이다. 이 세계를 처음 접했고, 환각제 보조 요법에 매력을 느낀다면 다음에 소개하는 몇 가지 내용을 참고하길 바란다.

숙련된 치료사 찾기

딱 하나만 추천할 수 있다면, 숙련된 치료사를 찾으라고 하겠다. 세라가 내 치료사가 아니었다면 나는 온갖 불안에서 헤어나오지 못했을 것이다. 또한 각 세션 후 통합 세션이 없었다면 이러한 경험은 지속적으로 긍정적인 영향을 미치지 못했을 것이다.

전 세계적으로 많은 지역에서 숙련된 환각 보조 치료사를 찾기 어려울 것이다. 한편에서는 영적 변화를 앞세우지만 제대로 훈련을 받지 않은 사기꾼인 '샤먼 브로'의 등장이 관련된 문제로 떠오르고 있다.[11] 또 다른 문제는, 이 글을 쓰는 시점을 기준으로 미국에서는 케타민을 제외한 대부분의 환각제가 금지 약물이라는 점이다. 이는 곧 여러분이 직접 실험에 대한 자격을 갖추거나 규제 감독 없이 운영되는 비합법적 치료로 눈을 돌려야 함을 의미한다. 이런 상황은 오히려 케타민 보조 요법을 주목하게 만든다. 케타민 보조 요법은 FDA 승인을 받아 합법적으로 운영되므로 한층 수월하게 면허를 소지한 치료사를 찾아

세심하게 통제된 안전한 방식으로 치료받을 수 있을 것이다.

그러나 다른 환각성 화합물의 법적 지위 역시 빠르게 변하고 있다. 현재 미국의 많은 주에서 실로시빈을 합법화하기 시작했다. 또 이 책이 출간될 무렵이면 외상 후 스트레스 장애PTSD 치료제로서 FDA의 완전 승인을 받기 위한 엑스터시 보조 요법의 실험이 한창 진행 중일 것이다.[12]

정신적·신체적 건강 상태 확인하기

연구에 따르면 이런 화합물은 뇌의 일반적인 패턴에 급격한 변화를 가져온다. 강박 장애, 불안, PTSD, 우울증과 같이 경직성이 문제되는 질환을 앓고 있다면 이런 즉각적인 재구성이 좋은 방향으로 작용할 수 있다. 화합물이 고정되었던 정신의 패턴을 뒤흔듦으로써 더 풍부한 상상력을 가지고 세상을 새롭게 바라볼 가능성을 열어주기 때문이다.

하지만 이 방법이 모두에게 이로운 건 아니다. 경직성과는 반대로 무질서한 사고 혹은 '자아의 약화'로 정의되는 인지 및 정신 건강 질환을 앓는 사람들, 이를테면 조현병 환자들은 이런 화합물을 피해야 한다.[13] 또한 환각제의 성분은 고혈압이나 부정맥, 임신, 녹내장 같은 다양한 질환과 부정적인 상호작용을 일으킬 수 있으니 유의해야 한다.

여러분은 과연 환각제 복용에 적합한 상태일까? 이를 가장 확실히 알 수 있는 방법은 전문가에게 엄밀한 사전 검사를 받는 것이다. 이 방법으로 약물 복용의 잠재적 위험을 상당 부분 줄일 수 있다. 또한 치료의 배경과 환경을 자신에게 최적화하는 것도 좋다. 내 경우에는 정신과 전문의와 치료사 세라를 통해 환각 체험을 진행할 준비가 됐음을 확인했고, 긴장이 완전히 이완된 상태에서 첫 세션에 임했던 것이 큰 도움이 되었다.

직관을 신뢰하기

이 마지막 조언은 경험적 연구나 신경과학에 근거한 것은 아니다. 그러나 내게는 필수적인 조언이었다. 이것은 10여 년 전 치료 목적으로 참여했던 엑스터시 세션에서 접한 아이디어인데, 당시 내 치료사는 이렇게 말했다.

"환각제를 먹어도 될지 고민 중이라면, 가만히 앉아 약의 부름을 느낄 때까지 기다려보라."

너무 뜬구름 잡는 신비주의적인 말처럼 들릴 수도 있다. 하지만 이 조언은 내게 큰 힘이 되었고, 잠재적 위험이 있는 수많은 환각 경험에 불필요하게 뛰어들지 않도록 도와주었다. 실제로 이 조언에 따라 나는 10년 넘게 환각제를 복용하지 않았다. 부름을 기다리는 동안 환각제의 눈부신 발전에 주목하는 여러 연구를 알게됐다. 환각 보조 치료를 받았다는 주변 동료들의 놀라운 경험담도 들었다. 하지만 나 자신을 가만히 들여다보면,

딱히 약의 부름이 느껴지진 않았다. 아직은 때가 아니었던 셈이다.

물론 이 책을 쓰기로 결심했을 땐 모든 것이 바뀌어 있었다. 환각 경험의 문을 다시 한번 열 준비가 됐다고 느꼈다.

요컨대 화합물의 복용 여부를 결정하는 행동 자체가 열림 상태로 가기 위한 연습이 될 수 있다는 것이다. 옳은 결정을 내리기 위해서는 마음을 가라앉히고, 그 문을 열어 답이 저절로 떠오르는지 살펴봐야 한다. 직관적으로 '환각제를 먹어도 된다'는 답이 떠오르지 않는다면 좀 더 명확한 답이 나올 때까지 기다려보자.

지난 두 장에 걸쳐 환각제 보조 요법이 마음속 공간을 더 많이 열 수 있는 강력하면서도 전적으로 선택에 달린 길임을 이야기했다. 어떤 사람에게는 각종 트라우마와 불편함, 어려운 마음 상태를 수용하도록 마음의 면적을 넓힐 수 있다는 약물의 잠재적 이점이 잠재적 위험보다 훨씬 더 크게 다가올 것이다. 그러나 어떤 사람에게는 잠재적 위험이 잠재적 보상에 비할 수 없을 정도로 크게 느껴질 수 있다.

혼란스럽다면 람 다스의 말을 기억해야 한다. 우리는 몇 시간의 신비로운 경험, 즉 신과 일체감을 느낀 후에 다시금 집으로 돌아가야 한다. 쓰레기를 정리하고 이메일을 확인하며 미쳐 돌아가는 세상의 뉴스를 보는 일상이 우리를 기다리고 있다.

그러므로 평범한 중력의 법칙이 적용되는 비환각 세계, 즉 약물을 복용하지 않는 상황에서는 열림 상태에 이르는 다른 도구와 접근법이 필요하다. 이 장에서 소개한 약물 없는 환각 체험은 그중 하나이며, 이어질 내용에서 다른 방법들 또한 하나씩 소개할 예정이다. 이런 방법으로는 전통적인 환각 체험만큼 빠르게 열림 상태에 도달하기가 어려울 수 있다. 하지만 이런 수행법은 기존과는 전혀 다른, 그러나 그만큼 중요한 목표를 염두에 두고 설계됐다. 그것은 혼란한 삶, 평범한 일상 속에서도 안정적이고 오래 지속되며 탄탄한 열림 상태를 경험할 수 있는 여건을 조성하는 것이다.

7장

적에게
마음 열기

총기 소유
지지자들과의 만남

미리 밝혀두건대, 나는 한 번도 총을 소지한 적이 없다. 사격장에 가본 적도, 동네 총기 가게를 출입한 적도 없다.

몇 년 전 우리 집에서 불과 10분 거리에 있는 슈퍼마켓에서 한 정신이상자가 루거 AR-556 반자동 소총으로 이웃 10명을 살해했다. 총기 소지를 규제해야 하는 이유다. 정치적으로 진보 성향을 띤 지역인 이곳 콜로라도주 볼더에서는 많은 사람이 나처럼 생각한다. 총은 사용하거나 수집할 대상이 아니라 문제의 대상이고 수많은 죽음의 원인이다. 《워싱턴포스트》의 칼럼니스트 조지 월George Will은 볼더를 두고 "위스콘신주 매디슨과 미시간주 앤아버를 남부 동맹국처럼 보이게 만들 정도로 깨어 있는

대학 도시"라고 묘사하기도 했다.[1]

지금부터 소개할 또 다른 열림 상태의 배경지식을 알려주려다 보니 이야기가 길어졌다. 지금까지는 주로 불안이나 신체적 불편, 산란한 마음처럼 내면의 대상을 향하는 열림에 대해 이야기했다. 이제부터 소개할 또 다른 열림은 외부의 대상, 특히 뭔가에 미혹돼 잘못 판단하는 사람들, 심지어 '적'으로 간주되는 사람들을 향해 눈을 돌리는 것이다.

실험 방법을 두고 몇 달간 고민했다. 미국은 이제 지역적으로 빨간색과 파란색으로 완벽히 구분됐다. 파란색, 즉 민주당이 우세한 곳은 주로 도심지다. 이곳 진보주의자들은 퇴비를 만들고(캘리포니아주 등 일부 지역에서 사람의 시신을 거름용 흙으로 만드는 법안이 통과됨-옮긴이)《뉴욕타임스》를 읽으며 기후변화를 걱정한다. 반대로 빨간색, 즉 공화당이 우세한 곳은 교외 중심부로, 이곳 보수주의자들은 교회에 가고 성조기를 게양하며 주로 폭스 뉴스를 시청한다. 약간 과장해서 이야기했지만, 실제로 많은 연구가 최근 들어 사람들이 자신과 다른 생각을 하는 사람에게 점점 더 등을 돌리고 있다고 주장한다. 빌 비숍Bill Bishop은 그의 저서 『더 빅 소트The Big Sort』에서 이렇게 언급했다.

"지난 30년 동안 미국인들은 비슷한 삶의 방식과 신념을 가진 사람들과 뭉쳤고, 결국에는 정치적 성향이 비슷한 사람들끼리 모여 살게 됐다."[2]

나의 경우, 열성적인 공화당 지지자 몇몇을 알고 있다. 하지만 우리는 정치 이야기를 하지 않는다. '네가 먼저 꺼내지만 않으면 나 역시 정치 이야기는 안 하겠다'는 무언의 협정이 우리 사이에 존재한다. 미묘한 관계를 의식하다 보니 이들에게는 좀처럼 감정을 터놓거나 이입하기 어렵다.

그러다 몇 주 전, 우연히 접한 소식에서 이 문제를 해결할 실마리를 찾았다. 전미총기협회NRA에서 '총기 사고 피해자가 되지 않는 법'이라는 주제로 집에서 자신을 보호하는 훈련부터 총기를 은닉 휴대하는 방법을 교육한다는 소식이었다. NRA 회원이 아니거나 총을 소지하지 않더라도 '권총 사격의 기초' 교육을 받을 수 있었다. 또 교육 과정을 수료하고 나면 콜로라도주에서 총기를 은닉하여 소지할 자격도 갖출 수 있었다(미국에는 총기를 휴대할 수 있는 은닉 소지권과 집 등에 두고 다니는 일반 소지권이 있다 – 옮긴이). 이곳에 가면 정치적으로 반대 노선인 사람을 만나고 그들에게 몰입하는 경험을 할 수 있을 것 같았다.

본격적인 이야기에 앞서 간단히 배경을 언급했다. 이어지는 내용에서는 일부 실존 인물의 이름과 특징을 변경했다.

10월의 어느 토요일 오전 8시, 철조망으로 둘러싸인 거대한 파란색 공업용 창고 주차장에 차를 세웠다. '헤라클레스 무기'라고 크게 적힌 간판이 보였다. 이곳은 볼더에서 약 1시간 거리에 있는 콜로라도주 시골 마을의 총기 판매점 겸 훈련 센터다. 나는 문 쪽으로 가 벨을 눌렀다.

침묵이 흘렀다. 심장이 뛰면서 숨이 가빠졌다.

잠시 후 프로레슬러처럼 보이는 덩치 큰 백인 남자가 나왔다. 단추가 몇 개 풀어진 빨간 셔츠를 입은 그는 성조기 무늬의 권총 모양이 그려진 검은색 야구 모자를 쓰고 있었다.

"안녕하세요. 대럴입니다."

그날의 교육 강사였다.

"전 네이트라고 해요. 만나서 반갑습니다."

맨살이 드러난 대럴의 팔뚝은 시선을 사로잡았다. 두께가 땅콩버터 병 정도는 돼 보였다. 왼쪽 팔뚝에는 '예수는 미국인'이라고 적힌 문신이, 오른쪽 팔뚝에는 성조기가 감긴 AR-15 돌격소총 문신이 새겨져 있었다.

핏불 품종으로 보이는 개도 한 마리 있었다. 새미라는 이름의 녀석은 패치로 가득한 카키색 캔버스 소재의 군용 조끼를 입고서 나를 반겼다. 패치의 종류는 성조기 패치, 정서지원동물ESA 패치, 조 바이든 대통령을 비하하는 '렛츠 고 브랜든' 패치 등으로 다양했다.

그때 한 노부부가 들어왔다. 부부의 이름은 짐과 앤, 인사를 나누며 짧게 소개를 하는 동안 나는 나와 그들 사이의 공통점을 찾기 시작했다. 그날 난 전략적으로 덴버 브롱코스 모자를 썼다. 외출 준비를 하면서 이런 생각을 했기 때문이다. '정치적 견해는 다르더라도 콜로라도주에서 가장 유명한 프로 스포츠팀을 응원하지 않는 사람은 없겠지?'

그래서 나는 앤이 덴버 브롱코스의 라이벌인 캔자스시티 치프스 자켓을 입은 걸 봤을 때 내가 쓴 모자를 가리키며 농담을 건넸다.

"오, 내가 치프스 팬이었다면 우리가 친구가 될 수 있었을 텐데요. 하지만 이번만은 예외로 하죠."

그러자 앤의 남편 짐은 미소 지으며 이렇게 말했다.

"조금도 걱정할 필요 없어요. 우리는 무릎 꿇기 이후로는 더 이상 미식축구리그NFL를 보지 않거든요."

'무릎 꿇기.' 그 말을 이해하는 데 잠시 시간이 걸렸다. 아, 무릎 꿇기! 그제야 생각났다. 흑인 선수들이 국가가 연주될 때 '흑인의 생명도 소중하다Black Lives Matter'라는 구호를 외치며 무릎을 꿇는 행위였다. 하지만 이미 몇 년 전의 일이었다.

그때 대럴이 흥분하며 거들었다.

"맞아요. 저도 5년 넘게 경기를 보지 않았어요. NFL이 그런 식으로 대처하는 것을 보고는 단 한 푼도 보태고 싶지 않더라고요."

나는 깜짝 놀랐다. 우리는 생각보다 한참 더 떨어져 서 있는 사람들이었다. 미국인이라면 누구나 좋아하는 미식축구인 줄 알았으나 그 주제에서마저 간극을 좁힐 수 없었다.

양해를 구하고 화장실로 갔다. 잠시 숨을 고르며 마음을 가다듬고 발걸음을 뗐다. 반자동소총과 실탄, 무릎 보호대로 가득한 창고가 너무나 낯설었다.

다시 로비로 돌아왔을 때 대럴과 짐이 대화를 나누고 있었다. 짐이 말했다.

"정답을 가진 쪽은 늘 우파죠."

그는 나를 힐끔 쳐다보더니 퉁명스럽게 물었다.

"여기선 그런 색채를 드러내면 안 될 것 같지만. 혹시 어느 쪽이세요?"

나는 대답할 준비가 돼 있지 않았다. 그래서 얼버무리기로 했다.

"글쎄요. 저는 모든 관점에 열려 있는 편입니다."

시간을 끌며 대답했다.

난 그렇게 정체를 드러내버렸다. 그 대답은 적어도 그편은 아니라는 뜻이었으니까. 그들은 어떻게 반응했을까? 화합을 위한 두 번째 시도가 첫 번째 시도처럼 날아가 버릴까 걱정하며 분위기를 살폈다. 하지만 놀랍게도 분위기는 완전히 바뀌었다. 사람들의 얼굴이 밝아졌다. 내 말에 모두 동의하며 고개를 끄덕였다.

"그게 가장 좋은 방법이죠. 이 나라에 더 많이 필요한 게 바로 그런 생각이에요. 지금은 서로에게 아무 말도 걸지 않죠. 신기할 정도로 말이에요."

짐의 이야기에 대럴도 맞장구를 쳤다.

"공화당의 안 좋은 상황 때문인지 동네를 돌며 야드 사인(마당에 꽂는 지지 팻말—옮긴이)을 요청해도 대부분은 무시해요. 누군가 자신의 집이나 차를 파손할까 봐 두려운 거죠."

이 이야기를 통해 우리가 딱 한 가지에는 동의할 수 있겠다고 생각했다. 지지하는 미식축구팀 따위가 일치하는 것이 아니라 아니라 마음을 여는 것, 곧 상대방의 말에 귀를 기울일 필요가 있다는 사실이었다.

나는 정치철학 박사학위 논문을 쓰면서 위르겐 하버마스 Jürgen Habermas라는 독일 철학자의 난해한 글을 이해하려고 2년을 고군분투했다. 하버마스는 20세기의 위대한 민주주의 이론가 중 한 명으로 숙의민주주의, 즉 우리가 동료 시민으로서 대화하는 방법을 중점적으로 연구했다.

여기서 그의 이론을 자세히 설명하면 아마 여러분은 책장을 덮어버릴 것이다. 아내 케일리가 내 논문이 지루하고 따분하다고 투정하는 것처럼 말이다. 아내라면 분명 이렇게 말했을 것이다.

"영어로 쓰인 것도 아니잖아."

그런데도 하버마스의 이야기를 꺼낸 이유가 있다. 전미총기협회에서 교육을 받는 몇 달간, 특히 은닉 총기 수업 동료들과 친해지는 내내 하버마스의 유용한 구분 중 한 가지가 뇌리에서 떠나지 않았다. 하버마스는 우리가 정치에 관해 이야기하는 방식을 두 가지로 구분했는데, 하나가 '전략적 행위'이고 다른 하나가 '의사소통적 행위'이다. 이 같은 구분을 나의 이야기에 적용하면 각각 반대편을 향한 '닫힘'과 '열림'에 해당한다.[3]

상대방에게 닫힘 상태를 유지한다는 건 어떤 의미일까? 하버마스의 용어로는 전략적 행위라고도 하는 이 상황에서 우리는 서로를 이해하기보다는 이기기 위해 대화에 참여한다. 내가 옳고 상대방이 틀렸음을 증명하려 한다. 상대방의 근거 없는 주장을 약화해 내 관점을 채택하도록 설득한다.

양극화된 세상에서 이 함정을 피하기란 거의 불가능하다. 대부분 우리는 반대편에 있는 멍청하기 짝이 없는 바보들의 의견을 외면한다. 그런 다음 같은 생각을 하는 사람들과 이야기하며 자신의 닫힌 입장을 강화한다. 반대편은 완전히 잘못된 길을 가고 있으며, 그 생각의 뿌리엔 민주주의와 세상을 파괴하려는 의도가 숨어 있다고 조롱한다.

드물게 정치적으로 반대 입장인 사람과 마주칠 때도 있다. 그러나 논쟁이 가져올 불쾌감과 관계가 어긋날 위험을 피하고자 정치적 언급은 최대한 하지 않는다. 2019년 퓨 리서치 조사에 따르면 미국 성인의 45퍼센트가 상대방이 한 말 때문에 정치 관련 대화를 중단한 적이 있다고 답했다.[4]

종종 구태의연한 정치적 언쟁을 벌이고 싶은 충동이 솟구칠 때도 있다. 그러면 전략적 행위가 뒤따른다. 우리는 닫힘 상태로 대화에 임하며, 상대방의 잘못된 논리를 지적하고, 정보의 시시비비를 밝히기 위해 최선을 다한다. 즉 이기려고 노력한다.

하버마스의 획기적 통찰은 이 같은 전략적 행위의 대안을 제시한다. 바로 의사소통적 행위이다. 의사소통적 행위는 대화의 목적이 이기는 것이 아닌 이해하는 것일 때 이루어질 수 있다. 의사소통적 행위를 할 때 사람들은 상대방 주장의 결점을 지적하지 않는다. 뛰어난 논리를 뽐내지도 않는다. 자신이 지지하는 정당만이 미국의 명예와 정의, 민주주의를 수호할 수 있음을 단번에 증명하려 하지 않는다.

대신 의사소통적 행위는 현대 사회에서는 터무니없는 것으로 여겨지는 경청을 기본으로 한다. 상대방을 이해하고자 노력한다. 적으로 간주되는 사람과 집단을 향해 마음의 문을 연다.

나는 교육에 참여하며 의사소통적 행위를 통한 열림의 상태를 추구했다. 내 목표는 그들 주장의 사실 여부를 일일이 확인하는 것도, 반박하는 것도, 총기 규제를 옹호하자고 설득하는 것도 아니었다. 내 생각을 완전히 내려놓고 그들의 세계에 몰입하고자 했다. '적'에게 마음을 열면 과연 무엇을 배울 수 있는지 알아보고 싶었다.

❖

잠시 이야기를 나눈 후 대럴은 우리를 2층 회의실로 안내했다. 들어서자마자 숨이 턱 막혔다. 네 개의 의자에 둘러싸인 짙은 갈색 테이블이 가운데 있었고, 테이블 앞쪽 선반에는 장전되지 않은 9밀리미터 반자동 권총 여섯 자루가 놓여 있었다. 테이블 오른쪽에는 은닉 권총집 더미가, 왼쪽에는 탄창과 클립과 총알이 흩어져 있었다. 방 앞쪽의 평면 텔레비전에는 대럴의 교육회사 로고가 표시돼 있었다. X자 배경 위에 놓인 AR-15 소총 두 자루 사이에는 '미국팀 전투'라는 글귀가 적힌 헬멧이 놓여 있었다. 평생교육 프로그램 교실이 아니라 민병대 산하 비밀 본부 작전실에 와 있는 것 같았다. 곧 수업이 시작됐다. 대럴은 파워포인트를 켜기 전에 질문 하나를 던졌다.

"좋습니다. 먼저 하나 물어보죠. 지금 혹시 장전 가능한 총기 갖고 계신 분 있나요?"

검은색 후드티를 입고 청록색 손톱을 기다랗게 연장한 20대

초반의 카일라가 손을 들며 말했다.

"네, 저기 제 가방 안에 있어요."

카일라가 가리킨 곳은 내 자리에서 불과 30센티미터 떨어진 곳이었다.

대럴이 말했다.

"괜찮아요. 그런데 수업 중에는 장전돼 있으면 안 돼요. 지금 장전돼 있나요?"

"아니요. 탄창을 분리한 채 권총집에 넣어두었어요."

나는 탄창, 권총집, 카트리지, 잠금볼트, 발사 후 탄피 배출하기와 같은 용어를 즉석에서 익히고 있었다.

대럴은 자신의 경력을 소개하며 수업을 시작했다. 그는 해병대 및 이라크에서 교도관으로 6년, 방위군에서 16년, 지역 교도소에서 보안관 대리와 교도관으로 10년을 근무했다. 무척 인상적이었다. 내가 마음챙김과 요가 수련을 좋아하듯 대럴은 총을 좋아하겠구나 싶었다. 교실 앞쪽에 있는, 수작업으로 만든 듯한 권총 선반은 그에게 성물과도 같지 않을까. 총을 쏘는 행위가 그에겐 수련과 비슷할 것이다. 총에 대한 그의 열정과 소명 의식이 느껴졌다. 문득 이런 생각을 했다.

만약 나였다면 어땠을까? 내가 만약 보수적인 시골 동네에서 나고 자랐다면? 내게도 어릴 때부터 주말마다 사냥에 데리고 다니며 사격 훈련을 시킨 아버지가 계셨다면? 나 또한 여기서 은닉 총기에 관한 강의를 하고 있을까?

❖

교육이 시작되고 1시간 동안 은닉 총기와 관련한 다양한 주법과 법령을 공부했다. 총기 소지 허가증을 받으려면 21세 이상이어야 한다. 허가증은 발급 후 5년간 유효하다. 은닉 총기를 휴대할 때는 신분증과 허가증을 반드시 소지해야 한다.

"은닉 총기를 절대 가져갈 수 없는 장소는 어디일까요?"

대럴이 물었다.

"공항이요."

내가 대답했다.

"아닙니다. 저는 비행기를 탈 때마다 총을 휴대하는걸요. 그럼 지금부터 총기 소지에 대한 미국 교통안전청TSA의 절차를 살펴보겠습니다."

뭐라고? 이 사람은 매번 가방에 총을 넣고 비행기를 탄다고? 그게 정말이야?

"학교요."

카일라가 말했다.

"맞아요. 학교에서 은닉 총기를 휴대하는 건 중범죄에 해당합니다."

대럴이 답했다.

이어지는 그의 설명을 통해 애매한 영역에 속하는 회색 지대가 있음을 알게 됐다. 동네 상점에 '총기 소지 금지'라는 표지판이 있다고 가정해보자. 그곳에서도 은닉 총기를 휴대할 수 있을까?

대럴이 이렇게 설명했다.

"여러분은 총기를 구내에 반입할 헌법상의 권리가 있습니다. 하지만 그들, 즉 동네 상점 역시 불법 총기 소지 혐의로 여러분을 기소할 권리가 있어요."

직장도 마찬가지라고 대럴은 이야기했다.

"여러분은 총기를 소지하고 출근할 헌법상 권리가 있습니다. 하지만 회사도 그런 여러분을 해고할 권리가 있죠. 따라서 출근할 땐 총기를 소지하지 않는 게 더 낫겠죠."

복장 문제도 있었다. 공개 휴대는 은닉 휴대보다 훨씬 더 위험하다고 간주된다. 9밀리미터 권총을 허리에 차고 돌아다니는 모습은 사람들에게 공포심을 유발할 수 있기 때문이다. 따라서 총기를 숨길 수 있는 적절한 옷을 착용해야 한다. 대럴은 이렇게 말했다.

"저는 셔츠 단추를 풀고 다니는 걸 좋아해요. 셔츠가 권총집과 총의 툭 튀어나온 부분을 가려서 제가 총을 차고 있다는 걸 사람들이 쉽게 알아채지 못하거든요."

특히 여성은 겨드랑이 바로 밑에 권총집이 있는 딱 붙는 셔츠나 가슴 바로 아래, 혹은 등 가운데에 권총집이 있는 스포츠 브래지어를 착용하기를 권했다.

이어지는 주제는 총기 안전이었다. 대럴은 라스베이거스 번화가에서 촬영된 영상을 재생했다. 마치 1990년대 텔레비전 쇼 〈캅스Cops〉의 한 장면 같았다. 영상은 상체를 탈의한 한 흑인 남성이 타이어 아이언(타이어를 떼어내는 지렛대-옮긴이)을 휘두르며 걸어가는 장면으로 시작됐다. 그는 파란색 닛산 자동차 운전석에 앉은 백인 남성에게 소리를 지르더니, 이윽고 자동차 후드에 타이어 아이언을 내리쳐 조수석 쪽 유리창을 깨뜨렸다. 차는 순식간에 앞쪽으로 쏠렸다. 흑인 남성이 계속 소리치며 뒷유리를 내리치는 순간, 백인 운전자는 교통체증이 풀린 틈을 타 속도를 높이며 도망쳤다.

영상이 끝났다. 모두가 침묵했다. 나는 충격에 휩싸였다. 영상에는 폭력과 고함, 인종 갈등이 모두 뒤섞여 있어 좀처럼 소화하기가 어려웠다. 정적을 깬 것은 대럴이었다.

"총을 사용해야 하는 상황인가요?"

물론 그의 질문에는 우리가 파란색 닛산 자동차를 탄 백인이라는 가정이 깔려 있었다.

대럴이 가르쳐준 정답은 '아니요'였다. 근거는 흑인이 백인의 재산은 파괴했을지언정 생명을 위협하지는 않았단 것이었다. 흑인은 운전석에 있던 백인을 공격하지도, '죽여버릴 거야' 같은 노골적인 말을 하지도 않았다고 대럴은 이야기했다. 공포심을 느꼈다고 해서 곧바로 총을 꺼내 쏴버리면 안 된다는 말이었다.

대럴의 설명은 명료했다. 상대방이 내 자동차나 집 같은 재산을 부순다 해도 총을 사용해서는 안 된다. 대신 침착함을 유지하면서 다음과 같은 기본 원칙을 준수해야 한다. '나 자신이나 다른 사람이 사망 또는 신체적 상해의 위험에 처했다고 볼 수 있는 분명한 이유가 없는 한, 치명적인 무력은 사용할 수 없다.'

두 번째 질문이 이어졌다. 은닉 총기를 휴대한 상황에서 경찰의 단속을 받게 되면 어떻게 해야 할까? 수년 전부터 들은 이야기가 있다. 흑인 부모들은 자녀에게 경찰 단속을 받을 땐 최대한 수동적으로 행동하고, 손은 자동차 대시보드의 눈에 잘 띄는 곳에 올려두라고 당부한다는 것이다. 보안관 출신의 대럴이 알려주는 차량 검문 시 주의할 행동도 그 내용과 완전히 똑같았다.

"우선 침착하세요. 운전석 창문을 내리고 실내등을 켭니다. 손은 운전대 위에 놓고요. 꼭 필요한 경우가 아니라면 손을 뻗지 않습니다. 이때 중요한 건, 경찰이 계속해서 손을 볼 수 있도록 하는 겁니다. 경찰이 차에 총기가 얼마나 있는지 물어보면, 개수를 정확히 알려주세요."

물론 대럴의 지침과 흑인 부모의 당부 사이에는 한 가지 중요한 차이가 있었다. 대럴이 내린 지침의 근거는 피부색처럼 우리가 통제할 수 없는 신체적 특징에 있지 않았다. 우리가 통제할 수 있는 것, 즉 은닉 총기를 휴대하기로 한 우리의 선택이 있기 때문에 그러한 행동을 취해야 한다고 대럴은 말하고 있었다. 좌파든 우파든 적어도 부분적으로는 하나가 된 듯한, 매우 희한한 순간 중 하나였다.

세 시간쯤 지난 후부터는 이 극단적인 NRA 교육이 합리적으로 들리기 시작했다. 심지어 내게 도움이 될 것 같았다. 대럴은 우리에게 총기 사용을 권장하지 않았다. 오히려 매번 우리를 자제시켰다. "무기 사용이 필요한 순간을 피하라. 그러면 이긴다"라는 말을 되풀이했다. 그러면서 어떤 대가를 치르더라도 도망가거나 차를 몰고 달아나 다툼을 피하는 게 낫다고 설명했다.

어느 순간 대럴의 설명이 마치 명상 강사의 말처럼 들리기 시작했다. 그는 적절한 총기 호흡법에 관해 설명했다.

"긴장을 풀 수 있도록 호흡을 훈련하는 게 핵심입니다. 총기의 조준점을 목표물에 맞추는 동안 숨을 빠르게 마시고 천천히 내쉬어 보세요. 마지막엔 숨을 잠시 멈추고 방아쇠를 당겨 정확도를 극대화하세요."

대럴은 또한 마음챙김을 뜻하는 '상황 인식'의 중요성에 관해서도 이야기했다. 상황 인식은 모든 상황에서 침착하고, 현재에 집중하며 인식하는 기술이다. 그는 "핵심은 자신의 직관을 개발해 여기에 귀를 기울이는 것"이라고 말했다.

이 사람이 정말 우익 총기광 맞아? 디팩 초프라 아니고?

지칭하는 말은 달랐지만 개중에는 불교의 중도 개념도 있었다. 그는 갈등이 심한 상황에서는 수동적 태도와 능동적 태도의 중간 지점을 찾아야 한다고 언급했다.

"수동적 태도를 보이면 포식자에게 이용당할 수 있다. 그렇다고 능동적 태도로 덤벼들면 대립에 휘말릴 수 있는데, 어느 쪽도 핵심이 아니다. 중도 상황에서는 총기 자체를 사용할 필요가 없다는 것이 핵심이다."

그렇다면 중도란 무엇일까? 대럴은 이를 '공손하게 주장하기'라고 명명했다.

대럴은 꼭 필요한 경우가 아니라면 어떤 분쟁 상황에서도 총기 사용은 피해야 한다고 단호하게 말했다. 그러면서 총기보다 덜 치명적인 다른 도구의 중요성을 언급했다. 실제로 그는 은닉 총기를 아무 데나 갖고 다니지 않는다고 했다. 대신 법적으로 허용된 약 9센티미터짜리 칼과 호신용 스프레이 한 통을 휴대한다고 했다.

"호신용 스프레이는 가장 유용한 자기방어 수단이라고 생각해요. 가해자를 죽이지 않고도 무력화시킬 수 있고, 일시적으로 눈도 멀게 할 수 있으니까요."

나는 아무 데서나 은닉 총기를 휴대하지 않는 것은 물론, 총기를 소지한 적조차 없다. 그런 내게도 대릴의 주장은 합리적으로 들렸다. 충돌을 피하고자 최선을 다하고, 부득이하게 자신을 방어해야 할 때는 호신용 스프레이 같은 덜 치명적인 도구를 사용하며 총기는 최후의 수단으로만 이용하는 것. 이 모든 원칙을 완전히 납득할 수 있었다.

정적으로 여겼던 총기협회가 총기를 다루는 법을 이토록 조심스럽게 가르치고 있다는 사실에 희한할 정도로 안심이 됐다. 어쩌면 그들은 내가 생각했던 것처럼 쓸데없는 정의감과 허무맹랑한 철학으로 뭉치진 않았을지도 모른다.

오전 수업이 끝날 무렵, 두 가지 모순된 상황이 찾아왔다. 한

편으로 나는 정적들과 어울리고 있다는 사실조차 잊어버렸다. 함께 대화하고 농담을 나누다 보니 그들과 친구가 된 것 같았다. 대릴은 35달러의 연회비를 내고 협회에 가입하라고 권했다. 가입 선물로 밝은 금색의 NRA 로고가 새겨진 남색 야구모자를 받을 수 있다며 나를 부추겼다.

와, 모자를 공짜로 주다니.

난 이런 물건을, 특히 야구 모자를 정말 좋아한다.

오늘 일을 기억할 수 있는 일종의 기념품이 될 거야.

바로 그때 정신이 돌아왔다.

미쳤어? NRA에 기부할 생각을 하다니. 그건 인류 역사상 가장 사악한 정치단체에 돈줄을 대주는 거라고. 더구나 볼더에서 그 모자를 쓰고 다니다가 행여 그 모습이 사진에 찍혀 SNS에 올라간다면? 난 완전히 매장당할 거야. 친구 관계도 끊기고, 지금까지 쌓은 경력도 물거품이 되겠지.

난 회원가입은 하지 않기로 했다. 하지만 내가 그런 고민을 했다는 사실만으로도 4시간 동안 내가 얼마나 멀리까지 왔는지 알 수 있었다.

다른 한편으로는 우리의 차이를 새롭고 명확하게 알게 됐다. 나를 제외하면 교실에 있던 모든 사람은 '세상은 숨겨진 위험으로 가득하다'는 전제에 동의하는 듯했다.

그들은 세상이 살인자와 강도, 깡패, 그리고 정신 나간 사이코패스로 가득하다고 믿고 있었다. 대릴은 '포식자'라는 단어를 사용했다. 어두운 골목에서 납치당하고 총에 맞을 수도 있는 이 미친 세상에서 안전하게 지내려면 스스로 자신을 보호해야 한다. 다른 사람이 나를 대신 보호해 주지 않는다.

이게 말도 안 되는 생각일까?

스스로에게 이 질문을 몇 번이고 던졌다. 이내 확실한 사실 하나를 깨달았다. 나는 그들의 논리에 동의하지 않았다. 나는 그들의 논리가 출발하는 전제, 즉 우리가 마주하는 세상이 살인적인 지옥이라는 사실에 동의할 수 없었다.

나의 논리는 그들과 전혀 다른 전제에서 출발한다. 우리 동네에서 몇 년 전 총기 난사 사건이 벌어졌던 것처럼, 세상은 때로 위험할 수 있다. 하지만 적어도 이곳에서는 군대식 무력 충돌은 거의 일어나지 않는다. 사람들은 대부분 선량하다. 감사하게도 내 삶의 배경은 전쟁터가 아니다.

하지만 이건 나만의 경험일 수 있다. 어쩌면 세상에서 내가 누려온 특권적 위치가 이런 전제를 형성했을 수 있다. 그도 그럴 것이 지금 나는, 곰의 침입을 막기 위해 쓰레기통 모양을 바꿔야 한다거나 자전거 친화적으로 도로를 바꾸기 위해 차선 전체를 폐쇄해야 한다는 등의 논쟁을 벌이는 마을에 살고 있으니 말이다. 이곳에서는 주행 중 총격 사건이 자주 일어나지 않는다. 평범한 일상에 폭력 범죄는 결코 일어나지 않는다.

나와 우리 이웃들이 사는 지역에서 총은 말이 안 된다. 대부분 사람이 선하다는 전제에서 출발하면, 반자동 은닉 총기를 허리에 차고 시내를 활보하는 건 완전히 미친 짓이다. 안전을 위하기는커녕 나나 타인에게 총이 발사될 불필요한 위험을 가져오며 세상을 훨씬 더 위험한 곳으로 만든다.

하지만 내가 만약 NRA 동료들이 믿는 것을 믿거나 그들이 사는 곳에 살았다면? 토머스 홉스Thomas Hobbes가 말했던 것처럼 모두가 전쟁상태에 살고 있다는 전제에서 나의 믿음이 출발한다면? 위험에 대한 계산은 물론 내 사고방식이 아예 달라질 것이다. 폭력의 위협은 '가능성이 거의 없다'에서 '피할 수 없다'로 바뀔 것이며 현관문을 나설 때마다 칼과 호신용 스프레이, 9밀리미터 권총으로 무장할 것이다.

하지만 적어도 아직 내가 사는 세상은 그런 곳이 아니다. 총에 관한 한 이것이 나와 그들의 생각의 유일한 차이점일지 모른다.

❖

벌써 2시가 다 된 시간이었다. 배가 고팠다. 보통 이런 자리에서는 내성적인 성격대로 행동하곤 했다. 동네 카페에서 책을 벗 삼아 혼자 점심을 먹는 것. 하지만 그날은 용기를 내보기로 했다. 걸어 나가면서 짐과 앤에게 수줍게 물었다.

"점심 같이 드실래요?"

"네, 그러죠!"

앤이 흔쾌히 동의했다.

짐은 60대 중반이었다. 남색 우비 속 그의 검정 티셔츠에는 '자유의 땅, 용감한 자들의 고국'이라고 적혀 있었다. 약간 구부정한 자세였지만 얼굴에 밝은 미소를 띠고 나를 바라보았다. 역시 60대 중반인 그의 아내 앤은 짧은 백발에 파란 눈이 유난히 반짝였다.

식당으로 천천히 걸어가는 동안 두 사람은 마치 고등학생 연인처럼 손을 꼭 잡고 있었다. 여러 가지 대화를 통해 이야기의 퍼즐이 맞춰졌다. 두 사람은 함께 산 지 몇 년밖에 되지 않았다. 양쪽 모두 이번이 재혼이었다.

스쿨버스를 운전하던 짐에게 몇 년 전부터 메니에르병 증상이 나타났다. 특히 현기증이 심했다. 주정부는 그의 1종 운전면허를 취소했고 짐은 일자리를 잃었다. 이후 프리랜서로 영상 관련 일을 했지만, 일감 구하기가 좀처럼 쉽지 않았다. 그사이 앤은 노인과 장애인을 위한 수요 응답형 버스 운전을 시작했다. 사실상 앤이 생계를 책임지고 있었다.

식당 가운데에 있는 테이블에 자리를 잡은 후 앤이 물었다.

"마음에 드는 총을 찾았어요?"

"아직은 잘 모르겠어요. 혹시 추천할 만한 게 있나요?"

내가 답하며 되물었다.

"난 손이 작아요. 그래서 9밀리미터짜리는 내게는 좀 큰 것 같아요. 그래서 괜찮은지 잘 모르겠더라고요."

앤은 이야기를 이어갔다.

"난 총에 대해 더 많이 배우고 싶어요. 딸과 남동생을 비롯해 온 가족이 총을 많이 가지고 있거든요. 그래서 더 흥미가 생기더라고요. 더 자세히 공부해 가족들과 이야기를 나누고 싶어요. 공통된 관심사인 셈이죠."

내가 꼭 묻고 싶었던 질문을 하기에 완벽한 타이밍이었다.

"이 수업은 어떤 계기로 듣게 되셨나요?"

"안전 때문에요. 무서워서요. 죽음에 대한 공포를 느껴요."

짐의 이야기에 앤이 답했다. 짐도 거들었다.

"난 어느 쪽도 완전히 옳다고 생각하지 않아요. 하지만 지금 우리 사회는 언제 터질지 모르는 시한폭탄을 안고 있는 것 같아요."

앤이 맞장구를 쳤다.

"맞아요. 이 세상은 완전히 미쳐 돌아가고 있죠. 언젠가 내 재산은 내가 보호해야 하는 시대가 올 거예요."

뒤이어 짐은 모든 갈등과 분열의 원인이 무엇인지 자신의 분석을 내놨다.

"인터넷이 발달하면서 사람들은 자신이 미리 정해둔 결과에 동조하는 '전문가'를 쉽게 검색할 수 있게 되었죠. 그러면서 자신과 다른 관점을 가진 사람보다는 같은 관점의 사람을 찾고 있어요."

나는 그 이야기에 적극 동의했다.

"네, 맞습니다."

그러다 피할 수 없는 순간이 찾아왔다. 트럼프 이야기가 나온 것이다. 내가 물었다.

"트럼프에 대해서는 어떻게 생각하세요?"

짐은 기다렸다는 듯 대답했다.

"난 지지해요. 하지만 저는 민주당만큼 공화당도 싫어해요. 워싱턴에서 경력을 쌓은 사람이 너무 많죠. 일단 의회에 입성하면 그들은 자신들이 대표하는 시민보다 기부자에게 더 큰 빚을 지게 됩니다."

앤도 거들었다.

"트럼프의 최악의 적은 트럼프 자신이라고 생각해요. 난 트럼프가 상징하는 바를 지지합니다. 그가 우리나라를 위해 한 일도 그렇고요. 그 덕분에 우리가 평화를 누리고 있다고 생각했는데, 코로나19가 터지면서 모든 게 엉망이 돼버렸죠. 그러면서 트럼프가 비난을 받기 시작했어요."

짐은 코로나19에 대한 자신만의 독특한 시각을 설파했다.

"'팬데믹'이라는 단어를 들으면 길에 널부러진 시체를 밟고 지나가야 하는 상황이 떠올라요. 약간 왜곡된 생각일 순 있지만, 저는 중국 우한 공장에서 미국이 어떤 역할을 했다고 생각해요."

"정말요?"

나는 깜짝 놀라 물었다.

"미국이 어떤 역할을 했다고 생각하세요?"

"무기로 사용할 수 있는 변종 바이러스를 개발한 거죠. 내 생각엔 일종의 테스트였던 것 같아요. 사고가 아니라요. 그래서 난 현 정부에 회의적입니다. 물론 그들이 그런 잘못을 일부러 저지른 건 아니라고 믿고 싶어요. 하지만 의심이 돼요. 혹시 파우치Fauci(백악관의 의료 고문)의 소속 기관이 비글과 모래파리를 연구한 내용을 읽어본 적 있나요?"

짐의 이야기에 앤이 크게 한숨을 내쉬며 답했다.

"파우치는 충성심이 강한 비글을 대상으로 진행하는 실험의 존재를 알고 있었어요. 얼굴을 공격하는 모래파리가 가득한 우리에 비글을 넣고 어떤 일이 벌어지는지 관찰하는 실험이었죠. 실험 과정은 아주 끔찍했습니다."

앤은 진절머리가 난다는 듯 말을 이었다.

"게다가 비글의 성대까지 떼어냈어요. 정말 비인간적이죠."

짐이 거들었다.

"맞아요. 비글이 고통스럽게 짖는 소리를 안 듣겠다며 성대를 테이프로 막아버렸어요."

❖

이 지점은 매우 중요하므로 잠시 이야기를 중단하겠다. 짐이 이 이야기를 꺼냈을 때, 나는 파우치의 연구 스캔들에 관해 전혀 아는 바가 없었다. 정치적 본능에 따라 이 문장을 논쟁거리로 여겼다면 나는 짐에게 반론을 제기했을 것이다.

"짐, 그건 정말 말도 안 돼요. 우익이 퍼트린 음모론에 불과하다고요. 파우치가 비글의 성대를 자르는 연구를 했을 리가 없잖아요."

내 말이 맞았을까? 2021년 '비글게이트'로 알려진 이 스캔들을 꽤 오랜 시간을 들여 분석해 봤다. 실제 내용은 짐이 말한 것과 상당히 달랐다. 하지만 이런 분석 없이 그때 식당에서 짐과 논쟁을 벌였다면 나 역시 잘못된 주장만 거듭했을 것이다.

이 스캔들은 '화이트 코트 웨이스트White Coat Waste'라는 단체가 "파우치가 비글 실험에 약 5억 7000만 원을 썼고, 개들은 파리에 물려 죽었다"라는 제목의 자료를 발표하며 시작되었다.[5] 이후 우익 언론이 관련 기사를 잇달아 보도했고, 결국 서로 다른 당에 소속된 의원 24명이 파우치가 소속된 국립알레르기전염병연구소NIAID에 비글 관련 실험을 하는 데 어떤 역할을 했는지 입장을 밝힐 것을 촉구했다.

과연 진실은 무엇이었을까? NIAID가 지원한 1만 건이 넘는 의학 연구 중 일부가 동물실험에 비글을 사용했다는 건 사실일까? 그건 맞다. 짐의 말은 사실이었다.

NIAID가 지원한 에이즈 관련 연구에서 실험실 직원의 청력을 보호하고자 비글의 짖는 소리를 부드럽게 하기 위해 성대 절제술을 시행한 것도 사실일까? 이 역시 맞다. 짐의 말은 사실이었다.

하지만 NIAID가 비글을 우리에 가두고 모래파리의 공격을 받도록 한 연구에 자금을 지원했다는 건 사실이 아니다. SNS에 퍼진 고문당하는 비글은 실제 사진이 맞다. 하지만 이건 튀니지의 리슈만편모충증 백신 관련 실험에서 촬영된 사진이었다. 이 연구를 수행한 기관은 실제로 NIAID를 주요 자금 출처로 인용했다. 하지만 이는 잘못된 정보였다. NIAID는 이들에게 자금을 지원한 적이 없다. 해당 기관이 출처를 잘못 인용한 것이었다. 이 오류는 추후 수정됐다.[6] 그렇다면 NIAID가 비글과 모래파리 연구에 자금을 지원한 건 사실일까? 이것도 틀렸다. 짐의 말은 사실이 아니었다.

이제 독자 여러분도 동물실험에 대한 미국의 개입과 관련해 많은 내용을 알게 됐을 것이다. 나 역시 의도치 않게 꽤 많은 사실을 알게 됐다. 이 스캔들은 요즘 정치 토론에서 일어나는 각종 문제를 집약하고 있기에 사실을 추적해 볼 가치가 있었다. 짐이 언급한 비글과 성대, 모래파리에 관한 내용은 대부분 사실이 아니었다. 나는 그 말을 듣자마자 사실이 아닐 거라고 확신했다. 하지만 그때 바로 짐의 말을 맞받아쳤다면, 나 역시 틀린 주장을 펼치고 말았을 것이다. 확인되지 않은 음모론과 나의 생각만을 토대로 소모적인 언쟁을 벌였을 것이다.

이 경험으로 나는 큰 통찰을 얻었다. 이는 나름대로 전략을 갖고 말하는 우리의 일상적 습관이 어떻게 무너지는지를 보여준다. 오늘날 우리는 너무 많은 정보가 너무 빠르게 동시다발적으로 쏟아지는 세상에 살고 있다. 상대방의 주장이 사실인지 실시간으로 확인하기란 불가능에 가깝다. 나는 비글게이트 한 가지를 분석하는 데만 몇 시간을 써야 했다.

어쩌면 우리에게는 더 나은 전략이 있을지도 모른다. 상대방의 주장을 반박부터 하기 전에 일단 귀를 기울이면 어떨까? 그냥 이해하려고 노력해 보면 어떨까? 우선 상대에게 마음을 열고, 사실 확인은 나중으로 미루면 어떨까?

❖

다시 식당으로 돌아가 보자. 짐이 비글게이트 이야기를 꺼냈을 때 나는 대화의 목적을 떠올렸다. 난 이기기 위해 그 자리에 있는 게 아니었다. 내 목표는 경청하고 이해하는 것이었다.

그래서 나는 짐의 이야기를 받아들였다. 그러고는 미국 정부가 코로나19에 개입했고, 두 번째 변종을 퍼트릴 계획이라는 그의 주장에 관해 물었다.

"이번이 테스트였다면, 앞으로는 더 큰 사건이 벌어질 수도 있다고 생각하세요?"

짐이 답했다.

"난 이제 늙은이라 그런 일이 생기면 내 집을 지키기 위해 싸우겠죠. 만약 그 싸움에서 진다면, 선두에 있는 갱단에라도 합류할 거예요."

"상황이 그렇게 미쳐 돌아가면 저쪽에서 권총을 들고 쫓아올지도 몰라요."

앤이 거들었다.

다시 짐이 말했다.

"난 나이를 먹을 만큼 먹었잖소. 여태 살아보니 모든 일이 내가 계획하거나 상상한 만큼 새롭거나 재미있지는 않더군요."

"음."

앤이 중간에 끼어들었다.

"나는요?"

그러자 짐이 사랑스럽다는 듯 앤을 바라보며 말했다.

"당신은 내게 최고의 선물이야."

두 사람은 상대방의 눈을 바라보았다. 두 사람 사이에 교감이 오가는 것이 느껴졌다.

이후 대화의 주제는 결혼으로 옮겨갔다. 나는 두 사람에게 아내 케일리와 함께 『80/80 결혼The 80/80 Marriage』이라는 책을 썼다고 말했다. 남은 식사 시간 동안 두 사람은 서로를 얼마나 사랑하는지에 대해 끊임없이 이야기했다. 우리는 행복한 결혼 생활을 유지하는 것이 얼마나 어려운지 이야기하고 서로를 위로하며 식사를 마쳤다.

두 사람은 서로에게 완전히 반한 듯 보였다. 그리고 내가 기대하지 못했던 점도 있었다. 짐과 앤 사이에는 따뜻하고 진한 우정이 느껴졌다.

이들도 내가 믿는 걸 사실이라고 믿을까? 전혀 아니다. 그렇다면 두 사람의 정치적 견해가 때로는 노골적인 음모론의 영역에 포함될까? 그렇다. 하지만 이들은 좋은 사람들인가? 맞다. 그건 의심할 여지가 없다.

짐과 앤은 미국을 파괴하려는 생각도, 민주주의를 무너뜨리려는 의도도 없다. 두 사람은 그저 세상에 선한 일을 하고자 최선을 다하는 평범한 사람들일 뿐이다.

❖

모든 일정이 끝나고 집으로 돌아가던 길, 산기슭 너머로 해가 지고 있었다. 산등성이에 드리운 긴 그림자가 동쪽의 탁 트인 평원에 펼쳐졌다.

하루 동안 있었던 일을 떠올렸다. 덴버 브롱코스를 두고 유대감을 형성하려다 실패한 일, 전혀 예상치 못한 대럴의 지혜로운 강의, 음모론적 사고와 진심 어린 친절이 뒤섞인 짐과 앤의 모습까지.

가슴을 파고드는 슬픔이 느껴졌다. 그건 개인적인 감정이 아니었다. 좀 더 실존적인, 세상을 향한 슬픔이었다.

대럴과 짐, 앤은 내가 하는 일을 믿지 않을 수도 있다. 하지만 이들은 친절하고 좋은 사람들이다. 이웃을 돌보며 기도를 한다. 희망과 꿈이 있고, 실행해야 할 중요한 프로젝트도 있다. 여러 면에서 이들과 나는 똑 닮았다.

하지만 매일같이 쏟아지는 일방적인 뉴스와 끊임없는 미디어의 공격은 반대편에 있는 이들을 하나의 캐리커처로 만들어버렸다. 볼더의 진보주의자들 머릿속에 인간성을 박탈당한 그들은 총을 사랑하는 반민주적 극단주의자이자, 노골적인 차별과 뒷골목 낙태를 옹호하며 문화의 수준을 1950년대로 되돌리려는 악의 무리로 각인됐다.

물론 보수주의자들 역시 나 같은 진보주의자들을 일종의 캐리커처로 바라본다. 그들의 머릿속에서 우리는 열렬한 사회주의자요, 미국의 심장부에서 열심히 일하는 이들을 배척하고 무시하는 엘리트 진보주의자들에 불과하다. 그들의 총을 빼앗고 가치를 더럽히는, 미국을 파괴하는 악의 무리일 뿐이다.

하지만 우리가 동네 식당의 테이블에 마주 앉아 서로에게 마음을 열면, 이런 상상 속 캐리커처는 사라진다.

그리고 한 가지 사실만이 분명해진다. 우리에겐 적이 없다.

이곳에선 어떤 수행을 할 수 있을까? '적'으로 간주하는 무리와 사람에게 어떻게 마음을 열 수 있을까?

첫 번째 단계는, 이런 수행을 고려하는 것만으로도 생기는 불가피한 마찰을 해결하는 것이다. 마찰은 대개 이런 식으로 발생한다.

"어떻게 그런 악의적인 주장과 허위 사실을 그대로 방치할 수 있죠? 그런 집단에 괜한 여지를 주는 건 아닌가요? 잘못된 정보와 음모를 퍼트리는 거잖아요?"

이 주장엔 한 가지 가정이 전제돼 있다. 대화는 늘 전략적으로 참여해야 한다는 것, 즉 항상 승리할 목적을 갖고 정치 이야기를 해야 한다는 것이다.

분명히 이런 종류의 전략적 대화를 위한 자리가 존재한다. 우리에게는 활발한 정치 토론이 필요하다. 잘못된 정보를 확인하고 바로잡을 필요가 있다.

하지만 전략적 행위와 소통하는 행위 사이에서 그리고 이기기 위한 대화와 이해하기 위한 대화 사이에서 균형을 찾을 수도 있어야 한다. 지금은 이 둘 사이의 균형이 심하게 무너진 듯하다. 전략적인 행동 쪽으로만 너무 기울어져 있어, 상대편을 향해 경계를 늦추고 마음을 여는 경우가 거의 없다.

물론 정치를 주제로 한 대화를 완전히 포기해야 한다는 뜻은 아니다. 옳다고 믿는 것을 옹호할 수 있어야 한다. 하지만 때로는 논쟁에서 이기려는 태도나 상대방이 주장하는 바가 사실인지 확인하려는 노력을 멈출 수도 있어야 한다.

그저 마음을 열고 상대방의 말에 귀를 기울이기. 어떻게 해야 이것을 실천할 수 있을까?

책 말미에 실려 있는 열린 마음 실천 가이드 중에서 '극단적 의견 대립을 극복하는 도구'부터 살펴보자. 이 도구는 우리가 정보를 소비하는 방식을 바꾸어 다양한 정치적 관점을 접하게 끔 한다. 이를 통해 반대편에 대한 편견을 줄일 수 있다.

만약 이보다 더 급진적인 수행, 즉 직접 '적'을 대면하고 마음을 여는 연습을 해보고 싶다면? 이럴 때 첫 번째 단계는 나 자신에게 물어보는 것이다.

내가 '틀린' '잘못된' 사람들 혹은 '적'으로 간주하는 집단은 무엇인가?

그런 다음 그들의 세계에 몰입할 경험을 만들 방법이 있는지 살펴보자. 한 가지 주의사항이 있다. 개인의 안전을 해쳐서는 안 된다. 일부 극단적인 정치 집단을 상대할 땐 특히 유의해야 한다.

안전을 위협하지 않는다는 가정하에 반대 입장을 가진 구성원들과 짧게라도 시간을 함께 보내보자. 집회나 교육, 교회 예배, 마을회관 모임 등에 참석하면 된다. 같은 색채의 정치적 동료와 함께 가는 것보다는 혼자 가는 게 낫다. 잠시나마 그들과 하나가 되었을 때 어떤 일이 일어나는지 지켜보자.

무엇보다 중요한 건 그들과 교류하는 동안 자신에게 오랜 시간 습관처럼 굳어진 태도를 끊어내는 행위다. 이기려고 든다거나 자신의 관점을 방어하려는 태도를 내려놓자. 대신 마음을 열면 어떤 일이 일어나는지 바라보자. 이해하려고 노력하자. 질문하자. 호기심을 가져보자. 상대방에게 마음을 열고 그들에게서 배우고자 노력할 때 어떤 일이 일어나는지 살펴보자.

이 수행은 쉽지 않다. 모든 사람이 할 수 있는 것도 아니다.

하지만 나는 이렇게 말할 수 있다. 내가 겪은 모든 열림의 경험 가운데 이 사건이 가장 큰 충격을 주었다고 말이다. 나는 적에게 마음을 열고 하루를 보낸 후 새로운 정치적 시각을 갖게 됐다. 평소 증오의 대상으로 여겼던 사람들과 마주 앉아 대화함으로써 오늘날 만연한 분노와 양극화 문제를 해결할 수 있을지도 모른다는 새로운 희망을 품게 됐다.

8장

열림
명상

절벽 위에서 바다를
내려다보며 얻은 깨달음

나는 캘리포니아 말리부의 절벽 꼭대기에 서 있었다. 아래를 내려다보면 말리부에서 가장 고급스러운 동네의 뒷마당이 한눈에 들어왔다. 거리에 보이는 차종은 딱 두 개뿐이었다. 그곳에서 일하는 사람들이 모는 흰색 조경 트럭, 그리고 주민들이 모는 마세라티와 테슬라. 개인 승마장에 완벽하게 다듬어진 잔디밭, 넓은 수영장까지 갖춘 300억짜리 집들이 일렬로 펼쳐져 있었다. 눈으로 보고 있으면서도 영 현실감이 없었다. 정면의 경치는 그보다 더 멋졌다. 저 멀리 번잡한 퍼시픽 코스트 하이웨이 너머로 길게 뻗은 해변과 짙푸른 바다가 구름 한 점 없는 광활한 하늘과 맞닿아 눈부신 대비를 이루고 있었다.

절벽에서 불과 수십 미터 남짓 떨어진 아래쪽 동네와 위쪽 동네의 대비도 눈에 띄었다. 아래쪽은 부와 지위 모든 걸 갖춘, 할리우드 유명인사들의 무대 같았다. 반면 위쪽은 엄격한 기숙사와 수련실만을 갖춘, 허름한 외관의 명상원뿐이었다. 이곳에는 유명인도, 화려한 파티도, 수영장도 없었다. 오직 열림 수행만 진행될 뿐이었다.

나는 일 년에 한 번, 일주일 동안 일과 생활, 가족, 그리고 스마트폰을 모두 떠나 이런 곳을 찾는다. 그곳에서 온종일 형식적인 방식의 열림 명상을 수련한다. 이때 말은 거의 하지 않는다. 전화도, 이메일도 사용하지 않는다. 사람들과 눈도 마주치지 않는다. 내가 입을 여는 유일한 시간은 물을 마시거나 식사할 때, 또는 미팅 시간이나 화장실 위치를 묻는 등 목적 있는 대화를 나눌 때뿐이다.

입소 둘째 날이었다. 깨어 있는 시간에는 티베트어로 '위대한 완전함'을 뜻하는 '족첸Dzogchen'이라는 고대 형식의 열림 명상을 진행했다.

이 수련법은 급진적인 가정을 바탕으로 하고 있다. 열린 마음, 일명 '리그파rigpa'가 우리의 자연스러운 상태라고 본다. 이는 종종 말리부 언덕 위에서 바라보는 하늘처럼 넓게 탁 트인 상태로 묘사된다. 하지만 우리는 거의 매 순간, 이 광활한 하늘 같은 마음의 본성을 잊어버린다. 각종 생각과 감각, 감정에 집착한 나머지 그런 본성이 존재한다는 사실을 기억하지 못한다.

이것이 바로 급진적 가정이다. 마음을 연다는 건 마음에 새로운 무언가를 추가하는 게 아니다. 마음을 자연스러운 상태로 되돌리는 것이 훨씬 더 중요하다. 요컨대 마음을 연다는 건 우리 앞에 존재하는 마음의 본성, 즉 밝고 광활하며 열린 마음을 보는 방법을 배우는 것이다.

하지만 이걸 어떻게 실천할 수 있을까? 불과 얼마 전까지만 해도 그 해답은 베일에 싸여 있었다. 티베트 불교의 영적 지도자인 라마가 제자에게 마음의 본질을 알려주는 족첸의 '(자각하도록) 지적하는pointing out' 가르침은 아시아의 산속 수도원에서 고도로 훈련된 승려들만 접할 수 있었다. 하지만 지난 수십 년간 족첸은 일반 수련자들에게도 서서히 문을 열었다. 이제는 원하는 사람이라면 누구나 대면 수련이나 가상 수련에 참석해 현대 티베트 스승들에게서 직접 수련법을 전수받을 수 있다.

둘째 날 오전 10시경, 나는 절벽 위 내 거처에서 수련실로 들어갔다. 방 전면에 바닥부터 천장까지 뻥 뚫린 통유리로 된 창문이 있었다. 나는 자리에 앉아 짙푸른 태평양을 배경으로 펼쳐진 말리부의 구불구불한 녹색 언덕을 바라보았다.

갑자기 주변 사람들이 모두 일어섰다. 중요한 순간이었다. 라마가 곧 도착할 것이다. 행여 적응하지 못한 모습처럼 보일까 봐 얼른 다른 사람들처럼 손바닥을 모아 기도하는 자세를 취했다. 실내는 조용했다. 작은 기침 소리와 목을 가다듬는 소리만 들릴 뿐이었다.

어느 순간 방 뒤쪽의 이중문이 활짝 열렸다. 빨간색 승복을 입은 나이 지긋한 백인 남성 라마가 두 제자와 함께 나란히 걸어 들어왔다. 마치 팬들의 함성으로 가득한 콘서트장 무대에 올라오는 스타 같았다. 물론 그곳엔 박수도, 고함도, 밴드가 함께 맞춰 입은 티셔츠도 없었지만, 흥분되고 강렬한 열기만큼은 똑같았다.

라마가 방 앞쪽으로 가 우리를 마주 보는 자리에 앉았다. 그러고는 나머지 사람들에게도 앉으라고 손짓했다. 나는 최대한 허리를 곧게 펴고 앉아 이상적인 명상 자세를 취하려고 노력했다. 그때부터 열림 수행이 시작됐다.

라마는 대학 미식축구 경기의 응원단장처럼 큰소리로 지시 사항을 외쳤다.

"눈을 뜨세요. 드넓은 시야가 펼쳐집니다."

잠시 멈춘 후 이어갔다.

"귀를 여세요. 음파탐지기처럼 작은 소리도 들립니다."

"가슴을 엽니다."

계속 말이 이어졌다.

"코를 열고, 목구멍을 엽니다. 이제 마음을 여세요."

"항문도 열고요."

정말로 이렇게 지시했다.

"모든 것을 엽니다."

마음챙김 앱에서 들을 수 있는 부드럽고 달래는 목소리가 아니라 명령을 내리는 공장 감독관처럼 크고 쩌렁쩌렁한 목소리였다. '열라'는 말을 그저 여러 가지 방법으로 반복하는 데 그치지 않았다. 때때로 어조를 부드럽게 바꿔가며 마음속에 일어나는 모든 일을 긴장을 풀고 편안하게 받아들이라고 전했다.

"그 상태로 두세요."

그가 말했다.

"놓아주세요. 그대로 두세요."

라마는 이따금 족첸 전통에서 흔히 '시각'이라 부르는, 근본적으로 다른 방식으로 세상을 바라보는 관점을 제시하기도 했다.

"하늘과 같은 마음의 본성, 그것이 곧 시각입니다."

그가 설명했다.

"알아차림은 알아차림을 알아차립니다."

이 수행법을 가장 완벽하게 요약한 구절이었다.

'알아차림은 알아차림을 알아차린다.'

마음속으로 이 말을 끊임없이 되뇌었다. 순환 논리가 분명한

이 명제를 이성적으로는 도저히 이해할 수 없었다. 하지만 한 단계 내려가서 상황을 단순하게 경험해 보면 꽤 흥미로워진다. 알아차림 자체를 알아차린다는 건 내 마음속 평범한 위치에서 한 걸음 뒤로 물러나는 것과 같다. 그제야 나는 내가 보고 있는 모습을 지켜볼 수 있게 된다. 내가 나를 지켜보는 이런 변화를 겪으며 마음은 잠시나마 광활한 하늘처럼 넓어진다.

이 영광스러운 열린 알아차림 명상이 끝나자 나는 거의 황홀경에 빠져 있었다. 명상실 바로 옆 절벽 끝으로 다시 한번 걸어 갔다. 바람 한 점 없는 화창한 날씨, 섭씨 21도에 습도까지 완벽했다. 경치는 더할 나위 없었다. 나는 벽돌 난간에 기대어 저 멀리 태평양의 푸른 바다를 바라보았다. 기쁨으로 마음이 벅차올랐다.

알아차림이 알아차림을 알아차린다. 얼마나 놀라운 일인가? 내가 이걸 깨달았다니. 기분이 정말 좋다. 난 지금 완전히 열림 상태다. 명상을 소명으로 받았는데 놓쳤었나 봐. 고등학교를 그만둘 걸 그랬나? 히말라야로 갈 걸 그랬나? 잠깐, 아직 기회가 있을지도 몰라. 동굴이나 해변에서 종일 이렇게 앉아 있을 거야. 머리도 밀고. 아니면 머리카락과 수염을 기를 수도 있어. 그럼 지저분하고 볼품없는 요가 수행자가 되겠지. 빨간 승복을 좀 구해봐야지. 아마존에 팔 것 같은데. 내 법명도 짓

자. 사람들은 '보디'나 '롭상'으로 부를 거야. 아니, '라마 네이트'가 더 낫겠다. 그래, '라마 네이트.' 이게 좋다.

❖

셋째 날 아침에는 모든 것이 다르게 느껴졌다. 비가 내리고 있었다. 밖은 어두웠다. 거친 파도와 바람은 어제의 찬란한 경치를 우중충한 검푸른색으로 덧칠했다.

이런 수련을 이미 여러 차례 해봤기에 시작하고 며칠이 지나면 뭔가 변화가 생긴다는 걸 알고 있었다. 해야 할 일도 없고 문자도, 업무도, 이메일도 처리할 필요가 없다는 숭고한 신비감은 점점 희미해졌다. 대화가 사라진 고요함은 곧 숨이 막힐 듯한 답답함으로 변했다. 바쁘고 분주한 일상 속 그림자에 숨어 있던 내면의 악마, 그러니까 두려운 생각과 감정이 꿈틀대기 시작했다. 갑작스러운 마음의 변화가 당황스러웠다.

내 마음속엔 대체 무슨 일이 일어난 걸까? 어제는 명상 천재가 된 것 같았는데. 동굴로 이사 가서 이름까지 바꾸려고 했는데 말이야. 지금은 정말 끔찍한 기분이야. 내가 뭔가 잘못한 게 분명해. 내가 망쳐버린 거야. 뭘 잘못 먹었나? 어젯밤에 먹은 캐서롤(오븐에 넣어서 천천히 익혀 만드는, 찌개나 찜 비슷한 요리-옮긴이)? 그래, 이건가 보다. 아니면 내가 충분히 먹지 않아서일 수도 있어. 간식을 좀 더 먹어야겠다. 아니면 그저 열림 수행에 서툴러서일 수도 있고.

전날 있던 일을 꼼꼼히 분석하면서 마음속에서 무슨 일이 벌어지고 있는지 확인했다. 하지만 끔찍한 기분은 좀처럼 나아지지 않았다. 필사적으로 기분을 바꿔보려 했다. 절벽 꼭대기로 올라가 영화 〈타이타닉〉의 주인공처럼 팔을 벌렸다. 탁 트인 하늘처럼 넓은 마음을 느껴보려 했다.

오전 6시가 조금 넘은 시각. 아침 명상을 위해 내 자리로 돌아갔다. 어제 앉았던 똑같은 의자에 앉아 드넓은 태평양을 바라보고 있었다. 하지만 어제 맛본 열림의 황홀경을 다시금 느껴보려는 나의 노력은 자꾸만 길을 잃었다.

그때, 열림을 향한 이 모험은 점점 더 흥미로워질 준비를 하고 있었다.

이 수행을 '명상'이라고 부르면 중요한 것을 놓치게 된다. 명상과 마음챙김이라는 단어는 이제 우리 일상 전반에서 찾을 수 있다. 식료품점 계산대 위 반짝이는 잡지, 유명인의 인스타그램 게시물, 심지어 기업 회의실과 스포츠 경기 사이드라인에도 명상과 마음챙김이라는 단어가 등장한다.

이건 고작 몇 년 사이에 생긴 변화다. 몇십 년 전까지도 이런 단어는 네팔의 승려나 깊은 산속의 영적 숭배자, 또는 남루한 모습의 히피들이 북을 치며 춤추는 이미지를 연상시켰다. 하지만 이제 명상 수행을 한다고 말하면 오프라나 케이티 페리Katy Perry, 스티브 잡스Steve Jobs와 같은 취급을 받는다. 여러분은 매일 30분간 다리를 꼬고 앉아 눈을 감고 수행하는 명상이 생각을 맑게 하고 집중력을 향상하는 데 가장 좋은 방법임을 알고 있는 사람이 된다.

하지만 대중 사이에서 유행하는 명상에는 문제가 있다. 명상이나 마음챙김 수행이 무엇을 의미하는지 모호하다. 그러면 명상의 본질을 놓치기 쉽다. 이것이 바로 열림 명상과 다른 마음챙김의 차이다. 그 차이를 자세히 설명하려면, 불교와 힌두교, 기독교의 묵상 등 여러 전통에서 유래하고 수천 년간 내려온 다양한 수행법에 관해 복잡한 이야기를 꺼내야만 한다. 따라서 이들 수행법을 집중과 연민, 열린 알아차림이라는 3가지 범주로 구분하려 한다.[1] 이번 장에서는 세 번째 범주에 속하는 열린 알아차림을 집중적으로 살펴보겠다. 집중과 연민에 대한 좀 더 구체적인 내용은 에릭 랭셔Eric Langshur와 내가 공동 집필한 『여기에서 시작하라Start Here』에서 확인할 수 있다.

집중 수행은 마음챙김 앱에서 자주 제공하는 방법이다. 이름에서 알 수 있듯, 이 수행법에서는 여러분의 생각이 과거나 미래에서 방황할 때 그 생각을 하나의 대상으로 가져와 집중한다. 집중의 대상은 초월 명상에서 사용하는 반복되는 문구나 주문일 수 있다. 주변의 소리일 수도, 몸의 감각일 수도 있다. 또 호흡의 감각일 수도 있다.

이 수행이 처음이라면 이런 의문이 들 것이다.

"제정신인 사람이 왜 앉아서 숨이 들어오고 나가는 걸 지켜봐야 할까?"

답을 하자면, 호흡에 집중하는 건 바다 위 배에서 닻을 내리는 행위와도 같다. 호흡에 집중하면 원하는 곳에 머물 수 있다. 마음의 경우, 호흡이라는 닻은 우리를 지금 이 순간, 바로 여기로 돌아오게 한다. 과거와 미래에 대한 쓸데없고 반복적인 생각에 사로잡혀 마음이 표류하지 않도록 방지한다.

집중력을 키울 수도 있다. 명상 관련 칼럼니스트 겸 ABC 뉴스 앵커인 댄 해리스Dan Harris는 명상을 가리켜 "뇌의 이두박근"이라 표현했다.[2] 잡념에 휩쓸리는 자신을 발견할 때마다 집중의 근육을 단련한다는 뜻이다. 그렇게 하면 방해 요소를 차단하고 가장 중요한 것에 몰입하는 능력이 강화된다.[3]

마음챙김의 두 번째 수행법은 자애 수행 또는 연민 수행이라고 불리는 방법이다. 이 수행법은 마음의 한 특성인 자애로움에 집중하는 것이다. 실천 방법은 다양하다. 고전적인 방법으로는 자신이나 가족, 더 나아가 불특정 다수, 혹은 나와 관계가 나쁜 사람을 놓고 여러 소원을 비는 것이다. '건강하길' '안전하길' '고통이 완화되길' 같은 바람이 포함될 수 있다.

자애로움을 기반으로 한 이 수행법도 집중 수행과 마찬가지로 심신의 안녕을 증진하는 데 놀라운 효과가 있다. 실제로 위스콘신대학교 매디슨 캠퍼스 연구팀의 실험 결과, 참가자들은 2주간의 자애 수행만으로 뇌에서 공격성과 불안을 담당하는 편도체의 활성화 정도가 감소하고 이타심이 증가하며, 감정 조절 기능이 향상된 것으로 나타났다.[4]

마지막 세 번째는 족첸과 마하무드라Mahamudra를 포함한 여러 형태의 열린 마음 수행법이다. 이것이 바로 열림 수행법이다. 연구자들은 이를 두고 '열린 알아차림' '비선택적 알아차림' 혹은 '열림 모니터링' 수행법으로 부르기도 한다. 집중 수행이나 자애 수행과 달리 열림 수행은 마음에 집중하거나 지시하지 않는다. 그저 마음의 크기를 확장한다. 새로운 방식으로 알아차림을 인식한다.

신경과학자 아미시 자Amishi Jha는 이와 관련해 유용한 비유를 제공한다.[5] 자에 따르면, 대부분의 마음챙김 수행은 손전등과 같다. 집중 수행과 자애 수행의 목표는 우리의 호흡이나 다른 사람을 위한 소원에 좁은 알아차림의 광선을 비추는 것이다. 이 광선은 좁은 영역에 안정적으로 집중할수록 더 좋다.

반면에 열림 수행은 전체를 넓게 비추는 투광등과 같다. 열림의 상태를 반복함으로써 마음의 조리개를 넓혀간다. 이를 통해 우리는 세상을 파노라마처럼 보게 된다. 열림 수행의 목표는 좁은 알아차림의 광선을 비추는 게 아니다. 알아차림의 빛을 시각과 청각 등 몸의 감각은 물론, 생각에까지 확장해 비추는 것이다. 그러면 역설적으로 이 알아차림의 투광등을 다시 나 자신에게 비추게 된다.

손전등과 투광등. 이것이 다른 형태의 마음챙김 수행과 열림 수행의 핵심적인 차이다.

둘은 경쟁 관계는 아니다. 두 가지 모두 풍성한 삶을 만들어가는 데 도움을 준다. 우리는 단순한 손전등식 수행 그 이상을 원한다. 한 걸음 물러서서 더 큰 그림을 보고 싶어 한다. 마찬가지로 우리는 투광등식 수행 그 이상을 원한다. 중요한 일에 집중해 마음을 좁히길 원한다. 브라운대학교 심리학과 저드슨 브루어Judson Brewer의 최근 연구는 위 세 가지 수행법이 모두 닫힘의 상태로 나아가고자 하는 충동을 억제하도록 돕는다고 밝혔다. 브루어 연구팀은 실험 참가자들에게 MRI 스캐너 안에서 각자의 방식대로 수행을 하도록 지시했고, 다양한 수행 기법이 뇌 전체를 어떤 식으로 활성화시키는지 패턴을 분석했다. 하지만 연구팀은 아무것도 발견할 수 없었다. 이에 대해 브루어는 이렇게 설명했다.

"우리는 명상을 하면 뭔가가 증가한다는 가설을 세우고 연구를 진행했다. 하지만 활동이 증가한 뇌 영역은 찾지 못했다. 놀라우리만치 아무것도 발견할 수 없었다. 이후 우리는 활동이 감소하는 영역이 있는지 확인했다. 그러자 세 가지 수행법 모두 디폴트 모드 네트워크, 즉 휴식을 취할 때 작동하는 뇌 영역의 활동을 감소시키는 것으로 나타났다."

이 같은 결과는 명상의 이점이 뭔가를 활성화하는 데서 생기는 게 아니라는 걸 보여준다. 오히려 뭔가를 비활성화함으로써 많은 이점이 생길 수 있다. 특히 세 가지 수행법 모두 디폴트 모드 네트워크와 그에 상응하는 사고 패턴을 비활성화하는 것으로 나타났다. 이 뇌 영역과 사고 패턴은 우리의 마음을 산란하게 하고, 현재의 순간과 삶에 대해 닫힘 상태를 유지하게 한다.[6]

따라서 위의 세 가지 명상은 모두 닫힘 상태로 일관하는 습관을 끊어내는 데 도움이 된다. 하지만 닫힘 상태를 줄이고 열림 상태를 늘리는 게 목표라면 세 번째 열린 알아차림 명상이 특히 더 효과적이다. 이 수행법의 목표는 명백하다. 지속적으로 열림 상태를 경험하는 것이다. 더 확장된 마음에서 더 편안하게 쉼을 누릴 수 있도록 훈련한다.

앞서 살펴본 것처럼 열린 알아차림의 투광등에 접근하는 방식은 오늘날에 특히 중요하다. 아무리 주의가 산만해지고 정신이 흩어져도 우리는 여전히 업무나 이메일, 기타 일상에 집중한다. 손전등으로 좁은 알아차림의 광선을 비추는 데 상당한 시간을 할애하는 것이다. 투광등처럼 넓은 초점과 열린 시각으로 대상을 바라보는 시간은 이보다 훨씬 적다.

물론 투광등 형식의 수행법에 늘 성공하는 건 아니다. 실패할 때가 많다. 열린 알아차림 수행 중에 반복적인 생각의 고리에 갇혀 있는 자신을 발견하기도 한다. 하지만 괜찮다.

앞으로 살펴보겠지만, 이 수행법은 즉각적이고 급격한 의식의 변화를 유발하는 환각제 보조 요법과는 다르다. 열린 알아차림 명상의 변화는 대개 점진적으로 이루어진다. 마음의 문이 언제 닫히는지 스스로 알아차리며, 그럴 때마다 문을 살짝 열어 마음을 환기한다. 이후에는 마음이 다시 닫히는 순간도 알아차린다. 이런 과정을 반복하다 보면 어느 순간 닫힘 상태에서 열림 상태로의 전환이 익숙해진다. 그러면 동물병원이나 옷가게, 학부모 모임처럼 평범한 일상에서 닫히는 마음을 멈추고, 열린 마음으로 돌아가는 길을 찾아낼 수 있다.

5일째. 다시 화창한 날이었다. 푸른 바다는 부처님처럼 고요했고, 잔잔한 파도만 해안가에 일렁였다. 하지만 내 마음은 더 이상 바깥 날씨를 좋지 않았다. 여전히 매서운 폭풍우가 몰아치는 중이었다.

혼란스러운 마음을 이기지 못하고 이른 오후의 법문 수업과 명상 수행을 포기했다. 대신 걷기를 선택했다. 언덕 위 명상 센터와 아래쪽 부유한 동네를 연결하는 가파른 길을 따라 걸어 내려갔다. 보안 검색대를 지나 말리부 마을을 통과했다. 퍼시픽 코스트 하이웨이를 무단으로 가로질러 횡단하며 마주 오는 차들을 이리저리 피했다. 그렇게 바다와 평행한 작은 도로를 따라 1.5킬로미터가량 계속 걸었다.

얼마 뒤 나는 구불구불한 언덕길을 올라가 페퍼다인대학교 바로 아래, 바다가 내려다보이는 곳에 도착했다. 그곳에서 4년 동안 교수로 재직했기 때문에 아주 익숙한 장소였다. 내 삶과 세상이 거꾸로 뒤집힌 것처럼 느껴질 때면 종종 그곳을 찾아 상념에 잠기곤 했다. 익숙한 경치를 감상하며 이내 열림 명상을 시작했다.

마음을 열고, 눈을 열고, 귀를 연다. 알아차림이 알아차림을 알아차리는 순간이다.

그러다 불쑥, 내 마음이 끼어들었다.

참을 수 없어. 뭔가 내 목을 짓누르고 있어. 맙소사. 너무 아파. 누가 내 목에 못을 박는 것만 같아. 뭔가 단단히 잘못됐어. 신경이 눌렸나 봐. 귀가 계속 울려. 이곳에 오기 전보다 더 심해졌어. 이 빌어먹을 이명.

난 수행을 이어가고자 노력했다.

열림과 마주하자⋯. 모든 것을 있는 그대로 받아들이자⋯.

하지만 모든 것이 무너지기 시작했다. 이번 수행은 정말 최악 같았다.

이젠 뭘 할까? 고속도로를 따라 내려가 보자. 거기 바가 하나 있지. 우버 타고 오는 길에 봤어. 치즈버거를 하나 사야지. 감자튀김도. 감자튀김을 하나 추가해야겠어. 아니, 고구마튀김이 낫겠군. 맥주도. 술? 데킬라? 아주 좋지. 거긴 사람들이 있을 거야. 다시 대화할 수 있어. 난 누구와도 말할 수 있어. 정말이야. 이번 주 있었던 일에 관해 이야기해야지. 조용한 명상, 말하지 않는 것. 다들 충격받을 거야. 그러면서 이렇게 말하겠지. "정말이야? 무슨 생각으로 그랬어?" 오, 햄버거에 감자튀김, 고구마튀김, 그리고 대화까지. 환상적인 조합이군.

이리저리 날아다니는 내 생각과 달리 나는 여전히 그곳에 앉아 있었다. 바다 가장자리에 그대로 앉아 명상하고 있었다. 아니, 그러려고 노력 중이었다.

내 머릿속의 광기를 한 시간 넘게 지켜본 후 다시 명상원으로 돌아갈 때, 나는 내 마음이 원하는 걸 들어주지 않았다. 고속도로 갓길에서 술집으로 가려면 약 1킬로미터를 더 걸어야 했지만, 그 길을 선택하지 않았다. 햄버거를 주문하지도, 데킬라를 마시지도 않았다. 그 누구에게도 말을 걸지 않았다.

고속도로에서의 명상을 통해 드러난 내 모습에 적잖은 충격을 받았다. 나는 내 인생 전체를, 아니 이 땅에서 내 존재 자체를 좋은 기분에 도달시키려는 목표로 이끌어왔음을 깨달았다. 이 목표를 이루기 위해 설계된 일상 속 과제는 다음과 같았다. 매일 명상, 매일 운동, 글루텐 없는 식품 섭취, 유제품 및 탄수화물 제한, 영양제 및 차 복용, 스마트폰 확인(수시로), 가벼운 오락 콘텐츠 스트리밍, 일찍 자고 일찍 일어나기, 이메일 신속 답장, 빠른 사고와 더 나은 삶을 위한 책, 가능한 한 모든 방법으로 삶을 최적화하는 방법에 관한 책 읽기.

그러면서 나는 이 열림 명상 또한 기분을 좋게 하는 또 다른 방법으로 선택했음을 깨달았다. 명상원에 온 둘째 날에 절벽 꼭대기에서 느꼈던 그 황홀경의 순간으로 돌아가려고 계속 노력했던 이유도 그래서였다. 마음을 연다는 건 머리끝부터 발끝까지 황홀한 기쁨을 느끼는 것이라는 믿음을 떨칠 수가 없었다. 또는 내가 매우 안전한 울타리에 있음을 체험하는 것일 수도 있다. 혹은 자유롭고 편안한 신의 손바닥 안에서 삶의 나머지 모든 문제가 녹아 없어지는 듯한 안락함을 느끼는 것일지도 모른다.

환각에 시달릴 때와 마찬가지로 난 이것이 환상임을 알고 있었다. 행복의 나라라는 마음속 공간은 존재하지 않았다. 하지만 나는 이 행복의 신기루에 끊임없이 유혹을 받았다. 마음을 열어 저편에서 나를 기다리고 있는 기쁨을 찾고자 끊임없이 시도했다. 마음이 불편할 때도 열림을 통해 다시 좋은 기분으로 돌아가고자 노력했다. 목이 아플 때 역시 마음을 열어 통증이 사라지도록 애썼다. 왼쪽 귀의 만성적인 울림에도 마음을 열어 그것이 더 이상 나를 괴롭히지 않도록 노력했다. 또 소용돌이치는 마음속 불안에도 마음을 열어 다시 평온함을 찾고자 노력했다. 나는 이 수행을 내 삶을 받아들이기 위해서가 아니라 내 삶을 조종하기 위해, 나의 기분을 좋게 유지하기 위해 교묘히 사용하고 있었다.

해안선을 따라 제법 긴 시간의 산책을 마치고 돌아온 후 명상원의 수도사 방에 있는 딱딱한 침대에 혼자 누웠다. 그때 내 안에서 뭔가가 탁 깨졌다. 눈물이 뺨을 타고 베갯잇 위로 흘러내렸다. 마침내 놓아주었다. 좋은 기분을 유지하며 최적화된 삶을 살고자 매일 같이 반복했던 일상을 잠시나마 포기했다. 일주일 내내 온종일 노력하느라 지친 모습을 조금은 내려놓을 수 있게 된 것이다. 아무것도 통제할 수 없는 상태에서 완전히 혼자가 되었을 때 어떤 느낌이 드는지 바로 알 수 있었다. 어떠한 보호막도 없이 내동댕이쳐진 느낌. 무서웠다.

하지만 한편으로는 일종의 카타르시스를 느낀 것 같았다. 고여 있던 감정의 응어리가 하나씩 분출되는 것 같기도 했다. 바로 그때, 내가 성숙한 인간이라는 쇼를 더 이상 안 해도 된다면 어떨지 상상해 봤다. 완전히 엉망진창이고, 수준 이하의 명상가이며, 전혀 특별한 것 없는 삶을 사는 사람임을 인정하는 게 어떤 느낌인지 알 수 있었다. 그 모든 평범함을 기꺼이 받아들일 때의 느낌은 일종의 해방감과도 같았다.

그리고 그때, 다시 한번 깨달았다. 바로 이것이 열림이구나. 열림은 기분이 좋아지는 과정이 아니다. 달라이 라마를 따라 하는 명상도 아니다. 내 마음이 푸른 하늘처럼 광활하게 느껴지는 순간을 좇는 것도 아니다. 저 천상에 있는 행복의 나라로 올라가는 것도 아니다.

불안. 공황. 걱정. 외로움. 의사로부터 받은 진단. 광기 직전에 있다는 느낌. 가족의 노화와 죽음을 지켜보는 데서 오는 공포. 다른 사람의 성공을 바라보며 느끼는 부러움. 뉴스에서 전해지는 절망감. 그리고 나 자신이 충분치 않다는 느낌. 열림은 이 모든 것에 마음을 여는 과정이다. 이 모든 것을 온전히 누릴 수 있는 공간을 만드는 과정이다. 모든 것이 열림의 대상이 될 수 있다.

❖

점진적 수행을 어떻게 해야 좀 더 열린 마음으로 나아갈 수 있을까?

이 질문의 답을 찾기 위해 족첸 수행의 대가 아남 툽텐Anam Thubten을 만났다. 반짝반짝 윤이 나는 민머리의 툽텐은 무척 편안한 얼굴이었다. 줌 화면으로 마주하고 있었지만, 미소 띤 모습에서 느껴지는 편안함은 오롯이 전해졌다.

툽텐의 마음가짐은 그가 살아온 배경을 고려할 때 퍽 인상적이었다. 분쟁이 끊이지 않는 티베트에서 나고 자란 그는 열 살의 나이에 불교 명상을 정식으로 수련하기 시작했다. 그러다 1990년대 초 난민이 되어 고국을 떠나 미국 베이 지역으로 이주한 뒤 다르마타 재단을 설립했다. 그 후로는 줄곧 명상을 가르치며 살았다.

대화를 시작한 지 3분 만에 그는 열림 명상에서 발생하는 다양한 역설을 죽 설명하기 시작했다.

역설1. 열린 마음 상태는 평범하면서도 초월적이다.

"어떤 의미에서 이것은 모든 수행자가 경험하길 바라는 궁극적이고 가장 높은 의식 상태다. 하지만 다른 관점에서 보면 이미 우리와 매우 가까이 있다. 바로 우리 곁에 존재한다."

역설2. 열린 마음 상태는 바로 우리 앞에 있지만, 우리는 대부분 그것을 볼 수 없다.

"완전히 자유로운 마음 상태는 항상 바로 앞에 있다. 하지만 우리의 두꺼운 정신에 가려져 있어 우리가 보지 못할 뿐이다."

역설3. 찾으려고 애쓰지 않으면 놓치게 된다. 그렇지만 찾으려고 너무 애써도 놓치게 된다.

"열린 마음 상태에 도달하는 방법은 그곳에 도달하고자 노력하는 게 아니다. 그곳에 나 자신을 두는 것이다. 그곳으로 올라가려는 생각과 그곳에 두도록 허용하는 생각은 크게 다르다. 올라가려고 애를 쓸 때는 오히려 그곳에 도달할 수 없다. 이것이 이원적이지도 개념적이지도 않은 족첸의 핵심 사상이다. 하지만 떨어지고, 내려가고, 나 자신을 그곳에 두도록 허용하는 방법을 안다면 늘 그곳에 머물 수 있다. 이를 경험하는 일도 그리 어렵지 않다."

역설4. 열린 마음 상태는 개념 너머에 있지만, 그곳에 도달하려면 개념 체계가 필요하다.

"족첸 같은 전통적 수행 없이도 마음의 본질적 상태로 들어갈 수 있다. 하지만 그런 수행 체계는 마음의 본질에 훨씬 더 빨리 도달하도록 안내한다."

그렇다면 이 열림 상태에 나 자신을 '두려면' 어떤 훈련을 거쳐야 할까?

두 가지 경로가 있다. 첫째는 족첸이나 마하무드라, 또는 이른바 '마음의 본성'에 관한 가르침에 완전히 몰입하는 길이다. 이를 위해서는 스승을 찾아 그가 가르치는 진리를 공부하고, 사랑과 연민이라는 기본적인 윤리적 계율을 따르는 데 삶 전체를 바쳐야 한다.

이 같은 전통을 따라 평생 수련해 온 수행자들을 인터뷰했다. 그들은 모두 포괄적인 접근의 힘을 강조했다. 그러면서 열린 마음의 본질을 깨닫는 데서 지름길을 찾으려는 시도는 위험하다고 지적했다. 욘게이 재단Yongey Foundation의 회장 겸 스팀보트 불교센터Steamboat Buddhist Center의 설립자 팀 옴스테드Tim Olmstead는 다음과 같이 설명했다.

"열림 수행을 위해서는 윤리적 행동에 대한 토대 그리고 사랑과 연민이 필요하다. 무엇보다 수행을 그저 나만의 멋진 경험이 아니라 더 넓은 차원에서 바라보는 눈이 필요하다. 이런 요소가 갖춰지지 않아도 멋진 경험을 할 수는 있겠지만 그리 오래 지속되진 못할 것이다."

이처럼 포괄적인 접근법에 대해서는 할 말이 매우 많다. 그러나 모든 사람이 이처럼 넓은 접근법에 쏟아부을 시간과 에너지, 재정적 자원이 충분하지는 않다. 따라서 첫 번째 방법처럼 종교나 이름, 삶에 급격한 변화를 주지 않으면서도 열림 수행을 맛볼 수 있는 두 번째 길을 모색해 보자.

나는 이를 열림 명상으로 부르겠다. 분명히 언급하지만, 이 수행법은 족첸 수행이 아니다. 족첸에서 영감을 얻은 수행법일 뿐이다. 나는 깨달음을 얻은 라마가 아니므로 전통적인 족첸 수행자로 볼 수 없다. 따라서 영적 지도자가 제자에게 마음의 본질을 알려주는 족첸의 '지적' 가르침도 제공할 수 없다. 또 내가 소개하는 열림 명상에는 수천 년에 걸쳐 내려오는 불교 철학과 그 의식의 전체적인 맥락이 포함돼 있지 않다. 이 모든 것을 경험하려면 완전한 몰입의 길을 택해야 한다.

대신 열림 명상은 일상적인 수행, 즉 순간순간 마음의 크기를 확장하는 습관을 만드는 데 관심 있는 사람이 비교적 쉽게 접근할 수 있는 수행법이다.

몇 가지 지침만 기억하면 될 정도로 방법은 매우 간단하다.

- 앉거나 선다. 혹은 눕는다.
- 호흡의 감각에 주의를 기울인다.
- 알아차림을 통해 의식을 확장한다.
- 긴장을 풀고 모든 것을 있는 그대로 허용한다.

이것이 바로 열림 명상의 본질이다. 닫힘의 순간을 줄이고, 열림의 순간을 늘리는 훈련을 하는 데 필요한 모든 것이다.

뭐가 더 필요하겠는가?

모든 형태의 마음챙김 수행과 마찬가지로 이런 명상은 존 카 밧진Jon Kabat-Zinn이 남긴 유명한 말처럼 간단하지만, 쉽진 않다.[7] 열림 명상을 실제로 시작하려면 대다수의 사람에게는 좀 더 많은 지침이 필요하다.

열림 명상을 위한 한 가지 방법은 직접 수행을 하는 것이다. 이 접근법은 글로 된 지침의 복잡함을 없애고 열림의 본질, 즉 좀 더 확장된 마음을 경험하도록 바로 안내한다. 내 웹사이트 (NateKlemp.com)에서 무료로 제공되는 열림 명상 오디오 가이드를 사용해 보길 바란다.

이 수행을 시작하기에 앞서 열림 명상의 세 가지 주요 단계에 대한 기본 지식이 어느 정도 있으면 좋다. 그러면 오디오 가이드 없이도 혼자서 수행할 수 있으며, 이는 일상에서 열림의 경험을 더 자주 하는 데 도움이 된다(이 부분은 다음 장에서 자세히 설명하겠다).

1단계
: 마음 안정시키기

마음을 안정시키는 행동에서부터 시작한다. 왜 그럴까? 모멘텀 때문이다. 우리는 온종일 너무 바쁘게 움직이고 수많은 방해물을 마주치므로 본격적으로 마음을 열기 전에 진정시키는 작업이 필요하다.

이는 스노 글로브(유리 안 장식에 투명한 액체를 넣어 흔들면 눈이 내리는 것처럼 보이게 하는 구 형태의 소품—옮긴이)를 지켜보는 과정과 비슷하다. 우리의 마음을 지구본이라 생각해 보자. 혹은 우리의 삶을 산업용 페인트 혼합기라고 가정해 보자. 1단계에서는 스노 글로브 속에서 소용돌이치는 우리의 생각이 안정되도록 집중 수행을 진행한다.

어떻게 하면 될까? 먼저 천천히 숨을 센다. 명상이 처음이라면 지루할 수 있다. 또 명상을 이미 해본 사람이라면 진부하다고 느낄 수 있다. 하지만 마음챙김의 대가 틱낫한Thich Nhat Hanh 스님의 말처럼, 이 호흡을 세는 연습은 마음챙김을 호흡에 연결하는 끈이다.[8]

그 방법은 다음과 같다.

- **척추를 곧게 펴고 앉는다.** 서서, 혹은 걷거나 누워서 명상

하는 방법이 궁금하다면 열린 마음 실천 가이드의 '열림 명상의 수행을 위한 도구'를 살펴보자.

- 눈을 뜬다. 주의! 이것은 열림 명상과 다른 명상의 차이점 중 하나다.

- 호흡을 10까지 센다. 첫 번째 숨을 들이마실 때 '하나.' 내쉴 때도 '하나.' 다음 숨을 들이마실 때 '둘.' 내쉴 때 '둘.' 이런 식으로 10이 될 때까지 마음속으로 숫자를 센다.[9]

- 도중에 숫자를 잊으면 처음부터 다시 시작한다. 나는 이 연습이 집중력을 평가하는 리트머스 시험지라고 생각한다. 열 번의 호흡을 세지 못했는데 중간에 숫자를 잊었다면, 아직 마음이 열릴 만큼 안정되지 않은 것이다. 그렇다고 해도 문제 될 건 없으니 낙담하지 말자. 다시 '하나'로 돌아가 숨을 들이쉬고 내쉬며, 열까지 셀 수 있을 만큼 정신을 안정적으로 유지할 수 있는지 지켜보자.

호흡을 10까지 세고 나면, 호흡 자체에 주의를 집중한다. 방법은 다음과 같다.

- 호흡의 감각에 집중한다. 숨을 들이쉬고 내쉬면서 몸을 빠르게 스캔한다. 호흡의 감각이 가장 생생하게 느껴지는 곳에 주목하자. 코끝, 가슴, 복부 등이 대표적이다. 호흡의 감

각이 두드러지는 부위에 집중한다. 숨을 들이쉬고 내쉬며 이들 감각을 관찰한다.

- 호흡을 조절하려는 노력을 중단한다.
- 마음이 산란해지는 순간에 주목한다. 호흡의 감각에서 주의가 멀어지는 건 어쩔 수 없다. 이는 문제 되지 않는다. 단지 그 순간을 알아차린 다음에 다시 호흡에 주의를 집중해 본다. 몇 분 후, 마음의 스노 글로브에서 어떤 일이 일어나는지 주목한다. 눈발이 여전히 소용돌이치며 사방으로 퍼져 나간다면, 호흡의 감각을 따라가거나 다시 호흡을 세어 보자. 하지만 스노 글로브가 안정되는 느낌이라면 마음을 열 준비가 된 것이다.

2단계
: 마음 확장하기

2단계는 알아차림을 넓은 범위로 확장하는 과정이다. 숫자를 세거나 호흡 감각에 집중하는 이전까지의 연습은 소위 손전등 마음 훈련이다. 이제는 투광등으로 마음을 탐구할 차례다. 좁은 광선이 사방으로 확장될 때 마음에서는 어떤 일이 일어나는지 살펴보자. 방법은 다음과 같다.

- **알아차리는 범위를 넓힌다.** 호흡에서 시작해 머리, 목, 몸통, 발끝, 점점 더 먼 몸의 기관을 감각하며 조금씩 알아차림의 범위를 확장하자.
- **시야를 확장한다.** 이제 알아차림이 몸 밖으로 나가도록 하자. 알아차림의 경계를 부드럽게 이완해 눈앞의 모든 것, 주변 시야 속 모든 것을 포함하자. 파노라마식 알아차림으로 주변 세상을 바라보자.
- **소리에 대한 인식을 확장한다.** 귀를 열어 자신의 숨소리부터 멀리서 들려오는 자동차 소리, 창밖 빗소리, 길거리 공사장에서 들려오는 못 박는 소리까지 모든 소리를 수용하자.

알아차림의 영역을 넓히다 보면 마음속에 좀 더 많은 공간이 생겼음을 느낄 수 있다. 그런가 하면 깜빡 잊고 보내지 않은 문자, 어깨의 긴장감, 오늘 아침에 하지 않은 일 등 잡다한 생각으로 마음이 정신없이 흘러갈 수도 있다. 괜찮다. 그저 넓게 열린 알아차림의 공간에 산만한 생각을 허용할 수 있는지 살펴보자. 그런 생각을 방해물로 여기지 말고, 그 생각 자체를 알아차리자.

마음을 확장하는 이 과정은 매우 강력하다. 가장 좋은 점은 굳이 조용한 곳에서 명상하지 않아도 경험할 수 있다는 것이다. 파노라마식 알아차림이 가능한 장소와 30초의 시간만 있으면 된다. 내가 할 일은 나의 인식이 닿는 범위가 호흡에서 점점 더 바깥쪽으로 확장되도록 부드럽게 허용하는 것뿐이다. 그러니 손전등식 알아차림에서 투광등식 알아차림으로 전환하는 느낌을 직접 경험해 보자.

3단계
: 내려놓기

마음을 확장하면 세상을 보는 방식이 달라질 수 있다. 하지만 여기에는 분명 노력이 필요하다. 어느 정도 애를 써야 한다. 열림 명상의 마지막 단계는 바로 이런 노력을 내려놓는 것이다. 내려놓음으로써 넓게 열린 시야 속 삶을 그저 받아들인다. 동시에 마음에서 떠오르는 모든 생각을 제거하거나 바꾸려는 노력을 하지 않고, 있는 그대로 내버려둔다.

이것이 바로 3단계의 역설이다. 모든 기술을 내려놓자. 알아차림의 영역을 확장하려는 모든 노력을 거두자. 훌륭한 명상가가 되고 싶다는 욕망을 버리자. 우리의 유일한 목표는 그저 앉아서 사물을 있는 그대로 바라보는 것이다.

3단계는 일종의 짧은 마음 휴가다. 할 일도, 갈 곳도, 문자를 보낼 사람도 없다. 그저 앉아 숨을 쉬고 알아차림 속에 머물며, 안팎의 모든 삶이 왔다가 사라지도록 내버려둔다.

왜 귀중한 시간과 에너지를 열림 명상에 써야 할까? 이 수행은 우리가 수시로 열림의 상태가 될 수 있도록 그 바탕이 되어주기 때문이다. 열림 명상을 통해 마음을 확장하기 위한 씨앗을 심으면, 그 씨앗은 우리가 일과를 보내는 중에 열림의 순간을 자발적으로 꽃피운다.

이 연습을 더 깊이 하고 싶다면, 평생 지속할 수 있는 충분한 가르침과 책, 기술이 있다는 사실을 알아두자. 이런 추가적인 기술과 전략 중 일부가 열린 마음 실천 가이드의 '열림 명상의 수행을 위한 도구'에 포함돼 있다. 또한 심화 과정을 위한 책과 자료도 수록해 두었으니 참고하자.

알아차림 자체를 알아차린다는 건

내 마음속 평범한 위치에서 한 걸음 뒤로 물러나는 것과 같다.

내가 나를 지켜보는 이런 변화를 겪으며

마음은 잠시나마 광활한 하늘처럼 넓어진다.

9장

거리에서의
열림

가장 산만한 곳에서
가장 고요한 상태로

3월의 어느 수요일, 주차장의 바깥쪽 가장자리에 차를 주차하고 나서 넓게 펼쳐진 아스팔트 길을 따라 정문으로 향했다. 쇼핑객들이 내 옆을 지나갔다. 그들의 손에는 쇼핑 목록이, 팔 아래엔 재사용 가능한 쇼핑백이 들려 있었다. 목적의식도, 앞으로 해야 할 일도 분명한 듯한 그들의 모습과 나의 모습이 사뭇 대조적이었다. 그들도 그 차이를 눈치챘는지, 그들의 눈에는 내가 그저 정처 없이 걷는 슬픈 사람처럼 보이는지 문득 궁금해졌다.

우리의 걸음은 빨간색과 파란색이 섞인 거대한 간판 아래에 있는 입구에서 멈췄다. '코스트코.'

다른 사람들이 카트를 끌고 서둘러 매장 안으로 들어가는 동안 나는 한 걸음 물러나 유유자적 걸었다. 멤버십 카드를 보여준 뒤 매장 문턱을 지나 잠시 걸음을 멈췄다. 이윽고 하얀 벽으로 둘러싸인 이 널찍한 무대를 경외심에 가득 찬 눈빛으로 바라보았다. 내 오른쪽에는 대형 평면 TV가 깜빡이고 있었다. 왼쪽에는 겹겹이 쌓아 올린 제품이 길게 펼쳐진 울타리를 따라 늘어서 있었다. 이 울타리는 들어오는 사람들과 나가는 사람들을 분리하는 역할을 했다. 코스트코는 정말 거대했다. 느리고 할 일 없는, 파노라마식 관점에서 보면 마법 같기도 했다.

나는 왜 카트를 끌지 않았을까? 왜 시간을 내어 이곳에 왔을까? 왜 코스트코였을까?

나는 다른 방식으로 열림 명상을 경험하고자 했다. 아늑한 수련원이나 평화로운 안식처, 자연의 아름다움에서 벗어나 바쁘고 산만하고 혼란한 세상 한가운데서 열림 수행을 해볼 참이었다.[1]

명상의 장소라고 하면 대개 목가적인 휴양지를 떠올리기 마련이다. 명상을 분주한 세상에서 도피하는 행위쯤으로 여기기 때문이다. 개울가의 산책로 어귀나 아무도 없는 조용한 방으로 들어가 앱을 열고 헤드폰을 착용한다. 이런 식으로 일상의 분주함에서 벗어나고자 한다.

수행은 분명 효과를 낸다. 점점 더 정신없이 돌아가는 세상에서는 이따금 이런 시간이 필요하다. 하지만 이처럼 세상에서 벗어나는 시도에 한 가지 의문이 생긴다. 왜 우리는 명상을 할 때 늘 세상에서 벗어나려고 하는 것일까? 우리의 궁극적인 목표는 안락한 방에서 벗어나 삶의 깊숙한 영역까지 들어가는 것 아니었나? 안락한 방석에만 앉아 있다면 오히려 삶에 마음을 닫는 것 아닐까?

오늘날 마음챙김의 대가들이 이 질문에 제시하는 답에 나는 만족할 수 없었다. 15년 넘게 수행해 온 나는 그렇게 '거리 열림'을 시작하게 됐다. 길거리에서, 삶 곳곳에서 마음을 열고 명상을 하는 이 기괴한 실험을 지난 몇 년간 수없이 반복했다.

덴버에서 로스앤젤레스로 가는 비행기에서 내 모든 호흡을 세어봤다. 사람이 북적이는 백화점, 공항, 병원 진료실, 치과 의자, 지하철, 기차, 우버, 그리고 길모퉁이 한쪽에서 명상을 시도했다. 장장 세 시간에 걸친 치과 수술에서 진통제 대신 명상으로 고통을 다스려보기도 했다(이 내용은 11장에서 다시 설명하겠다). 지나가는 사람들은 멈춰 서서 나를 쳐다보며 "지금 뭐 하는 거죠?"라고 물었고 가끔은 "당신 때문에 깜짝 놀랐잖아!" 하며 화를 내기도 했다.

어떻게 하면 분주하고, 산만하고, 짜증나는 일상의 환경을 열림의 기회로 바꿀 수 있을까? 적어도 나에겐 지루하고, 성가시며, 단조롭기 그지없는 장소인 코스트코에서 그 방법을 찾아보고자 했다.

나는 야외용 가구 매장의 '4피스 딥 시트 소파'에 40분간 앉아 있었다. 몇 분간 호흡에 주의를 기울이고 안정된 상태를 유지했다. 어느 순간 매장을 가득 채운 소음이 마치 여러 악기가 화음을 이루는 오케스트라 연주곡처럼 들렸다. 쇼핑 카트가 지나갈 때마다 울리는 바퀴의 진동, 근처 전자제품 매장의 TV에서 흘러나오는 앵커의 목소리, 어떤 치즈를 살지 옥신각신하는 커플의 말다툼(그들에겐 내가 진열된 가구 따위로 보였는지 내 바로 옆을 지나가면서도 말을 부드럽게 하려는 노력을 전혀 하지 않았다), 매장 앞 계산대에서 5초마다 날카롭게 '삐' 소리를 내는 스캐너 소리까지. 때로는 귀가 따가웠다. 하지만 그 소리들이 왔다가 사라지는 것을 지켜보려고 했다.

물론 창피하기도 했다. 내 안에 집중하는 수행이지만 주변의 시선을 완전히 무시할 수는 없었다. 공공장소에서 하는 수행은 사회적 규범을 노골적으로 위반하는 행위다. 이런 공간에서는 구부정한 자세로 스마트폰을 보고 있는 건 괜찮지만 척추를 곧게 편 채 눈을 크게 뜨고 장시간 가만히 앉아 있으면 문제가 된다. 스마트폰 없이 그냥 앉아만 있어도 괜찮다. 그때는 30~45초마다 한 번씩 몸을 뒤척이며 자세가 불편하다는 사실을 다소 과장해서 표현하는 게 좋다. 하지만 스마트폰도 없이 가만히 앉아 있으면 현대판 사이코패스로 취급당한다. 그때 나는 한참 동안 이런 생각을 했다.

내가 미치광이처럼 보이겠군. 뒤쪽 어딘가에 경비실이 있을 텐데. 두 경비원이 날 보며 웃고 있겠지? 매장 직원에게 이렇게 말하면서 말이야.

"이봐요, 아웃도어 가구 매장에 어떤 괴짜가 30분째 꼼짝 않고 앉아 있어요. 쫓아내 버리죠?"

그럼 난 골드 스타 멤버십을 잃게 될까? 영업 방해로 경찰서에 끌려갈까?

그때 알게 되었다. 거리 열림의 가장 큰 장애물은 시끄러운 소리, 이상한 냄새, 불편한 좌석이 아니었다. 거리 열림을 하기 위해선 여러 방해 요소를 차단할 게 아니라, 수치심이라는 원초적 감정에 직면해야 했다.

이제부터 소개할 족첸 수행의 대가 밍규르 린포체Mingyur Rinpoche의 여정은 거리 열림의 가장 고무적인 사례 중 하나다.

그는 열림 수행의 마이클 조던으로 불릴 만큼 뛰어난 인물이다. 말하자면 신동이었다. 그의 어머니에 따르면 그는 생후 6개월부터 침대 등받이에 척추를 곧게 펴고 앉아 명상을 시작했다. 열세 살에 처음으로 3년간의 집중 명상 수련을 시작했고, 아버지 툴쿠 우르겐 린포체Tulku Urgyen Rinpoche를 비롯한 족첸의 위대한 스승들에게 배우며 사춘기를 보냈다. 30대 때는 이미 불교계의 스타였다. 세 개의 수도원을 이끌며 100개가 넘는 명상 커뮤니티를 운영했다. 전 세계를 무대로 활동했고, 그가 쓴 마음챙김 관련 책은 베스트셀러에 올랐다.

밍규르의 모든 명상 훈련은 엄격했고 그 범위는 매우 넓었다. 하지만 완전하진 않았다. 그는 넓고 고요한 명상실에서 오랜 시간 지속하는 열림 수행에 통달했다. 하지만 거칠고 길들여지지 않은 거리 열림, 즉 현실 세계의 광기 속에서 열림에 이르는 수행만큼은 예외였다. 30대 중반까지도 그는 단 한 번도 혼자였던 적이 없었다. 혼자서 기차표를 사본 적도, 도심 속 거리를 걸어본 적도, 낯선 곳을 여행한 적도 없었다. 그렇게 세상과 단절된 채 수행자들과 그를 추종하는 무리에 둘러싸여 특권을 누리고 보호받는 삶을 살았다.

밍규르가 거리 열림을 처음 떠올린 최초의 사람은 아니다. 수천 년 전, 모든 속세의 가치를 내려놓고 먹을 것을 구걸하며 붐비는 시장과 광장 한가운데서 명상을 하던 요가 수행자들이야말로 이 명상법의 시초다. 그들은 신성한 삶과 세속적 삶, 수행

세계와 현실 세계를 구분하는 벽을 허물고자 이 수행법을 고안했다.

2011년 어느 여름 저녁, 밍규르는 두 번째 거리 열림을 수행하기 위해 길을 떠났다. 수행 기간은 몇 시간도, 일주일도, 한 달도 아니었다. 무려 4년 반이나 지속됐다. 그렇게 긴 시간 동안 그는 특권을 행사하던 삶을 모두 내려놓고 거리 열림에 정진했다.

여행 첫날 밤, 밍규르는 인도 지아에서 바라나시행 야간열차를 탔다. 평소 같았으면 VIP 대기실에서 기다리다 수행원들과 함께 일등석에 탑승했을 것이다. 하지만 그날은 달랐다. 그는 땀에 흠뻑 젖은 사람들 사이에 둘러싸인 채 홀로 명상을 하며 기다렸다. 바로 그때, 밍규르는 거리 열림에서 피할 수 없는 수치심의 벽에 부딪혔다. 그는 당시를 이렇게 회상했다.

"매트리스가 없는 건 괜찮았어요. 제대로 된 지붕이 없는 것도 신경 쓰지 않았죠. 그저 무척 창피했을 뿐입니다."[2]

기차에 탑승하자 수치심은 두려움으로 바뀌었다. 그는 제일 값싼 표를 끊었기에 실내는 사람들로 꽉 찼다. 옆 사람과 몸이 바짝 붙은 채로 바닥에 앉아 명상할 수밖에 없었던 그는 평생을 반복해 온 훈련임에도 두려움에 압도되었다.

그날 밤, 밍규르는 한 가지 모토를 정했다. 파도를 인정하되 바다와 함께하자는 것. 즉 두려움과 불편함의 파도를 느끼되 드넓게 펼쳐진 알아차림의 바다에 머무는 것이었다.[3] 그는 이렇게 이야기했다.

"기차 엔진의 삐걱거리는 소리, 동물 배설물의 악취, 사람들의 역겨운 땀 냄새가 진동했지만, 모든 것이 그냥 다가오도록 두었죠. 기차 경적을 들으며 소리 명상을 했어요. 냄새 명상도 했고요. 모든 것이 떠오르도록 내버려두고 아무것도 하지 않았어요. 그냥 알아차림 가운데 있도록 두었습니다."[4]

그는 마음을 연 것이었다.

독일 시간으로 토요일 밤 8시가 조금 지난 시간, 미국 시간으로는 낮 12시였다. 4년간의 수행에서 복귀한 밍규르가 온종일 계속된 명상 강의를 마치고 막 돌아온 참이었다. 줌 화면을 열자마자 진홍색 민소매 승복을 입고 있는 밍규르의 모습이 보였다. 그는 가볍게 깍지 낀 손을 무릎에 올린 채 허리를 곧게 펴고 앉아 있었다.

"안녕하세요."

그가 먼저 고개를 숙이며 인사했다.

신비로운 그의 모습에 홀린 듯 인사를 건넸다. 그리고 바로 인터뷰에 들어가는 대신 이렇게 말했다.

"오늘이 제게는 무척 의미 있는 날입니다. 제가 명상을 본격적으로 시작한 2007년, 필라델피아에서 스님의 강연을 봤어요. 그때 받은 영감을 계기로 스님이 쓰신 『삶의 기쁨The Joy of Living』을 읽었고, 그 책을 통해 열림의 의미를 탐구하는 이 길을 걷게 되었습니다."

밍규르는 고개를 끄덕이며 이렇게 답했다.

"감사 인사는 충분히 들은 것 같습니다. 이제 본론으로 들어가시죠."

나는 그가 바라나시행 기차에서 사용한 수행법을 더 자세히 알고 싶었다.

"파도를 인정하되 바다와 함께한다는 게 어떤 의미인지 좀 더 구체적으로 말씀해 주실 수 있나요?"

"그러죠. 제가 어렸을 때 공황 발작을 겪었는데, 그때 아버지가 이렇게 예를 들며 말씀하셨어요. '알아차림의 근본적인 특성은 아는 것, 그리고 명확히 하는 것이다.' 마음을 알고 분명히 하는 것이 바다입니다. 바다에서는 온갖 생각과 감정, 심지어 공황까지 나타나죠. 공황은 파도입니다. 파도의 본질은 바다죠. 따라서 파도가 어디로 가는지는 중요하지 않습니다. 파도는 바다 밖으로 나갈 수 없으니까요."

밍규르에게 이것은 형식적인 이론이 아니었다. 그는 이 이론을 이용해 자신을 괴롭히던 두려움과 공황을 극복했다. 그는 10대 시절 극심한 공황장애를 겪었다. 눈보라, 폭우, 번개 소리, 번잡한 대중교통 등이 그를 어지럽혔고 숨을 쉴 수 없게, 목이 막히게 했다. 밍규르는 이런 극도의 두려움을 치료나 약물이 아닌, 마음의 공간을 넓힘으로써, 더 큰 관점에서 공황을 바라보는 능력을 훈련함으로써 극복했다. 그는 이렇게 설명했다.

"알아차림 속에서 공황은 중단됐어요. 표면적으로는 여전히 공황이 있었지만, 그 밑에는 공황을 인식하고 그것을 억제하는 알아차림이 있었습니다. 불안의 순환을 끊기 위한 중요한 첫 단계는 바로 그 불안을 알아차림과 연결하는 것입니다."[5]

정말 놀랍지 않은가? 정신의 가장 깊은 매듭을 풀기 위해서는 어두운 생각과 고통스러운 감정, 혹은 우리를 닫게 만드는 불편한 감각을 보기만 하면 된다는 것이다. 밍규르는 이를 "알아차림의 바다에 멈춰 있어라"라고 표현했다.

하지만 간단해 보인다고 해서 쉽게 할 수 있는 건 아니다. '알아차림의 바다'에서 불편함과 중압감, 분노, 불안을 중단할 좀 더 쉬운 방법은 없을까? 그때 사용할 수 있는 구체적인 도구는 무엇일까? 이것이 밍규르에게 던진 두 번째 질문이었다. 나는 그가 3년간 침묵 수행하지 않고도, 4년간 세계를 떠도는 명상 수행이 없어도 누구나 실천할 수 있는 방법을 제시해 주었으면 했다.

그가 대답했다.

"아, 있죠. 몸의 감각을 느껴보는 겁니다. 생각과 감정은 항상 몸의 감각과 함께 다가옵니다. 그 감각을 지켜보면 알아차림은 감각과 생각, 감정보다 더 커집니다."

밍규르는 현대 과학자들이 설파하는 메타 인식, 즉 우리가 인식하고 있다는 것을 인식하는 강력한 상태를 언급했다.

"파도를 '본다'고 했죠. 이건 파도에서 한발 벗어났다는 뜻입니다. 느끼고 관찰하는 것만으로도 이미 그 감각과 생각, 감정의 바깥에 있게 되죠. 사라질 필요는 없습니다. 사라져도 괜찮고요. 사라지지 않았다면, 거기서 벗어난 겁니다."

이때 나는 거리 열림에 대한 한 가지 깨달음을 얻었다. 거리 열림은 고요한 상태와 혼돈한 현대 생활 사이의 장벽을 허무는 데에서 그치지 않는다. 그것은 무섭고 더러운 감정의 파도와 넓게 열린 알아차림의 바다를 구분하는 내부 장벽 또한 허물었다.

밍규르의 눈에는 사소한 질투, 뒤처지고 싶지 않은 두려움, 불안, 지루함, 분노 심지어 공황까지도 알아차림의 바다와 비슷하게 보인다. 모두 다른 종류의 파도일 뿐이다. 얽히고설킨 마음의 파도는 따분할 수도 있고, 바람직하지 않을 수도 있다. 하지만 본질적으로 이들은 모두 우리를 둘러싼 더 큰 알아차림의 바닷속 파도일 뿐이다.

이것이 밍규르의 중대한 발견이었다. 4년 반에 걸친 여정에서 그는, 비단 코스타리카의 울창한 열대 해변이나 친구들과의 약속된 저녁 식사에 대한 기대감뿐만 아니라 이 세상 모든 것이 열림 수행의 통로가 될 수 있음을 깨달았다. 병원의 중환자실 병동에서부터 친구의 성공을 보며 느끼는 질투심, 노숙자 쉼터, 불안함, 치과 대기실 의자, 지루함, 동네 월마트, 감옥, 공항, 배척하는 후보의 정치 집회까지. 모든 불편한 상황은 우리가 파도를 본 뒤 바다, 즉 광활한 알아차림의 상태로 돌아가도록 도와준다.

하지만 매달 갚아야 할 대출금과 직장, 자녀에 묶인 삶을 살아가는 우리에게 밍규르의 사례는 다른 세상의 이야기처럼 들리기도 한다. 우리 모두 한밤중에 몰래 집을 빠져나와 몇 년간 거리 열림에 전념하자는 건 수많은 일과 가정을 망치자는 거나 마찬가지다. 요컨대 밍규르의 수행 방식은 너무나 급진적이고 이례적이기 때문에 우리 대부분은 선뜻 따라 할 수 없다.

밍규르와 완전히 똑같이 해야만 거리 열림의 힘을 경험할 수 있는가? 몇 년은 아니더라도 1~2분이나 30분, 몇 시간씩 자주 시간을 내는 편이 나을지도 모른다. 그 정도 시간만으로도 분주하고 성가신, 때로는 두려운 환경을 열림 수행을 위한 성스러운 장소로 충분히 바꿀 수 있다.

이것이 내가 코스트코로 간 이유다. 내 삶과 가족을 뒤로하고 떠날 생각은 없었기 때문이다. 하지만 성스러운 열림의 순간과 동네 코스트코의 일상적인 단조로움 사이의 묘한 충돌을 경험하는 건 여전히 가치 있는 행위라 생각한다.

야외용 가구 매장에서 40분 정도 명상을 하고 나니 목이 뻐근하고 눈이 빡빡해졌다. 다음은 걷기 명상 차례였다. 나는 코스트코 통로에서 '목적 없는 방황'이라는 전통적인 불교 수행을 시작했다. 이 수행은 모든 목표를 버리고 열린 알아차림 상태에서 그저 방황하며 내 마음이 어디로 향하는지 지켜보고자 하는 것이다. 보통은 산이나 아름다운 공원에서 수행했다. 대형 마트에서 하는 건 그날이 처음이었다. 통로를 거닐며 새로운 물건을 마주할 때마다 마음속 욕망이 꿈틀거렸다. 나는 그 욕망을 지켜봤다.

두 통짜리 곰 스프레이 패키지? 사지 않을 이유가 없지. 난 콜로라도에 살고 있으니까. 샤퍼 이미지 파워 퍼커션 심부 조직 마사지기? 작은 드릴처럼 생겼네. 뭉친 목과 어깨의 근육을 푸는 데 딱이겠군. 콜리플라워로 만든 토르티야? 정말이야? 진짜 환상적인걸! 어떤 맛일지 궁금하네.

처음에는 이런 생각을 하는 나 자신이 부끄러웠다. 하지만 다시 알아차림 상태의 수행으로 돌아가고자 노력했다. 가끔 스스로 코칭도 했다.

생각은 문제가 되지 않아. 욕망의 파도를 인정하고, 넓게 펼쳐진 알아차림의 바다로 돌아오기만 하면 돼.

정처 없이 방황하는 동안, 보이지 않는 이상한 힘이 뒤에서 나를 미는 듯했다. 쇼핑하던 때와 달리 그날은 서두르지 않았다. 시간은 정말 많았으니 말이다. 하지만 마음 한구석에는 평소의 속도로 빠르게 복도를 통과하고 싶었다.

한 가지 이유는 습관이었다. 항상 이곳을 빠르게 지나갔으므로 속도를 늦추기가 영 어색했다. 눈치도 봐야 했다. 카트에 식료품을 가득 싣고 걸어오는 사람은 천천히 걷는 나의 뒤통수에 불만스러운 눈빛을 내리꽂았다. 그럴 땐 본능적으로 속도가 빨라졌다.

매장을 한 바퀴 돌아본 후 다시 앉기로 했다. 이번에는 가구에 앉았다. 정형화된 일자형 등받이가 있는 의자 대신 바칼라운저 사이프러스 파워 리클라이너에서 편안하게 휴식을 취했다. 100퍼센트 폴리에스터 소재의 포근한 천에 온몸이 부드럽게 가라앉았다. 그렇게 10분간 환풍기의 굉음 속에서 흰색 천장을 바라보며 황홀해했다.

갑자기 코스트코 직원의 목소리가 번개처럼 들려왔다.

"주무시는 줄 알았어요."

나는 어색하게 웃으며 깨어 있다는 뜻으로 몸을 조금 뒤척였다. 다행히 그는 곧 통로 끝 쪽으로 걸어갔다.

10분 후, 다시 그가 와서 물었다.

"여기서 뭐 하시는 거죠? 아, 당연한 걸 물었네요. 가구 매장

복도에서 부인을 기다리며 쉬고 계신 거죠?"

"네, 그런 셈이죠."

난 똑바로 앉아서 말했다.

"이 의자 정말 마음에 드네요."

제품을 테스트해 보는 평범한 쇼핑객처럼 보이려고 노력했다.

"진짜 편하네. 정말 편해."

"트래저 구입하셨나요?"

그가 물었다.

"트래저요? 아니요. 그게 뭔데요?"

내가 되물었다.

"고기를 훈제해서 굽거나 삶을 수 있는 시중 최고의 목재 그릴이예요. 저랑 함께 가서 확인해 보세요."

명상 수행은 그렇게 끝이 났다. 나는 그의 요청을 수락했고, 코스트코 트래저 그릴 담당자인 드웨인은 나를 통로 끝으로 안내했다. 이후 그는 와이파이가 지원되는 '획기적인' 그릴 시스템이 어떻게 작동하는지 10분간 설명했다.

몇 시간 후, 보청기 매장과 약국 사이에 놓인 의자에 앉아 명상하면서 나는 놀라움과 감사함을 동시에 느꼈다. 흰색 천장과

은색 콘크리트 바닥의 이 거대한 정사각형 창고는 온갖 색채로 반짝였다. 적어도 그때 그 순간만큼은 내가 본 어떤 성지와 견줄 수 없을 정도로 아름다웠다. 대형마트계의 시스티나성당, 혹은 타지마할 같았다.

하지만 코스트코는 그 두 곳과 달리 축구장만 한 공간에 인간의 욕구를 충족시킬 거의 모든 상품과 시설을 갖추고 있다. 음식은 물론 차고 문 개폐기, 생명 보험, 할인 의류, 책, 테라스용 가구, 스마트폰 충전기까지 없는 게 없다. 그 순간 나는 코스트코의 존재에 감사했다. 내가 필요한 모든 것이 파란색과 빨간색 사각 틀 안에 완벽하게 갖춰져 있다는 사실이 놀라웠다.

나는 그곳에 수백 번 가봤다. 하지만 그런 생각은 처음이었다. 마치 하나의 예술 작품을 몇 시간이고 바라보는 느낌이었다. 잠깐 스쳐 지나칠 땐 작품의 일부만 볼 수 있다. 하지만 몇 시간 동안 바라보면 완전히 새롭고 풍부한 세계가 펼쳐진다. 그날, 코스트코는 내게 바로 그런 예술 작품이었다. 정말 웅장했다.

감사한 마음을 가득 안고 매장을 나오며 잠시 걸음을 멈췄다. 마지막으로 한 가지 할 일이 있었다. 충동구매긴 했지만, 생활용품 매장으로 가서 샤퍼 이미지 파워 퍼커션 심부 조직 마사지기를 살 참이었다. 다행히 트래저까진 아니었다.

❖

코스트코에서 거리 열림을 수행하던 그 주에, 나는 지역병원 응급실 대기실에 앉아 거리 열림을 시도했다. 분주하고 따분한 공간(코스트코)뿐 아니라 두려움과 불안을 불러일으키는 공간(응급실)에서도 거리 열림을 수행해 보고 싶었다.

응급실에서의 수행 과정은 코스트코에서의 그것과 근본적으로 달랐다. 그러나 감사와 경외심이라는 비슷한 종착지에 도달했다. 처음에는 정신과 의사 저드슨 브루어Jedson Brewer가 명명한 '사회적 전염' 현상을 경험했다.[6] 이는 우리의 감정 상태가 마음의 경계를 넘어 다른 사람에게 쉽게 퍼진다는 개념이다. 교통사고에서 살아남은 청년, 귀가 찢어진 여성, 극심한 허리 통증으로 잠 못 드는 할머니 등 새로운 환자가 들어올 때마다 내게 불안과 두려움이 엄습했다.

하지만 격렬한 감정과 생각의 고리가 소용돌이치는 와중에도 나는 어떻게든 수행을 계속해 나갔다. "파도를 인정하되 바다에 머물라"라는 밍규르의 조언을 계속 떠올렸다. 몇 시간이 지나자 변화가 생겼다. 두려움과 고통의 파도 속으로 나 자신이 이완돼 가고 있었다. 나는 이 파도가 오래 지속되지 않는다는 밍규르의 가르침을 머리가 아니라 피부로 느낄 수 있었다. 그저 내버려두면 그 모든 감정이 결국 알아차림의 바다로 물러날 터였다.

그 순간 감사의 파도가 밀려왔다. 병원 직원과 간호사, 그리고 의사에 대한 감사부터 위기의 순간에서 도움을 받을 수 있는 곳이 집에서 불과 몇 분 거리에 있다는 사실에 대한 감사까지.

코스트코와 응급실에서의 수행으로 배운 것은 바로 이것이다. 우리는 분주한 일상 속 빠른 속도와 멕시코의 한적한 휴양지나 해변가의 느린 속도를 구분하고 싶어 한다는 것. 하지만 이런 구분은 모두 착각이다. 잠시 멈추고, 속도를 늦추고, 마음을 열면 그곳이 어디든 휴양지가 될 수 있다. 모든 삶은 열림의 기회를 제공한다.

그렇다면 생활 속에서 어떻게 거리 열림을 수행할 수 있을까? 두 가지 방법이 있다.

방법1: 공식적 거리 열림

내가 코스트코와 응급실에서 했던 방법이다. 일상생활에서 따로 시간을 내 앉거나 걸으면서 열림 명상을 할 공간을 마련해야 한다는 점에서 '공식적'이다. 일반적인 명상 수련과 방식은 비슷하지만 가장 큰 차이는 역시 장소다.

공식적인 거리 열림 명상에서는 조용한 공간이나 아름다운 호숫가 벤치, 또는 편안한 자연을 찾아야 한다는 강박을 버려도 된다. 이륙하는 비행기의 굉음 속에서도, 지하철의 악취 속에서도, 밀실 공포증이 밀려오는 꽉 막힌 6차선 고속도로에서도 명상을 할 수 있다. 목표는 전 세계를 하나의 거대한 명상원으로 만드는 것이다.

이 명상법을 최대한 활용하기 위한 몇 가지 전략을 소개한다.

- **열림 명상 수행하기**. 거리 열림을 수행하기 위한 기본 전술은 8장에서 다룬 열림 명상과 크게 다르지 않다. 따라서 같은 도구를 활용하면 된다.

- **걸으면서 수행하기**. 거친 도시 환경에서는 앉아서 명상하는 대신 걸으면서 명상을 할 수 있다. 걷기를 기본 수행법으로 삼아도 좋다. 시작 단계에서는 내가 코스트코에서 실행해 본 '목적 없이 걷기'에 도전해 보는 것을 추천한다. 목적지를 염두에 두지 않고 천천히 걷기만 하면 된다. 그 과정에서 알아차림의 범위가 확장되도록 그대로 두어보자.

- **약식 거리 열림 수행하기**. 꼭 한 번 시도해 보자. 평소 무섭거나 지루하거나 짜증 나는 장소를 떠올려 본다. 그런 다음 그곳을 방문해 최소한 한 시간, 가능하다면 그 이상 머무른다. 앉아서 하는 명상과 걸으면서 하는 명상을 번갈아 해보자. 돌아가기 전, 약식 거리 열림이 평소 여러분이 그곳을 바라보는 방식을 어떻게 변화시키는지 살펴본다.

- **친구와 함께 수행하기**. 거리 열림은 혼자 하는 것도 좋지만 친구와 함께해도 도움이 된다. 친구가 곁에 있으면 나만 미

치광이로 보이는 게 아니기에 부끄러움도 반감된다. 또 수행 경험을 함께 나누고 서로의 통찰과 깨달은 바를 비교할 수 있어 좋다.

방법2: 비공식적 거리 열림

이제 본격적인 수행으로 들어간다. 일부러 시간을 내어 새로운 시각으로 혼돈의 세상을 다시 경험하는 것은 멋진 일이다. 하지만 이것이 거리 열림 수행의 진정한 목표는 아니다. 진정한 목표는 시간이 없을 때, 즉 삶의 혼돈 한가운데서 곧바로 열림을 경험하는 것이다.

그렇다면 언제, 어떻게 할 수 있을까? 비공식적 거리 열림의 장점은 언제 어디서나 가능하다는 것이다. 따로 시간을 낼 필요가 없다. 평소 간과하기 쉬운 매 순간이 열림 수행의 기회임을 기억하기만 하면 된다.

자세히 살피면 곳곳에 숨겨진 기회가 보인다. 대기 줄이 길게 늘어선 온갖 분주한 장소를 떠올려 보자. 마트 계산대, 차량 등록 사업소, 미용실, 병원 진료대, 붐비는 식당, 농산물시장, 꽉 막힌 도로, 공항, 비행기, 치과 진료실, 학교의 차량 진입로, 커피숍 등 수없이 많다. 모두 열림의 기회다. 스마트폰에 정신을 빼앗겨서 보지 못했을 뿐이다.

이제 스마트폰에 빼앗긴 일상의 순간을 거리 열림의 기회로 바꿔보자. 수행 방법은 간단하다. 만원 버스나 혼잡한 매장을 파노라마처럼 인식하는 것이다. 이런 공간을 있는 그대로 받아들이고 그곳의 소리, 냄새, 감각에 집중하자. 산 정상에서 넓게 펼쳐진 풍경을 내려다보듯 일상 속 공간을 바라보자.

명상할 시간을 따로 내기 어렵다면 이 비공식적 거리 열림을 기본 상태로 삼을 수도 있다. 명상을 한다고 해서 매일 방석 위에서 30분간 다리를 꼴 필요는 없다. 주유소, 엘리베이터, 공원, 동네 홈디포Home Depot의 24번 통로 등 어디에서든 마음을 여는 연습을 할 수 있다.

어쩌면 비공식적 수행이 공식적 수행보다 열림의 궁극적 목표에 좀 더 가까이 데려다줄 수도 있다. 우리가 명상하는 이유는 명상을 잘하기 위해서가 아니다. 여러분의 명상 능력에 누가 관심을 두겠는가? 그저 삶이 버겁거나 힘들고 무서울 때마다 그 마음을 닫고 싶은 충동에 저항해 마음을 여는 능력을 키우고자 하는 것이다.

이것이 바로 거친 일상에서 거리 열림을 시도하는 가장 결정적인 이유다. 스타벅스 드라이브스루, 영화관, 타이어 가게, 고속도로 진입로 등 우리가 생활하는 많은 공간이 여러분에게 마음의 문을 닫지 말고 열라는 신호를 끊임없이 보내고 있다. 따라서 우리는 이 성가시고 짜증 나며 지루한 일상의 순간을 마음의 문을 열라는 신호로 인지하기만 하면 된다.

10장

내려놓기

인생의 스승이 죽음 앞에서
가르쳐준 궁극적 열림

여러분은 예수님과 부처님에 대해 들어봤을 것이다. 간디와 마틴 루터 킹도 익숙한 이름일 것이다. 마더 테레사 역시 알고 있을 것이다. 하지만 힐다 맥맨Hilda McMahon에 대해서는 들어보지 못했을 것이다.

나의 할머니 힐다는 책을 낸 적이 없다. 제자도 없었다. 트위터나 인스타그램 팔로워도 없다. 당연히 열광적인 팬들로 가득 찬 강당에서 연설한 적도 없다. 그는 특별한 것 없는, 지극히 평범한 삶을 살았다. 세 자녀를 낳았고, 손자 넷과 증손자 넷을 두었다. 일요일이면 교회에 갔다. 늘 정원을 가꾸고, 딸기 파이를 구웠으며 사과잼을 만들어 이웃에게 나눠주었다.

그럼에도 나는 이 책을 힐다에게 헌정한다. 그는 내게 깊이 있는 삶을 사는 방법에 대해 그 어떤 위대한 거장보다 더 많은 것을 가르쳐주었기 때문이다. 그는 사랑하는 방법과 봉사하는 방법, 그리고 단순하지만 의미 있는 삶을 만드는 방법에 대해 누구보다 깊이 이해한 사람이었다. 힐다에게 이런 방법들은 단순히 흥미로운 주제가 아니었다. 구현해야 할 경험이자 실천해야 할 원칙이었다.

돌아가시기 몇 년 전, 나는 힐다의 가르침 중 일부라도 담아내고자 그와의 대화를 영상으로 남겼다. 10분간 힐다는 감사하는 마음에서부터 현재에 대한 인식, 미니멀리즘을 추구하는 생활 방식, 수용하는 법에 이르기까지 모든 것을 설명해 주었다. 감사에 대한 힐다의 생각은 다음과 같았다.

"난 좋은 점을 찾아. 매일 그렇게 하려고 노력하지. 작은 좋은 점 하나를 찾으면 애쓰지 않아도 점점 커진단다. 하나의 좋은 점이 또 다른 좋은 점으로 이어지거든."

그는 현재를 이렇게 인식했다.

"나는 뒤를 돌아보지 않아. 어제는 잊어버리자는 게 내 철학이지. 지금. 중요한 건 지금이야. 내게 주어진 건 지금이란다. 선하신 주님께서 우리가 현재의 시간을 사용하도록 허락하셨다고 믿어."

미니멀리즘에 대해서는 이렇게 말했다.

"매일 최선을 다하렴. 단순하게 만들어. 선하신 주님은 네가 세상의 모든 문제를 해결하길 원하시지 않아."

끝으로 수용에 대한 인식은 이렇게 설명했다.

"있는 그대로를 사랑하렴. 어떤 상황도 그대로 받아들여 봐. 그게 내가 아는 최선이야, 네이트."

힐다는 평생 동안 나의 영적 스승이었지만 그럼에도 마지막 순간을 위해 가장 강력한 교훈 하나를 남겨두고 있었다.

그가 99세였을 때 삼촌은 힐다의 폐렴이 심각해 계속 입원해 있어야 한다고 했다.

"이게 마지막이 될까 봐 걱정이구나."

삼촌이 말했다.

나는 콜로라도 북부에 있는 병원 복도를 걸어갔다. 3층 담당 간호사가 날 복도 끝으로 안내했다.

영적인 느낌이라곤 전혀 없는 곳이었다. 조명이 너무 강해 눈이 멀 것만 같았다. 시큼한 소독약 냄새가 났다. 복도는 차갑고 싸늘하고 기계적이었다. 마치 공장 같았다. 결함 있는 인간을 생산 가능한 것으로 수리해 세상에 내보내는 그런 공장 말이다.

나는 방으로 들어갔다. 힐다의 얼굴이 밝게 빛났다. 그는 호스피스 침대에 기대 누워 있었다. 헐렁한 환자복이 점점 말라가는 그의 몸을 가렸다. 회색빛 곱슬머리는 길들여지지 않은 야생의 모습을 하고서 사방으로 흩날렸다.

"오, 네이트! 날 보러 왔구나."

"당연히 할머니 뵈러 왔죠. 어떻게 지내세요?"

"내 걱정은 안 해도 돼. 난 괜찮아. 와줘서 정말 고맙구나. 이렇게 멋진 남편이 함께 있으니 감사하지. 우리 집이 있는 것도 감사하고. 마당도, 텃밭도 있는 아름다운 우리 집 말이야."

"할머니, 몸은 괜찮으세요?"

"그럼, 난 괜찮아."

실제로는 아닐 것 같았다. 그럼에도 할머니는 그렇게 말했다.

"네이트, 하나님은 사랑임을 너도 알지? 하나님은 날 사랑해. 너도 사랑하고. 우리 모두를 사랑하지. 하나님은 사랑이야."

난 경외감에 휩싸여 꼼짝할 수 없었다. 힐다는 영혼 없는 병원에 갇혀 있지 않았다. 그는 어딜 가든 그를 따라다니는 신성한 장소인 성전에 살고 있었다.

아내와 난 항상 이런 농담을 주고받았다.

"혹시 안 좋은 일이 생기면 힐다 할머니께 기도해 달라고 하면 돼. 할머니는 하나님과 직통으로 연결돼 계시니 말이야."

내가 늘 습관처럼 그런 말을 할 수 있었던 이유를 분명히 깨닫는 순간이었다. 가장 힘든 순간에도, 죽음의 문턱 앞에서도 그는 집에 있는 듯 편안하고 평화로웠다. 그는 성공과 실패, 기분의 좋고 나쁨, 삶과 죽음 등으로 힘겨워하는 우리보다 훨씬 더 큰 고민 앞에 있었다. 하지만 그는 열림을 경험 중이었다.

2주 후, 한 통의 전화가 걸려왔다.

"할머니 상태가 나빠졌어. 곧 돌아가실 것 같아."

병실에 들어서자 분위기가 이전과 사뭇 달랐다. 할머니는 확실히 기쁘지 않아 보였다. 극심한 고통 속에 있는 할머니 옆으로 바짝 다가갔지만, 그는 끝내 날 알아보지 못했다.

하지만 한 가지는 그대로였다. 힐다는 여전히 신성한 열림의 공간에 머무르고 있었다. 겉으로 보기에는 이전보다 훨씬 더 고통스럽고 괴로워 보였다. 하지만 손을 잡고 눈을 바라보는 동안 힐다는 딱 한 단어만 되풀이했다.

"하나님."
"하나님."
"하나님."
"하나님."
"하나님."

힐다는 그날 무엇을 하고 있었을까? 힐다가 세상을 떠난 후에도 스스로에게 이 질문을 끊임없이 되물었다. 내가 열림에 관한 연구에 평생을 바치게 된 데에는 이 질문이 중요한 계기가 됐다.

지금까지 살펴본 각각의 수행법과 도구, 경험의 도움을 받아 해답의 작은 조각을 발견해 왔다. 하지만 핵심을 찌르는 마지막 수행법이 하나 남아 있다. 그것은 닫힘 상태와 열림 상태 사이의 문턱에 조용히 자리하고 있다. 힐다가 내게 처음 가르쳐 준 것이다. 지금까지의 여정에서 몇 번이고 반복해서 등장한 것이기도 하다. 환각 보조 치료를 받던 강렬한 순간, NRA에서 교육을 받던 날, 더는 못하겠다 싶을 만큼 오랜 시간 명상 수련을 하던 때까지.

나는 그것을 수행이라고 부르지만 실은 수행이 아니다. 원하는 대로 삶을 바꿔보려는 모든 노력이 무너지고, 꼭 움켜쥔 두 주먹을 풀어놓았을 때 유일하게 남는 것. 열림으로 가는 마지막 관문. 바로 내려놓는 것이다.

내려놓는다는 건 무슨 의미일까? 왜 내려놓음이 열림으로 가기 위해 거쳐야 하는 마지막 관문인 걸까?

내려놓기는 페이스북에서 볼 법한 인생의 지침이 아니다. 인생의 여정에 실어야 할 또 하나의 바위도 아니다. 행동해야 할 대상도 아니다.

그보다는 우리의 닫힌 마음이 열린 마음으로 확장되는 과정과 더 비슷하다. 이와 관련된 최고의 비유는 19세기 독일 철학자 게오르크 빌헬름 프리드리히 헤겔Georg Wilhelm Friedrich Hegel에게서 찾을 수 있다. 헤겔은 존재의 상태가 고정된 게 아니라고 생각했다. 존재는 한 상태에서 다른 상태로 끊임없이 변화하는 과정에 있다. 도토리와 도토리나무가 대표적인 예다. 도토리는 커다란 도토리나무가 아니다. 하지만 몇 년 후 우뚝 솟은 도토리나무로 변화할 도토리는 그 역동적인 과정의 일부다. 내려놓기의 과정 역시 이와 비슷하다. 내려놓기는 도토리나무와 마찬가지로 인생의 여러 단계를 거친 후 도착하는 종착지인 셈이다.

여기서 의문이 생긴다. 내려놓기가 도토리나무와 같다면, 도토리는 무엇에 비유할 수 있을까? 내려놓기를 가능케 하는 씨앗은 무엇일까? 그것은 바로 통제하기로, 내려놓기의 정반대 개념이다.

내려놓기의 여정은 우리의 몸과 마음, 타인, 심지어 세상을 지배하려는 끊임없는 시도에서 시작된다. 하지만 삶을 조종하려는 이런 시도는 결국 실패한다. 내 삶과 세상, 심지어 자신의 마음마저 통제하려는 시도가 실패할 때 비로소 내려놓기를 향한 문이 열린다.

이 과정의 4단계를 좀 더 자세히 살펴보자.

통제하기   내려놓기

1단계: 통제

통제는 내려놓기의 첫 뿌리를 내리는 씨앗, 즉 도토리다. 이
때는 통달과 자기 최적화가 최대의 관심사다. 좋은 영양제를 먹
고, 웰빙 관련 인플루언서의 말을 듣고, 올바른 수행을 하면 토
니 로빈스Tony Robbins처럼 삶의 모든 측면을 내 마음에 쏙 들게
바꿀 수 있다는 착각에 사로잡혀 있다.

식스 팩을 가질 수 있고, 수도승의 마음 상태에 도달할 수 있
으며, 180살까지 살 수 있다고 믿는다. 고속도로가 꽉 막혀 늦
을 상황이면 헬리콥터도 탈 수 있다고 생각한다. 이를 위해 우
리는 몸과 마음, 인간관계, 사업, 투자, 일상을 지배하는 기술

등 모든 것의 주인이 되려 한다.

2단계: **통제력 상실**

내가 마치 신이라도 된 양 삶을 통제하려 들면 한 가지 중대한 문제가 생긴다. 그런 시도가 제대로 된 효과를 발휘하지 못한다는 것이다. 영양제를 먹고, 책을 읽으며, 탄수화물을 먹지 않는 원시인처럼 간헐적 단식도 하고, 트위터에서 각종 실용적인 조언을 얻는다. 그러나 여전히 매일 아침 기분이 좋지 않고, 불안하며, 초조하고, 압도당하는 느낌에 사로잡힌다.

삶의 경험을 완벽하게 조율하려는 필사적인 노력에도 아니, 어쩌면 바로 그 노력 때문에 현대인의 가장 소중한 자산인 통제력은 삶을 꽉 움켜쥔 주먹에서 모래처럼 빠져나온다. 이렇게 스스로 통제력을 갖고 있지 않음을 깨닫는다. 우리는 한번도 그것을 가져본 적이 없다. 앞으로도 마찬가지일 것이다.

3단계: **저항과 종결**

인간의 마음은 피할 수 없는 운명을 순순히 받아들이도록 만들어지지 않았다. 저항하도록 만들어졌다. 따라서 가장 중요하다고 생각하는 것, 이를테면 운동으로 다져진 몸, 예리한 정신, 위대한 성취를 하려는 욕망, 좋은 시간을 보내고 싶은 마음 등에 통제력을 잃을수록 우리는 더 격렬히 저항한다.

근육이 긴장한다. 턱에 힘이 들어간다. 아드레날린이 솟구친다. 통제력을 상실하는 불가피함에 맞서 내면의 전쟁을 준비한다. 저항은 다양한 형태로 나타나는데, 어떤 사람은 불안이나 짜증으로 표현한다. 어떤 사람은 약물이나 음식, 심지어 일에 대한 중독으로 표출하기도 한다. 또 다른 사람에게서는 특정 대상을 깊이 있게 파고드는 형태로 나타난다. 그 형태가 어떻든 저항할 땐 하나같이 마음의 문을 닫아버린다. 우리에게 발언권이 없는, 소화하기 힘든 현실은 밀어내 버린다. 지구 반대편에서 벌어지는 전쟁, 순간의 기분, 새벽 3시에 머릿속을 스치는 생각까지. 이 모든 과정이 우리의 승인이나 동의 없이 일어난다.

4단계: 내려놓기, 그리고 열림을 경험하기

이제 커다란 도토리나무가 될 순간이 왔다. 대부분의 사람은 언제까지고 3단계에 머무를 수 있고, 실제로도 그렇게 한다. 계속 저항하며 마음의 문을 닫아두다가 다시 1단계로 돌아가 더더욱 모든 것을 통제하려는 절망적인 악순환에 빠지기도 한다.

하지만 우리는 본능에 반하는 거친 행동을 할 수도 있다. 그랜드캐니언에서 줄타기하는 것만큼이나 불편하고 어렵게 느껴지는 행동이다. 그것은 바로 저항을 그만두고, 놓아주며, 마침내 마음을 여는 것이다.

이 순간, 우리는 4장에서 언급한 열림의 두 번째 변화, 후퇴에서 접근으로의 전환을 경험하게 된다. 이것은 결코 평범하지 않은 접근 방식이다. 하지만 삶을 '구석으로 몰아넣고' '가장 낮은 형태로 축소'하는 방식을 옹호했던 소로의 공격적 접근 방식보다는 훨씬 수월하다. 소로는 삶을 통제함으로써 삶에 접근하는 방식을 지지했다. 하지만 내려놓기는 삶을 허용함으로써 접근해야 실현된다.

군이 내려놓기를 강요할 필요는 없다. 내려놓기는 처음 세 단계가 끝나는 지점에 닿았을 때, 즉 우리가 숙달과 통제에 도달할 수 없음을 인식할 때 비로소 시작된다. 우리는 결코 모든 것을 통제할 수 없다. 세상은 우리의 의지에 굴복하지 않는다. 그래서 내려놓는 것이다.

오랜 시간 애쓰며 살아왔지만 그간의 기술과 관행을 모두 내려놓는다. 꽉 움켜쥔 두 손에서 힘을 뺀다. 지금 있는 그대로의 순간에 나를 맡기고 다른 무언가가 내 삶을 굴리도록 내버려둔다. 그 무언가는 신일 수도 있고, 우주일 수도 있으며, 삶의 흐름일 수도 있다.

엄청나게 새로운 통찰은 아니다. 지난 수천 년 동안 영적 스승들은 열림의 이 마지막 수행에 관해 언급했다. 성경에는 예수의 말이 이렇게 언급돼 있다.

"아버지여 만일 아버지의 뜻이거든 이 잔을 내게서 옮기시옵소서. 그러나 내 원대로 마시옵고 아버지의 원대로 되기를 원하나이다 하시니."[1]

노자는 "통달한 자는 대상을 통제하려 하지 않고 있는 그대로 본다. 그것이 제 갈 길을 가도록 내버려둔다"[2]라고 말했다. 랠프 월도 에머슨 Ralph Waldo Emerson은 이렇게 지적했다.

"삶은 경이로움으로 가득 차 있다. 그리고 그것은 내려놓음으로써 가능하다."[3]

알코올의존자 모임의 회장 빌 윌슨 Bill Wilson은 "우리는 우리의 의지와 삶을 하나님의 돌보심에 맡기기로 했다"[4]라고 고백했다. 끝으로 나의 할머니 힐다는 이런 말을 남겼다.

"네 삶을 하나님께 맡기렴."

열림으로 가는 이 마지막 관문을 몇몇 성인의 말로 다 설명하긴 어렵다. 내려놓기는 경험이다. 내려놓기는 인생이라는 강의 흐름과 속도를 바꾸려고 필사적으로 노력하던 좁은 시야에서 벗어나 좀 더 넓은 시야로 옮겨가는 것이다. 우리의 힘으로 그 강을 통제할 수 없음을 깨달아야 한다. 강이 우리를 올바른 방향으로 이끌고 있음을 믿고 거기에 몸과 마음을 맡겨야 한다.

이것이 힐다 할머니가 내게 마지막으로 남긴 가장 큰 교훈이다. 명상 관련 정식 교육을 받지도 않았고 향정신성 약물을 복용하지도 않았으며 그 어떤 전문가의 조언을 받지도 않았지만, 할머니는 마지막 숨을 거둘 때까지 열림으로 가는 이 마지막 수행을 실천했다. 수십 년 동안 기도와 관용, 봉사, 그리고 감사로 점철된 삶을 살아온 그는 죽음 앞에서도 마음을 내려놓았다. 모든 계획과 노력을 내려놓았다. 그리고 자신보다 훨씬 더 큰 존재가 자신의 삶을 이끌도록 마음을 열었다.

❖

그렇다면 내려놓는 건 좋고, 통제하는 건 나쁜가?

알다시피 삶은 그렇게 단순하지 않다. 영적 대가들이 내려놓음의 미덕을 찬양한다고 해서 통제 전략이 전적으로 나쁜 것은 아니다. 통제하기 위해 노력하다 실패하고 그에 따라 좌절하고 저항하는 경험 역시 내려놓기의 과정으로 볼 수 있지 않은가. 이 모든 집착과 저항이 없다면 내려놓을 것도 없다.

적절한 시기에 적당한 장소에서 발휘하는 통제 전략은 현대 사회에서 살아남는 데 중요한 역할을 한다. 아이들을 제시간에 데려다줘야 한다. 친구와 약속 시간도 지켜야 한다. 사회에서 생산적인 일을 하는 데도, 주택담보대출금을 갚는 데도 통제는 필요하다.

하지만 이 전략이 잘 통하지 않을 때도 있다. 이것이 인간이 처하는 곤경의 본질이다. 이 정신은 받은 편지함의 'New' 표시를 없애거나 엑셀 스프레드시트에 숙달하는 원천이 된다. 이렇듯 삶의 논리적인 영역에서 예리하게 작동하는 통제 정신을 이용해 마음과 감정이라는 신비로운 지형을 탐색해 보기도 한다. 하지만 내면의 영역에서는, 특히 일이 꼬이기 시작할 때는 곧잘 무너져 버리는 것이 이 전략이다.

통제력을 사수하는 게 우리의 목표가 아님을 잊지 말아야 한다. 목표는 변화시키기 어려운 무언가에 저항하는 나 자신을 발견할 때 저항을 그만둘 공간을 만드는 것이다. 이때가 바로 통제하려는 노력에서 내려놓는 노력으로 상태를 전환해야 하는 시기다.

이 마지막 관문인 내려놓기는 열림의 궁극적 신비다. 영적인 모임이나 자기계발 관련 SNS에서 다음과 같은 문구를 수없이 봤을 것이다. '내려놓아라.' '집착을 버려라.' '내려놓는 것이 곧 힘이다.'

이 같은 말의 배경이 되는 경험은 너무 크고 개념적으로 설명하기 어려워서 책에 옮기기가 무섭다. 마치 광활한 바다를 물병에 담으려는 시도와도 같다. 불가능에 가까운 일이다.

내려놓기는 이 책에서 살펴본 다른 도구들과는 근본적으로 다르다. 예를 들어 명상은 내려놓기가 아니다. 명상 중에 더 열린 상태로 내려놓는 경험을 할 수도 있으나 그렇지 않은 경험을 할 수도 있다. 명상이 곧 내려놓기는 아니라는 뜻이다.

내려놓기는 향정신성 화합물이나 정신 치료 기법도 아니다. 환각제 보조 요법은 내려놓기가 아니다. 환각제 보조 요법이 내려놓기로 가는 관문이 될 순 있지만, 반드시 그렇게 되지는 않는다.

내려놓기는 내가 나서서 실천해야 하는 대상도 아니다. 필요할 때만 경험하고자 한다면 내려놓기의 마법을 놓칠 수 있다. 내려놓기를 조종하려는 욕심은 결국 내려놓기의 본질, 즉 통제권을 포기하려는 노력과 정반대로 작동하기 때문이다. 잘못된 내려놓기는 현실을 자신의 계획과 욕망에 맞게 변화시키려 하는 또 하나의 자기 계발수단이나 마찬가지다.

하지만 내려놓으면 그런 일은 일어나지 않는다. 내려놓으면 통제를 위한 싸움이 중단된다. 우리의 계획과 욕망은 전면에서 후면으로 물러난다. 우리는 마음과 감정, 삶, 친구나 가족을 둘러싼 질서에서 벗어나 있는 그대로의 삶을 받아들이는 선물을 받게 된다.

이제 마지막 질문이다. 열림을 위한 이 마지막 관문을 어떻게 경험할 수 있을까? 어떻게 내려놓으면 될까?

지금쯤이면 이해할 것이다. 내려놓기를 통제할 수 없으므로 위와 같은 질문 자체가 의미 없다는 사실을 말이다. 내려놓기는 나를 통해, 어쩌면 나임에도 불구하고 이뤄지는 어떤 것에 가깝다. 여기에는 깊은 역설, 즉 이 책 전체에서 계속해서 등장하는 열림의 역설이 존재한다. 내려놓기는 내가 어찌할 수 있는 일이 아니다.

하지만 내려놓기를 더 자주 경험하도록 기반을 만드는 노력은 분명히 할 수 있다. 다음에 기술들이 내려놓기로 가는 직접적인 경로는 아니다. 마음을 닫고 싶은 일상적인 충동을 완화하고, 내려놓기가 자연스레 이뤄질 수 있도록 충분한 공간을 확보하는 간접적인 조치다.

마음을 여는 연습하기

환각제 보조 요법, 적에게 마음 열기, 열림 명상, 거리 열림 등 이 책에 소개된 모든 수행법은 우리가 삶 속에서 내려놓는 경험을 더 많이하는 데 도움이 될 수 있다. 한편으로 이러한 수행은 내려놓기 위한 내면의 근육을 단련한다. 이를 통해 메타인식, 접근하는 태도, 마음을 확장하는 기술 등 열림 상태의 전제가 되는 기술들 또한 함께 훈련할 수 있다.

그러나 한편으로 이런 수행으로 인해 통제 전략이나 닫힘에 대한 충동 등 내려놓기의 반대편에 있는 것과 직접 맞닥뜨리게 된다. 예를 들어 환각의 경험은 도전적인 마음을 증폭시킬 뿐 아니라 그것을 마음의 전면으로 몰아간다. 또한 적을 향해 마음을 열면 내가 의롭다는 생각과 타인을 향한 판단이 동시에 고개를 든다. 그리고 명상은 우리를 이런 상태에 오랫동안 머물게 함으로써 마음을 닫게 만든다.

내면의 저항과 직접 대면하는 것은 얼핏 마조히즘(가학적 행위로 쾌감을 느끼는 것-옮긴이)적으로 들릴 수 있다. 하지만 살펴본 바와 같이 이는 내려놓기를 위한 과정이다. 두려움, 분노, 수치심, 슬픔 같은 형태의 저항은 고대 도시의 가장자리를 단단히 둘러싼 돌담과도 같다. 벽을 넘어 도망치면 그 반대편에 무엇이 있는지 전혀 알 수 없다. 전속력으로 벽을 향해 돌진하면 다치기만 한다. 하지만 벽을 연구하고, 탐색하고, 언젠가는 열리리라는 마음으로 쳐다보면 어느 순간 벽 아래로, 벽 너머로, 심지어 벽 자체를 통과해 반대편의 탁 트인 공간으로 가는 길을 발견할 수 있을 것이다. 이것이 바로 내려놓기의 경험이다.

신경계 이완하기

오늘날의 분주하고 산만한 환경은 내려놓기의 중대한 장애물이다. 앞서 이야기한 것처럼 이런 요소는 신경계를 과도하게 작동시키는 일종의 모멘텀을 생성한다. 산만함은 또 다른 산만함을, 자극은 또 다른 자극을 낳는다. 끊임없이 행동하는 습관은 통제하려는 마음으로 이어진다. 이 같은 생물학적 모멘텀이 커질수록 있는 그대로의 상황을 받아들이고 내려놓는 행위가 훨씬 더 어려워진다.

따라서 과도하게 흥분된 신경계에 휩쓸리는 상황이라면 내려놓기에 앞서 생물학적 속도부터 늦춰야 한다. 어떻게 하면 될까? 열린 마음 실천 가이드의 '신경계를 이완하는 도구'를 확인해 보자. 과학적 사실을 기반으로 한 이 도구는 열림에 방해가 되는 긴장과 동요, 스트레스를 완화함으로써 좀 더 확장된 내려놓음에 쉽게 도달하도록 도와준다.

도움을 요청하기

내가 이런 글을 쓰게 되리라곤 조금도 예상하지 못했다. 나는 도움이 필요 없는 사람으로 보이려고 부단히 애쓰며 살았기 때문이다. 얼마 전까지만 해도 도움 요청은 나약함의 표시라 생각했다. 즉 나에게 심각한 문제가 있기 때문에 혼자서 해결할 수 없는 일이 생긴다고 여긴 것이다.

하지만 일종의 시대정신이 된 이 자립심이 내려놓기의 가장 큰 장애물임을 깨달았다. 통제라는 고삐를 내려놓고 도움을 요청하면 또 다른 자유를 맞을 수 있다.

도움을 요청할 상대로는 누가 있을까? 우선 친구나 가족, 치료사, 코치, 영적 스승에게 도움을 청할 수 있다. 만약 더 큰 대상이 있다면 그 힘은 더욱 강력해진다. 더 큰 대상이란 이를테면 알라, 예수, 하누만, 부처, 하나님 등이다. 우주나 자연, 또는 생명일 수도 있다.

내 경우 다음과 같은 방법으로 도움을 청한다. 불안하거나 뭔가에 압도당하는 느낌이 들면 "하나님, 제발 도와주세요"라고 속으로 생각하거나 큰 소리로 말한다.

이것은 내가 일부러 계획하거나 만든 습관이 아니다. 도움이 가장 필요할 때 마음속에서 저절로 떠오르는 생각이다. 비행기 안에서 공황발작이 찾아왔을 때 처음 나타났다. 그 후 길고 혹독한 명상 수련을 하는 동안 다시 등장했다. 가장 최근에는 약에 완전히 압도됐다고 느낀 환각 경험 중에 떠올랐다.

이런 경험을 하는 도중에 도움을 요청할 생각은 없었다. 도움을 요청하는 건 상황을 통제할 능력이 완전히 사라졌을 때만 쓸 수 있는, 일종의 구명정이라고 여겼다. 하지만 삶이 완전히 무너지고 나서 뒤늦게 도움을 청하는 건 어리석은 행동임을 깨닫게 됐다. 삶이 내 뜻대로 되지 않는 일상의 순간에서도 얼마든지 도움을 구할 수 있음을 알게 된 것이다.

이 외에도 내려놓기를 위한 여러 가지 강력한 도구가 존재한다. 기도나 의식, 의례, 영감을 주는 글 읽기 등이 그렇다. 자신에게 가장 적합한 조합을 택하면 된다.

또 다른 방법도 있다. 도구를 선택하지 않는 것이다. 내려놓기에 마음이 열려 있다면, 그저 삶의 길을 따라가는 그 순간에 나만의 맞춤형 도구가 나타날 수도 있다.

내려놓기는 경험이다.

인생이라는 강의 흐름과 속도를 바꾸려고

필사적으로 노력하던 좁은 시야에서 벗어나

좀 더 넓은 시야로 옮겨가는 것이다.

11장

현명한
닫힘

대체 어디까지
열 수 있는가?

나는 치과 치료실에 있는 파란 의자에 기대 누워 있었다. 오른쪽 쟁반에는 날카로운 금속 도구와 거즈 패드, 구강용 거울이 놓여 있었다. 정면의 벽은 전부 유리로 되어 있었다. 아래 도로에는 자동차들이 쌩쌩 달리고 있었다. 저 멀리에는 눈 덮인 산이 펼쳐졌다.

의사는 수술실 맨 끝에 서서 수술 전 사진을 찍기 위해 카메라를 준비하고 있었다. 그는 곧 내 입천장에서 잇몸 조직을 채취해 아래쪽 잇몸에 이식할 것이었다.

내가 만난 첫 번째 의사는 총 세 번의 수술이 필요하다고 했다. 하지만 그날 카메라를 들고 내 곁을 맴돌던, 키가 큰 갈색 머리 의사는 한 번의 수술로 충분하다고 말했다.

"이건 제법 큰 수술이에요. 이제 들어오시죠. 진정제를 투여하겠습니다. 90분간 완전히 마취된 상태로 있다가 깨어나실 거예요."

의사가 설명했다.

질문해도 될까? 좋아, 지금이야.

내가 물었다.

"진정제와 관련해서요. 저는 평소 고통과 불편함에 마음을 열고 깨어 있으려고 노력하는 사람인데요. 그래서 한 가지 궁금한 게 있어요. 진정제 없이 각성한 상태로 명상하면서 수술할 방법은 없을까요?"

나는 왜 이런 시도를 했을까? 지난 몇 년간 들은 이야기가 있었다. 치과 시술이나 내시경, 기타 작은 수술의 고통을 명상의 기회로 삼고자 한 하드코어 마음챙김 수련자들의 경험담이다. 나도 이번 수술을 앞두고 이런 생각이 들었다. '이번 잇몸 수술이 불편함과 친구가 될 수 있을지 알아보는 절호의 기회일지도 몰라.'

의사는 당황한 표정으로 얼버무렸다.

"네, 가능은 합니다. 하지만…."

"하지만, 뭐요?"

내가 물었다.

"음, 이건 작은 수술이 아니에요. 입 아래쪽 전체를 수술하는 겁니다. 그래서 일반적인 수술보다 훨씬 더 복잡해요. 이런 수술에는 대부분 진정제를 사용합니다. 물론 진정제 없이도 가능은 하겠죠. 하지만 통증이 상당하고, 일단 수술을 시작하면 돌이킬 수 없기 때문에 심리적으로 매우 안정된 상태를 유지해야 합니다."

나는 그의 경고를 마음에 새겼다. 두렵기도 했지만, 설레기도 했다.

"설명이 큰 도움이 되었습니다. 하지만 제 마음은 변함없습니다. 진정제 없이 수술하겠습니다."

수술 당일은 금요일이었다. 나는 몇 가지 도구를 넣은 가방을 들고 치과로 향했다. 치료 과정에서 들리는 날카로운 기계음을 차단하기 위해 귀마개와 헤드폰을 착용했다. 사이키델릭한 느낌을 주는 아이섀도로 단장도 마쳤다. 스마트폰에는 '치과 여행'이라는 재생 목록에 뉴에이지 음악을 담아두었다. 이 음악은 고통스러운 수술 과정을 내면의 여행으로 바꿔줄 터였다.

진료실에 도착했다. 간호사가 들어와 진정제를 준비하기 시작했다. 나는 서둘러 말했다.

"뭔가 착오가 있는 것 같아요. 진정제 없이 수술하기로 의사 선생님과 이야기를 마쳤거든요."

"정말 그렇게 하실 작정이세요?"

간호사가 물었다.

"네, 그럴 겁니다."

5분 후 간호사가 돌아왔다.

"좋습니다. 진정제 없이도 수술이 가능하다고 하시네요. 하지만 통증을 완화하기 위해 애드빌과 타이레놀을 최소 두 알씩은 드시라고 하셨어요."

나는 약을 삼켰다. 이후 30분간 나를 둘러싼 모든 상황이 분주하게 돌아갔다. 수술 기구를 정리한 의료진은 마스크를 쓰고 손을 씻고 수술용 장갑을 낀 후 마침내 수술 전략을 논의했다.

나는 차분히 앉아 유리창 너머 경치를 바라보았다. 수술 전 대기 시간을 명상 시간으로 바꾸려고 노력했다. 호흡을 세기 시작했다.

들이쉬고 하나, 내쉬고 하나. 들이쉬고 둘, 내쉬고 둘.

그렇게 열까지 다 세었지만, 의료진은 여전히 준비 중이었다.

그래서 이번에는 알아차림의 영역을 확장하는 수행도 시도했다. 창밖으로 저 멀리 산을 바라보며 그 장면을 파노라마처럼 인식했다. 수술실 내부 소리에 귀를 기울였다. 심장박동을 느꼈다.

박동 하나하나가 온몸으로 진동했다. '이건 두려움이다.' 나는 생각했다. 좀 더 자세히 관찰했다. 그리고 다시 생각했다. '두려움은 옳지 않아.' 그저 배 속에서 가슴으로 뿜어져 나오는 빠르고 강한 에너지의 파동일 뿐이었다. 전신의 욱신거리는 감각을 내려놓고자 최선을 다했다.

온갖 상상이 강하게 파고들 무렵, 가장 좋아하는 몇 가지 문구를 떠올렸다. 람 다스의 "고통은 은혜다",[1] 바이런 케이티Byron Katie(미국의 작가이자 심리 치료사 – 옮긴이)의 "친절한 우주",[2] 그리고 힐다 할머니가 수시로 반복한 "하나님, 하나님, 하나님"[3]까지.

수술 준비를 마친 의사가 내 의자를 뒤로 젖혔다. 나는 헤드폰을 쓰고 안대를 착용한 뒤 '치과 여행' 재생 목록을 눌렀다. 수술이 시작됐다.

90분간의 여정이 막 시작된 참이었다. 기분이 꽤 좋았다. 호흡에 집중했고, 소리와 감각의 파도를 인정하며 알아차림의 바다로 돌아가고자 애썼다. 그리고 놀랐다. 생각만큼 나쁘지 않았다. 온갖 것들이 입안을 찌르는 소리가 들렸다. 의사는 간호사에게 이런저런 지시 사항을 외쳤다. 애드빌, 타이레놀, 노보카인

이 강렬한 통증을 줄여주었다. 모두 효과가 좋았다. 나는 이제 열림 상태로 나아갈 수 있었다.

90분간의 수술이 길어질 때를 대비해 2시간짜리 재생 목록을 만들었다. 하지만 혼란스러웠다. 음악 재생이 끝났지만 수술은 여전히 진행 중이었다. 멈출 기미조차 보이지 않았다. 수술실의 분위기도 달라졌다. 의사는 처음과 달리 휘파람을 불지 않았다. 긴장된 표정으로 다소 서둘렀다. 다급한 움직임에 안대가 벗겨지고, 헤드폰이 머리 받침대에 부딪혔다. 하지만 아무도 알아채지 못했다. 의사가 간호사에게 말했다.

"몸이 계속 움직여요. 움직이지 않게 해야 해요."

혹시 내가 깨어 있다는 걸 모르는 걸까? 소리가 전부 들리는데.

나는 꿈틀대는 움직임을 멈추기 위해 최대한 노력했지만, 노보카인의 효과가 사라지며 감각이 돌아오고 있었다. 의사가 칼로 잘라낸 부위에 손을 댈 때마다 그 느낌은 가벼운 불편함에서 날카로운 통증으로 변해갔다. "그만요, 아파요"라고 말하고 싶었지만 그럴 수 없었다.

이후 의사는 갓 잘라낸 조직을 엄지손가락으로 밀어 올렸다. 두 시간 전이었다면 알아채지 못했을 것이다. 하지만 노보카인 효과가 사라진 후였기에 의사가 마치 내 입천장에 빨갛게 달군

인두를 밀어 넣는 것 같은 고통이 밀려왔다.

나는 비명을 질렀다. 몸부림을 쳤다. 그러지 않으려고 노력했지만 어쩔 수 없었다. 나중에서야 주요 동맥이 터졌고, 출혈을 멈추기 위해 동맥을 세게 눌러야 했다는 사실을 알게 됐다.

이 경험의 참신함은 이미 오래전에 사라졌다. 그럼에도 나는 마음의 문을 닫지 않으려고 무진 애를 썼고, 현재에 머물면서 이 모든 것을 그대로 받아들이고자 했다. 열림 상태로 나아가고 싶었다. 감각에 열려 있는 상태를 유지하기 위해 온 신경을 집중했다.

한편으로는 무척 놀랐다. 이 악몽 같은 시간 속에서도 열림의 경험이 가능하다는 것이. 하지만 그 경험은 이 순간에 일어나고 있는 일, 즉 호흡이나 감각, 소리 같은 대상에 집중할 때만 가능했다. '언제 끝나지?' '왜 이렇게 오래 걸리는 거야?' 같은 생각의 흐름으로 마음이 방황하는 순간 모든 것이 닫혔다. 정신이 혼미해졌다. 마음이 압도당했다. 완전히 통제가 불가능한 상태였다. 대조는 극명했다.

수술이 시작된 지 세 시간이 지날 무렵, 의사는 간호사에게 이렇게 말했다.

"다시는 진정제 없이 이 수술을 진행하지 않겠어."

내가 맑은 정신으로 그가 하는 모든 말을 듣고 있다는 사실은 완전히 잊은 듯했다.

수술 후에 그는 자신이 한 말에 관해 설명했다. 내 잘못은 아니라고 했다. 다만 통증과 불편함에 내가 무의식적으로 반응하면서 수술이 매우 어려워졌고, 결국 1시간 30분에서 3시간으로 시간이 늘어났다는 것이다.

마침내 수술이 끝났다. 다리가 후들거렸다. 저체온에 가까울 만큼 몸의 온도가 내려갔다. 온몸이 떨렸다. 감정적으로도 너무 지쳐 쓰러질 지경이었다.

대기실로 가서 아내와 딸을 만났다. 눈물이 났다. 안도의 눈물이었지만 가족들이 나를 기다리고 있었다는 기쁨의 눈물이기도 했다.

수술이 끝난 다음 주, 잇몸이 아물고 이 험난한 과정을 되돌아보면서 두 가지를 깨달았다. 먼저 열림에 관한 핵심 가정 중 하나인 '모든 것에 열림 상태가 될 수 있다'가 어느 정도 사실임을 확인했다. 현재의 순간에 닻을 내리고 파노라마처럼 펼쳐지는 풍경에 마음을 맡길 수 있다면, 파도를 인정하되 바다와 함께할 수 있다면 가장 극심한 형태의 고통에도 마음을 열 수 있을지 모른다.

이와 동시에 모든 것에 열림을 경험할 수 있더라도 반드시 그래야 할 필요는 없다는 사실도 깨달았다. 진정제를 투여하는 대신 각성 상태로 열림을 경험한 게 현명한 선택이었을까? 이제 그 답은 너무나도 분명했다.

아니다.

진정제를 복용하는 게 나 자신은 물론 다른 사람들에게도 더 나았을 것이다. 요컨대 그때의 내게는 '현명한 닫힘'을 수행하는 게 더 나은 선택이었다.

이 이야기는 본질적인 질문을 제기한다. 그렇다면 언제 열림보다 닫힘의 수행을 해야 할까?

내 명상 멘토인 데이비드 체르니코프David Chernikoff는 그의 저서 『인생, 제2부Life, Part Two』에서 위 질문의 답에 실마리가 되는 한 가지 구분을 제시한다. 그에 따르면 우리는 일명 '실존적 고통'을 경험한다. 이것은 우리가 선택하지 않은 고통이다. 출생과 질병, 정서적 혼란, 노화, 상실, 죽음으로 인한 고통이 이에 속한다. 아무리 노력해도 이 실존적 고통은 피할 수 없다. 인간에게는 불가피한 고통이다.

하지만 '불필요한 고통'도 존재한다. 우리가 어느 정도 통제할 수 있는 이 고통은 각종 혼란, 감정의 변화, 고군분투 같은 것들이다. 내가 세 시간의 수술에서 겪은 고문은 완벽하게 이 범주에 해당된다. 나는 굳이 그런 고통을 겪을 필요가 없었다. 어린 딸에게 대기실에 울려 퍼진 아빠의 비명으로 정신적 상처를 남겨줄 필요가 없었다.

이와 같은 불필요한 고통은 우리 삶 곳곳에 있다. 병원에 가는 대신 혼자서 끙끙 앓는 상황을 생각해 볼 수 있다. 부상을 입고도 운동을 이어가는 경우도 마찬가지다. 내 기분을 망친 사람들과 함께하는 시간일 수도 있다. 음식이나 약물, 술에 대한 잘못된 선택, 혹은 장시간 근무로 극도의 피로와 탈진에 이른 경우도 불필요한 고통이 발생하는 경우다.

고통이나 불편, 두려움, 슬픔을 없애기 위해서는 닫힘이 필요하다. 그런데 우리는 충분히 해소할 수 있는 고통의 형태에 열림을 시도하는 함정에 빠지기도 한다. 때로는 불필요한 고통이나 아픔에 열림을 시도하는 것보다 현명한 닫힘을 선택하는 게 우리 자신과 가족, 그리고 세상에 더 나은 방향일 수 있음을 기억하자.

현명한 닫힘이 필요한 이유가 하나 더 있다. 어떤 감정이나 생각, 감각은 너무 강렬한 나머지 오히려 열림을 시도했다가 큰 해를 입을 수도 있다. 너무 먼 곳까지, 너무 빨리 마음을 열려고 한 탓에 마음챙김 지도자 페마 초드론Pema Chodron이 명명한 '과도한 위험 영역'에 도달하는 것이다. 이에 관해 초드론은 이렇게 설명한다.

"이런 마음속 공간은 들어가기엔 너무 충격적이다. 수영할 줄 모르는 사람이 수영장 가장 깊은 곳으로 들어가는 것과 같다."[4]

이처럼 극단적인 열림은 종종 자멸하는 결과를 초래하여 오히려 더 많은 닫힘으로 이어진다.

내면의 가장 어두운 악마에게 마음을 여는 시도가 불가능하진 않다. 다만 이를 위해서는 근본적인 도움이 필요하다. 숙련된 코치나 치료사, 그리고 우리를 안전한 열림으로 이끌어줄 약이 필요할 수도 있다. 이런 지원을 받을 수 없다면 현명한 닫힘을 선택하는 게 낫다.

대인관계에서도 현명한 닫힘이 필요할 때가 있다. 유명한 요가 강사로 포레스트 요가Forrest Yoga의 창립자인 애나 포레스트Ana Forrest는 중독에서 벗어나기 위해 오랜 술친구들과 관계를 끊었다고 말했다.

"중독 문제를 많이 다뤄본 사람으로서 그 지옥을 헤쳐 나가려면 적절한 결별이 필요하다고 생각했어요. 중독에서 벗어나려면 함께 마약을 하며 술을 마시던 사람들과 거리를 둬야 했죠. 술을 마시지 않으면 그들과의 관계를 유지할 수 없었고, 그들도 그런 제가 곁에 있길 원치 않았어요."

포레스트는 중독자 친구들에게 계속 마음을 열고 관계를 유지할 수도 있었다. 하지만 금주의 대가를 위해서는 관계가 단절되는 대가를 치러야 했다. 그의 닫힘은 현명했다.

중독 문제에만 적용되는 이야기가 아니다. 직장 동료나 가족과의 관계에서 열린 마음을 유지하느라 신체적 혹은 정신적으로 어려움을 겪는 상황을 누구나 마주한다. 이런 경우 마음을 여는 것보다 닫는 것이 현명한 선택이 될 수 있다.

내 마음을 언제 열어야 하고 언제 닫아야 할지 파악하기란 쉽지 않다. 하지만 혼란에 질서를 부여하는 데 도움이 되는 원칙은 있다. 나는 이 원칙을 '사랑의 원칙'이라 명명했다. 나 자신과 타인에게 사랑을 전하기 위해 열림을 추구해야 한다. 사랑을 바탕으로 하고 있다면 닫힘을 택해야 할 때도 있다.

이 원칙은 열림의 핵심이 차갑고 엄격한 수행이 아님을 강조한다. 열림은 우리의 영혼에 나쁜 자극을 주려 하지 않는다. 열림은 궁극적으로 자신과 타인에 대한 사랑에 기반을 둔다. 우리가 열림을 추구하는 이유는 상을 받거나, 남들에게 더 멋지게 보이기 위함이 아니다. 나 자신과 세상을 향해 더 친절하고 사랑스러운 방식으로 자신을 드러내기 위해서다.

따라서 과도한 열림의 함정에 빠지고 있다는 걱정이 들기 시작하면 이렇게 자문해 보자.

나는 사랑을 바탕으로 열림을 추구하고 있는가? 혹시 건전하지 않은 동기가 있지는 않은가?

이 질문만으로는 정확한 답을 얻지 못할 수 있다. 숫자를 입력하면 정확한 값이 나오는 코딩 공식이 아니니 말이다. 동시에 여러 동기가 혼재돼 있기도 있다. 허영심이나 노력, 경쟁심, 또는 진정한 자기애가 복잡하게 뒤섞여 열림 명상을 수행하게 될 수 있다.

하지만 답이 쉽게 나오지 않더라도 질문을 해야 한다. 질문과 더 많이 마주할수록 우리 자신은 물론 가족과 세상을 위해서도 '예' 대신 '아니요'로 답하는 것이, 그리고 열림 대신 닫힘을 선택하는 것이 더 나은 순간을 자주 만나게 될 것이다.

이쯤 되면 노골적인 모순이 아니냐고 반문할 수도 있다. 현명한 닫힘은 모든 것에 열림을 추구해야 한다는 이 책의 핵심 주장과 반대되는 내용이 아니냐고 말이다.

십분 맞는 말이지만 내 나름의 답이 존재한다. 모든 것에 열림을 추구할 때 어떤 상태가 되는지를 명확히 파악하기만 하면 된다. 열림 수행은 급진적으로 보일 수 있지만, 무모하거나 위험하거나 아무것도 모르는 천진한 상태는 아니다.

따라서 세 가지 점을 확실히 해야 한다. 첫째, 모든 대상을 향해 열림을 추구하지만 극도의 고통과 불편함을 일부러 찾아 나서지는 않는다. 환각제 보조 요법이나 적에게 마음을 여는 행위, 열림 명상 같은 수행에는 고통과 불편함, 어려움이 수반될 수 있다. 하지만 그런 불편한 감정이 수행의 궁극적 목적은 아니다. 삶에 필연적으로 생기는 그런 감정을 다룰 수 있도록 특별한 상황을 조성할 뿐이다.

둘째, 열림을 추구한다고 해서 모든 순간에 모든 것을 한꺼번에 열 필요는 없다. 때로는 열림의 과정에 필요한 후원과 자원이 부족할 수 있다. 때로는 생각과 감정의 파도가 너무 강렬할 수도 있다. 이런 극단적인 마음 상태에서는 마음을 열지 못하는 게 아니다. 그저 그 순간만큼은 열고 싶지 않은 것이다. 어려운 내면의 경험에 접근하고 변화를 가져오기 위해서는 시간과 공간 그리고 지원이 필요하다. 그러므로 열릴 준비가 될 때까지 기다리는 편이 낫다.

셋째, 정적 등의 타인에게 마음을 여는 건 심오한 수행이 될 수 있지만 그 본질은 내면의 열림에 더 가깝다. 열림은 외부의 모든 것에 대해 '예'라고 말하는 게 아니다. 열쇠를 꽂아두고 차를 비운 사이 당하는 도둑질을 반길 필요는 없다. 바하마에 있는 비밀 계좌로 돈을 보내라는 보이스 피싱범의 말에 '예'라고 대답하며 마음을 열 필요도 없다. 정적에게 돈을 빌려주는 것은 꽤 변혁적인 일이지만, 자신을 위험에 빠트릴 수 있는 경우에는 마음을 열지 않아도 된다. 우리의 목표는 외부 세계의 모든 것에 마음을 여는 것이 아니다. 목표는 내면의 모든 것에 마음을 열고, 내면의 마음과 더 친밀해지는 것이다.

따라서 과도한 열림으로 나 자신을 위험에 빠트리고 열림의 경계를 넘어선다면 그때는 현명한 닫힘을 선택해야 한다.

에필로그

스마트폰 화면에, 고통스러운 감정에, 새벽 2시에 잠을 깨우는 상념에, 반대 진영 후보를 지지하는 푯말을 내건 이웃에게 마음을 닫아버리고 싶은 충동을 어떻게 차단할 수 있을까?

'마음의 문을 열어라.'

그렇다면 마음이 열린 삶을 사는 가장 좋은 방법은 무엇일까? 지금까지 이야기한 것처럼 이 질문에 완벽한 정답은 없다. 우리는 환각제 보조 요법부터 적에게 마음 열기, 열림 명상, 거리 열림, 내려놓기 등 열림으로 나아가기 위한 다양한 도구를 알아보았다. 이런 도구는 매우 강력했고 내게 큰 영향을 주었다.

하지만 마음을 열어 확장하는 데 사용할 수 있는 도구는 이

뿐만이 아니다. 열린 마음 실천 가이드에도 몇 가지를 더 추가했지만 이 책에 소개한 방법 외에도 열림으로 나아가는 길은 무수히 많다. 성관계도 그 통로가 될 수 있다. 외국으로 떠나는 여행은 물론 깊은 대화도 좋은 수단이다. 음악 연주하기, 그림 그리기, 연기하기 등의 예술 활동도 물론 훌륭하다. 영감을 주는 책을 읽는 것도 마찬가지다. 반복되는 일상적의 틀에서 벗어나는 모든 행위는 더 많이 열고 더 적게 닫는 습관을 기르는 데 도움이 된다.

이런 경우도 있다. 가장 강력한 열림의 순간이 수행이나 약물, 성관계, 음악 같은 사전 계획 없이 찾아오는 것이다. 헬스장에서 러닝머신 순서를 기다리는 동안, 세탁물을 받기 위해 줄을 서 있는 동안, 주차장에서 철물점까지 걸어가는 동안에 열림의 순간을 마주한다.

이런 일상적인 순간에 마음이 조금 확장되는 듯한 느낌을 받으면 마음속 공간이 자연스레 넓어진다. 그것은 우리가 실시간으로 소통하는 공간이요, 산들바람이나 자동차 경적 등 우리를 둘러싼 모든 것을 실시간으로 감각하는 공간이다. 어떤 면에서는 가장 마법 같은 열림의 순간이다. 어떤 노력도 기울이지 않았는데 이미 눈앞에서 일어나고 있다. 이때 여러분은 그저 그런 순간이 찾아왔음을 알아차리기만 하면 된다.

이쯤에서 질문이 생긴다. 대체 왜 그래야 할까? 작성해야 할 이메일, 확인해야 할 목록, 봐야 할 뉴스피드 등 눈앞에 수없이 많은 일이 펼쳐져 있는데, 왜 그토록 소중한 시간과 에너지를 열림을 추구하는 데 쓰는 것일까?

이에 대한 답은 정해져 있지 않다. 그렇기 때문에 더욱 질문할 가치가 있다. 일상생활 속 열림과 닫힘의 차이가 사소해 보일 수 있다. 열림을 추구하면 관점이 약간 변하고, 마음속 공간이 조금 넓어질 뿐이다. 우리가 노력을 기울여야 할 만큼 가치 있는 일이 맞는지 의심이 들기도 한다.

삶이 바쁘고 정신없이 돌아갈 때 여러분은 '아니요'라고 대답할 것이다. 실제로 열림을 추구하는 생활은 현대인의 가치체계와 잘 맞지 않는다. 열림을 추구한다고 직장에서 승진하는 것도 아니다. 해야 할 일을 끝낼 수도, SNS를 100만 팔로워로 만들수도 없다. 좋아하는 밴드의 콘서트 티켓을 살 수 있는 것도 아니다.

하지만 이게 전부가 아니다. 열림이 아닌 닫힘을 추구하는 삶에는 많은 대가가 따른다. 삶이 점점 작아지게 된다.

프랑스 사회학자 알렉시 드 토크빌은 앞서 19세기에 이미 현대 사회에서 자유를 가장 크게 위협하는 건 감옥이나 단두대, 구시대의 폭정이 아니라고 말했다. 그보다는 아름답고 온화하며 유쾌하기까지 한, 닫힌 마음으로의 여정이 더 큰 위협이라고 봤다.

"무수히 많은 사람이 자신의 영혼을 채우기 위해 저속하고 미천한 쾌락을 끝없이 좇는다. 자기 자신에게만 취해 있는 이들에게 다른 사람은 그저 낯선 존재일 뿐이므로 다른 이들의 운명에는 전혀 관심이 없다."[1]

급격한 기술 변화와 함께 토크빌의 예측은 점점 현실로 나타나고 있다. 우리는 닫는다. 하지만 닫아야 해서가 아니다. 어쩔 수 없어서도 아니다. 우리가 원해서 닫는다. 우리 자신과 세상에 열려 있는 것보다 닫혀 있는 게 훨씬 쉽고 즐겁기 때문이다.

우리는 자유의지에 따라 비좁지만 아늑한, 포시즌스 호텔 스위트룸만 한 마음속 공간으로 물러난다. 물론 이곳이 나쁘기만 한 것은 아니다. 이곳에도 여러 가지 감정을 맛볼 수 있는 뷔페가 차려져 있기 때문이다. 하지만 이 닫혀진 작은 마음속 공간에는 없는 것이 한 가지 있다. 바로 자유다.

그래서 닫힌 마음은 무척 좁게 느껴진다. 밀실 공포에 사로잡힌 느낌이다. 마음을 닫으면 어렵지만 의미 있는 경험에서 멀어지게 된다. 배우자나 친구, 가족과의 대화도 어려워진다. 불확실성과 두려움 등 날것의 생경함에서도 멀어진다. 우리가 하는 일을 신뢰하지 않고 '오해하는' 모든 사람과의 관계도 어긋난다. 대신 스마트폰이 제공하는 가상 여행을 얻는다.

대부분의 사람은 닫힌 마음속에서 숨 막히게 살길 원하진 않는다. 때때로 고통과 비탄, 공포, 슬픔의 감정이 찾아와도 우리는 이 작은 울타리 밖을 벗어나길 원한다. 우리가 열림을 추구하는 건 바로 이런 이유 때문이다.

그리고 이때, 마법 같은 일이 벌어진다. 무의식적으로 방황하는 마음에서 메타 인식으로의 전환, 디폴트 모드 네트워크의 활성화 감소, 후퇴하는 태도에서 접근하는 태도로의 전환 등 과학적으로 검증된 마음챙김의 이점은 일부일 뿐이다. 이것만으로 열림의 진정한 선물을 다 설명할 순 없다.

틀림없이 더 깊은 뭔가가 작동한다. 이 책에서 가장 힘주어 말하고 싶었던 부분이다. 우리가 마음을 열면 우리의 마음과 삶 전체가 확장된다. 열림 상태에서는 더 많은 공간, 더 많은 관점, 더 많은 가능성을 누릴 수 있다. 삶과 세상, 인식, 마음 자체가 확장된다. 견디기 힘든 생각과 감정, 감각 또한 놀라운 방식으로 변화한다. 이것은 사라지지도 않고 어둠에서 밝음으로 바뀌지도 않는다. 여전히 마음속에 남아 있다. 하지만 두 가지 차원에서 존재의 방식이 바뀐다.

첫째, 원래보다 훨씬 더 작게 느껴진다. 앞서 람 다스가 설명한 작은 회색 구름처럼 느껴진다. 이제 우리는 단순히 마음이라는 그림을 소진하는 대신 회색 구름이 드리운 넓게 펼쳐진 하늘을 바라볼 수 있다.

둘째, 이들은 더 이상 위협도 문제도 적도 아니다. 마음속에 함께하는 생각이고 탐색할 감정일 뿐이다. 심지어 가장 어둡고 뒤틀린 마음 구석에서 가장 깊은 지혜와 치유에 접근할 수 있음을 발견할 수 있다.

이처럼 내면의 풍경이 바뀌면서 타인이나 적수, 생각, 심지어 세상과의 관계에도 변화가 생긴다. 닫힌 마음의 좁은 공간에서 이 모든 관계는 단절돼 있다. 우리가 보는 모든 것과 만나는 모든 사람은 스위트룸 밖에 있다. 우리는 자신을 안전지대 밖으로 밀어낼 수 있는 바깥의 모든 것을 외면하려 한다.

하지만 조금만 공간을 넓히면 이 같은 분리의 벽은 허물어지기 시작한다. 우리의 마음은 우정과 파트너십, 커뮤니티를 포함하도록 확장된다. 여기에는 자연뿐 아니라 우리가 사는 콘크리트 정글도 포함된다. 음악과 아름다운 예술은 물론 말로 표현할 수 없는 신비로운 대상도 포함될 수 있다.

이것이 바로 열림의 진정한 선물이다. 마음을 열면 우린 더 이상 내면의 생각에 갇혀 있지도, 미쳐 돌아가는 외부의 세상과 싸우는 데 골몰하지도 않는다. 우리는 서로 연결된다. 안팎의 구분이 모호해지듯 우리가 모든 것의 일부임을 느끼는 순간이 찾아온다.

이 같은 열림의 선물은 시간이 지날수록 깊어진다. 우리의 마음속 변화가 주변 사람의 마음에도 조용히 파문을 일으키기 때문이다.

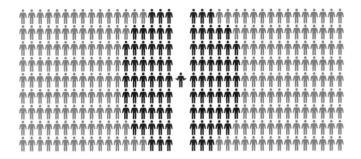

어떤 마음 상태든 마찬가지다. 조급함, 회피, 우울, 분노는 모두 전염성이 있다. 이는 우리의 경험을 형성할 뿐 아니라, 세상이 우리를 경험하는 방식을 형성함으로써 산만함이 산만함을 낳고 닫힘이 또 다른 닫힘을 낳는 악순환의 고리를 형성한다.

하지만 우리가 마음을 열면, 이 고리는 악순환에서 선순환으로 바뀐다. 마음이 열린 부모는 그보다 더 열린 아이들에게 영감을 준다. 또 마음이 열린 교사는 그보다 더 열린 학생들에게, 비행기 탑승을 기다리는 열린 승객은 주변의 더 열린 승객들에게 영감을 준다.

이것이 바로 열림의 힘이다.

산만하고 분열된 시대, 변화를 위해 할 수 있는 게 아무것도 없는 것처럼 느껴지는 이 시대에 열림은 우리 마음뿐 아니라 세상을 변화시킨다.

열린 마음
실천 가이드

네이트 클렘프 홈페이지
바로가기

여러분이 이 책을 다 읽고 난 후에 어떤 일이 일어날지 상상해 본다. 한 가지 가능성은 이렇다. 두 번 다시 펼쳐보지 않고 책장 한구석에 꽂아두는 것이다. 몇 주, 몇 달이 지나며 뽀얀 먼지가 쌓이듯 책을 통해 습득한 각종 인사이트와 깨달음도 하얗게 바래갈 것이다.

이런 상황이 잘못됐다는 건 아니다. 하지만 다른 가능성이 있다면? 우리가 살펴본 열림을 위한 수행 몇 가지를 일상생활에 적용해 본다면 어떨까? 불편한 감정, 실망, 짜증, 불안 등 일상에 찾아오는 여러 감정을 열림의 기회로 바꿀 수 있다면 어떨까?

열린 마음 실천 가이드는 이 두 번째 가능성을 현실로 만드는 데 도움을 주기 위해 설계했다. 여기에는 디지털 중독과 양극화를 극복하고 시스템 재설정, 열림 명상 등으로 삶을 보다 열린 자세로 대하기 위한 5가지 유형의 실용적 도구가 포함돼 있다. 천천히 살펴보면서 나 자신에게 질문해 보자.

"다섯 가지 중 내 삶에 적용하기 좋은 도구는 어느 것일까?"

맞춤형 실천 가이드의 마지막에서 이에 대한 답을 직접 써볼 수 있도록 했다. 이외에도 내 웹사이트(NateKlemp.com)에서 오디오 명상을 무료로 다운로드할 수 있으며 업무와 인간관계, 일상생활에 좀 더 열린 자세를 갖는 데 도움이 되는 뉴스레터 또한 무료로 구독할 수 있다.

1.

디지털 중독을 끊어내는 도구

다음 도구를 사용해 스마트폰이나 이메일, 문자, SNS 및 기타 수많은 디지털 방해 요소의 유혹을 차단하자.

1. 자발적 콘텐츠 폭식

한껏 당황한 여러분의 모습이 그려진다. 엉뚱한 사람이 하는 이상한 소리처럼 들릴 것이다. 하지만 여러분이 이 실험을 직접 해본다면 나보다 더 큰 효과를 볼지도 모른다. 나는 며칠이 걸렸지만 여러분은 단 하루 만에 스크린 속 온갖 콘텐츠가 더 이상 참신하게 보이지 않을 수도 있다. 주의 집중을 방해하는 디지털 세계의 한 가운데로 들어가는 이 탄트라 여정은 디지털 중독의 유혹을 없애는 가장 강력한 도구가 되어줄 것이다.

다만 어떤 종류의 중독이든 이미 심각하게 어려움을 겪고 있다면, 이 방법을 시도하기 전에 의료 전문가와 상담하길 바란다.

실험 방법은 간단하다. 우선 여러분의 주의 집중을 가장 방해하는 디지털 요소 세 가지를 적어본다. 그런 다음 이 욕구들을 충족시키는 데 최대한 많은 시간을 할애한다. 이때 주의할 점 하나, 해당 요소를 충분히 소비했다는 생각이 들어도 소비를 멈추지 않아야 한다.

이 같은 과소비의 경험을 통해 우리는 콘텐츠를 욕망하는 마음의 뿌리를 발견하고 없앨 수 있다. 물론 앞선 실험을 통해 시간이 지나면 이 강력한 효과는 사그라들고 욕구가 되살아남을 확인했다. 따라서 실험을 주기적으로 함으로써 콘텐츠 속에 인생을 바꿀 만한 특별한 것이나 인사이트가 없다는 사실을 스스로에게 상기시키면 좋다.

이 방법을 좀 더 발전시키고 싶다면 콘텐츠 폭식과 단식을 하루씩 번갈아 시행해 보자. 즉, 콘텐츠 폭식을 하고 난 다음 날에는 스마트폰을 전혀 사용하지 않거나 꼭 필요할 때만 사용하는 것이다. 디지털 중독 스펙트럼의 양극단을 오가는 이 방법은, 열림은 추구하되 닫힘은 지양하려는 우리의 목표를 위해 어떻게 디지털 생활을 재설계할지에 대한 깊은 통찰을 제공할 것이다.

2. 공간의 재구성

애덤 알터는 행동 설계의 핵심 원칙 중 하나를 다음과 같이 설명한다.

"유혹이 없는 환경을 디자인하라."[1] 즉, 생활공간을 유심히 살피고 자문하라는 것이다. 스마트폰을 들여다보는 데 쓰던 시간을 더 중요한 활동을 하는 데 쓰려면 공간을 어떻게 재설계해야 할까? 다음 몇 가지 방법이 도움을 줄 것이다.

- 모든 전자 기기를 침실에서 치운다. 알람이 꼭 필요하다면 값싼 알람 시계를 하나 구입해 침대맡에 두면 된다.
- 스마트폰을 둘 곳을 정해둔다. 장소는 주 생활공간과 업무 공간에서 멀리 떨어진 곳이 좋다. 식사나 대화를 할 때, 업무 시간일 때, 가족과 함께할 때에는 스마트폰을 바지 주머니가 아닌 이곳에 둔다.
- 스마트폰을 집에 두고 나간다. 처음에는 적응이 안 될 수 있다. 주말이나 일주일 정도, 짧게 산책을 하거나 데이트를 할 때만이라도 좋다. 스마트폰이 없을 때 어떤 일이 벌어지는지 관찰해 보자.

3. 시간의 재구성

그렇다고 신기술에 반대하는 러다이트Luddite 운동처럼 모든 인터넷 계정을 삭제하고 숲속으로 이사 가서 깊은 호수에 스마트폰을 던져버리라는 건 아니다. 하지만 디지털 세상이 유발하는 산만함에 지배당하지 않고 '온전한' 나의 삶을 살려면, 유혹에 빠지는 시간을 일정하게 정해두는 것도 좋은 대안이 될 수 있다. 구체적인 방법으로는 다음과 같은 예가 있다.

- 문자, 이메일, 뉴스, SNS를 확인하는 시간을 따로 설정한다. 방해 요소에만 집중하는 시간을 따로 마련해 두면 각종 앱을 강박적으로 확인하는 행동을 줄일 수 있다. '인스타 30분' '이메일 확인 시간'처럼 캘린더에 예약을 걸어두는 것도 좋은 방법이다. 일주일에 한 번이나 격일로, 혹은 매일 정해진 시간에 정해진 내용만을 확인할 수 있다. 집중해서 업무를 마치고 난 후 일종의 '디지털 디저트'를 즐기자.
- '지금은 스마트폰을 확인하지 못한다'에서 '지금은 스마트폰을 확인하지 않는다'로 생각을 전환한다. 심리학 용어로 '권한이 부여된 거절'을 시행하는 것이다.[2] 말이 바뀐 것뿐이지만 무언가를 못하고 있다는 무력감이 아니라 우리 스스로 무언가를 통제하고 있다는 느낌을 받게 된다.
- 불편함에 마음의 문을 연다. 정해진 시간에만 스마트폰을 확인하는 전략을 성공적으로 수행하면 일상에서 더 많은 시간과 공간을 확보할 수 있는데, 이 상황이 도리어 불편함

을 줄 수 있다. 티모시 윌슨의 실험을 떠올려 보자. 사람들은 아무것도 하지 않고 있는 것보다 자신에게 신체적 충격을 주는 쪽을 선택했다. 시간과 공간에 열림 상태가 되면 주의를 분산시킬 새로운 방법을 무의식적으로 찾게 되고, 역설적으로 더 폐쇄적인 생활 방식에 갇힐 수 있다. 따라서 불편함이 밀려오면 기기를 집어 들기 전에 잠시 멈추고 불편한 감정에 머물러 보자. 이런 감정은 끊임없이 변화하며 내 안에 그리 오래 머물지 않는다는 사실을 알게 될 것이다. 그런 다음 의식적으로 선택하자. 휴대폰을 집어 들지 않거나, 자유롭게 그리고 의도적으로 휴대폰을 집어 들라.

4. 기기의 재구성

현실 공간의 재구성과 함께 가상 공간의 재구성, 즉 스마트폰 자체의 환경을 재설정하는 것도 도움이 될 수 있다. 그 방법은 다음과 같다.

- 방해되는 모든 앱을 홈화면에서 제거한다. 내 경우 스마트폰 화면을 잠금 해제할 때 앱이 보이지 않도록 홈화면에 최대한 멀리 배치한다.
- 스마트폰 설정을 나에게 유리하게 조정한다. 원치 않는 문자와 알림은 모두 차단한다. 불필요한 앱 알림도 비활성화

한다. 저녁 시간이나 주말에는 '방해 금지 모드'를 사용해 모든 알림을 무음으로 설정한다. 또 '집중 모드'를 사용해 업무 중 방해 요소를 차단한다.

- 배경색을 회색으로 바꾼다. 나는 이 방법까진 쓰고 있지 않 지만, 엄격하게 관리하고자 하는 경우 스마트폰을 흑백으 로 설정할 수 있다. 마치 1950년대 TV처럼 모든 것이 흑백 으로 보일 것이다.

- 크기가 작은 스마트폰을 구입한다. 나는 미니 사이즈로 바 꿨다. 화면이 작으니 보기가 무척 어렵다. 그게 핵심이다.

2.
극단적 의견 대립을 극복하는 도구

점점 더 서로를 이해하기 어려워지는 세상에서 다음 도구를 사용해 상대방에 대한 불신, 적대감, 분노를 깨는 경험을 해보자.

1. 뉴스 큐레이션하기

콘텐츠 폭식 실험 이후, 나는 스마트폰의 모든 뉴스 앱과 사이트를 자세히 살펴봤다. 그리고 곤도 마리에Kondo Marie의 정리정돈 방법(단순한 생활을 추구하며 집 안의 불필요한 물건을 정리하는 방법 - 옮긴이)을 사용해 보기로 했다. 각종 앱과 팟캐스트, 뉴스 사이트를 보면서 이렇게 자문했다.

"이것이 내게 기쁨을 주는가?"

그 대답이 "아니요"라면 과감히 삭제했다.[3] 결국 대부분의 팟 캐스트와 앱을 없애버렸다.

2. 상대 의견에 귀 기울이기

앞서 살펴봤듯, 정치적 양극화에 관한 연구에 따르면 같은 생각을 하는 사람들은 서로 대화할수록 생각이 더 급진적으로 변한다. 따라서 보수주의 성향이라면《뉴욕 타임스》《디 애틀랜틱》, NPR, PBS 등의 뉴스를 확인해 보자. 반대로 진보주의 성향이라면《월스트리트저널》《내셔널 리뷰》또는《아메리칸 스펙테이터》를 읽어보자. 이때 보수든 진보든 MSNBC나 폭스 뉴스, 토크 라디오처럼 출연진 의견에 기반한 선동적인 매체는 피하는 게 좋다. 디지털 세계가 아닌 아날로그 세계에서도 이 방법을 실천할 수 있다. 정치적 성향이 다른 친구나 이웃, 동료와 대화를 나눠보는 것이다. 상대방이 틀렸음을 증명하려고 노력하는 대신, 상대방의 의견을 경청하고 그것을 이해하도록 노력하자.

3. 뉴스를 '보지' 않고 '읽기'

케이블 뉴스와 온라인 사이트에서 끊임없이 쏟아지는 뉴스 속보는 잘못된 경계심과 불안을 조장한다. 미디어 전문가나 정치인이 아닌 이상 실시간 총격 사건, 해외 폭탄테러, 선동적인

SNS 게시물을 모두 숙지하고 있을 필요는 없다. 당장의 소란스러움이 가라앉은 후에 실제 상황이 좀 더 자세히 파악된 기사를 접하면 된다. 사건이 일어난 순간과 여러분이 뉴스를 읽는 순간 사이에 하루 정도 시차만 두어도 꽤 효과적이다. 사건에 대한 몰입도가 떨어지면서 오히려 상황을 명확하게 이해할 수 있기 때문이다.

얼마 전 한 친구가 내 아내에게 SNS 게시물을 공유했다. 내용은 다음과 같았다.

"마을 남쪽에서 산불이 일어났고 그 영향으로 몇 킬로미터 떨어진 곳에서 싱크홀이 발생해 버스가 추락했다."

아내와 나는 겁에 질렸다. 이야기를 들은 딸아이는 울기 시작했다. 하지만 다음 날 읽은 뉴스는 해당 산불이 40분 만에 진화됐고, 싱크홀이 아니라 그저 움푹 팬 구멍이 있었다고 이야기했다. 다음 날 그 뉴스를 봤더라면 불필요한 스트레스와 불안을 피할 수 있었을 것이다.

4. '잘 모른다'는 태도 기르기

초당파적 미디어와 음모론에 빠져들며 한 가지를 배웠다. 확신은 강력한 분열의 연료가 될 수 있다. 왜 그렇게 많은 사람이 알렉스 존스의 터무니없는 이야기를 믿게 되었을까? 그의 흔들리지 않는 확신 때문일 수도 있다. 확신에 찬 태도가 그토록 파괴적인 영향력을 만든 것이다.

확신은 우리 사회에 꼭 필요한 경청과 비판적 사고, 지적 겸손과 같은 미덕을 파괴한다. 이에 대해 소크라테스 시대부터 많은 철학자가 '잘 모른다'는 태도를 기르라고 제안했다. 이는 확신과 정반대되는 마음이다. 노자는 『도덕경』에서 이렇게 언급했다.

"잘 모르겠는 것이 진정한 지식이다. 아는 척하는 것은 병이다. 자신이 병에 걸렸다는 사실을 깨달아야 진정으로 건강해질 수 있다."[4]

확신이라는 병을 인식하고 나면, 옳고 그름이 확실치 않고 어떤 일이 일어날 줄 모르는 낯선 곳을 탐험할 수 있다. 내가 소속된 이념의 벽을 넘어 모험을 시작할 수 있다. 이렇게 해야만 한때 적으로 간주했던 사람들에게 마음을 열 수 있다.

물론 '잘 모른다'는 태도가 자칫 안일함으로 이어지진 않을지 걱정되기도 할 것이다. 확신을 버리면 중요한 정치적 이슈나 전 세계적 위기에 무관심해지지는 않을까? 하지만 이런 걱정은 잘못된 가정에 근거하고 있다. 정의감과 분노만이 행동을 일으키는 동력이라는 가정이다. 하지만 이는 사실이 아니다. 간디, 로자 파크스Rosa Parks, 마틴 루서 킹 같은 역사상 가장 저명한 사회운동가들의 유산은 공통된 이야기를 하고 있다. 바로 자신의 관점을 넘어 두루 살피는 폭넓은 시각이 사회의 변화를 이끄는 열쇠라는 것이다.

3.
시스템을 재설정하는 도구

오랜 시간 마음의 문이 닫혀 있다가 내면의 여정을 막 시작한 상황이라면 일종의 충격 요법이 필요할 수 있다. 이미 습성으로 굳어진 인생의 시스템을 처음부터 다시 설정해야 하기 때문이다. 시스템을 재설정하기 위한 몇 가지 방법을 소개한다.

1. 습관에 새로운 충격을 주기

습관 역시 시스템의 일부다. 이를 재설정하기 위해서는 많은 시간을 들여 지금껏 해오던 루틴을 제대로 평가하고, 열림으로 나아가기 위한 새로운 길을 모색해야 한다. 조용한 명상 수련이 가장 대표적인 방법이다. 낯선 환경과 자연 속에서 시간을 보내기만 해도 시스템에는 상당한 충격이 가해진다. 시간과 자원이 부족하다면 하루만이라도 온전히 투자해 스마트폰 없이 노트만 들고 집 밖으로 나가보자. 그리고 수행과 성찰에 집중해 보자. 결코 작지 않은 충격이 될 것이다.

2. 자발적 콘텐츠 폭식

이 방법은 여기서도 적용된다. 디지털 세계와의 단절만이 열림의 상태를 하나의 시스템으로 만드는 유일한 길은 아니다. 정반대로 디지털 기기가 주는 참신함을 느끼지 못할 정도로 폭식해 끝내 완전히 닫아버리는 수행 방법도 있다.

3. 환각 보조 치료

5장과 6장에서 이 요법을 구체적으로 알아보았다. 이 방법은 완전한 열림 상태를 촉진할 수 있는 강력한 도구다. 하지만 살펴본 것처럼 환각 보조 치료가 반드시 필요하지는 않다. 그리고 이를 가볍게 여겨서도 안 된다. 고도로 훈련받았고 강한 소명 의식을 가진 전문 치료사의 도움을 받을 수 있는 경우에만 사용하기를 권한다. 6장 마지막에서 언급한 환각 보조 요법에 대한 지침도 꼼꼼히 읽어보길 바란다.

4.

신경계를 이완하는 도구

스마트폰이라는 자극의 홍수 속에서 늘 스트레스와 긴장을 느끼는 현대인들은 마음을 열지 못하는 문제에 너무나 쉽게 직면한다. 피하기 어려운 '과잉 경계 상태'는 마음의 크기를 작게 만들어 활짝 열린 넓은 마음과는 정반대되는 경험을 남긴다. 또한 이 때문에 주의가 산만해지면 다른 사람에게 마음을 열고 가까이 다가가기가 더욱 어려워진다.

몸과 마음의 이완, 즉 신경계를 진정시키는 활동은 이에 대처하고 열림을 위한 비옥한 토양을 만드는 가장 좋은 방법이다. 넷플릭스나 틱톡에서 벗어나 진짜 휴식의 상태에 들어서면 긴장됐던 마음이 점차 느슨해지고, 소용돌이치던 생각이 느리게 흘러가며, 무엇보다 마음의 공간이 확장되기 시작한다. 이제 신경계가 진정되도록 돕는 방법들을 알아보자.

1. 약물 없는 환각 체험

6장의 마지막 부분에서 간략히 소개한 내용이다. 음악을 환각 증폭제로 사용하는 것이다. 약물을 쓰지 않고도 환각 상태를 경험할 수 있을 뿐 아니라 신경계 이완에도 효과가 좋다. 30분이면 가장 좋지만 10분이나 20분 정도라도 시간을 내야 한다. 편안한 장소에서 손바닥이 위로 향하도록 등을 대고 눕는다. 잠에 빠질 수도 있으니 알람을 설정해 둔다. 주변의 감각과 단절될 수 있도록 안대와 헤드폰을 착용한다. 이제 좋아하는 음악이나 재생 목록을 재생하고, 모든 노력을 내려놓는다. 분주하고 소란스러운 일상에서 잠시나마 마음의 휴식을 취한다. 이 과정을 거친 후 다시 분주한 일상으로 돌아왔을 때 마음의 상태를 유심히 살펴보자. 정신없이 돌아가는 일상 속에서 편안하고 열린 마음이 줄 수 있는 느낌은 무엇인지 관찰해 보자.

2. 요가

보통 요가는 "프라나(호흡)가 움직이면, 치타(정신)도 움직인다"라는 스와미 무크티보다난다Swami Muktibodhananda의 선언에 기초한다.[5] 핵심은 호흡과 정신이 불가분의 관계에 있다는 것이다. 정신이 호흡을 형성하고, 호흡이 정신을 형성한다. 호흡의 속도를 의식적으로 늦춤으로써 마음을 이완하고 좀 더 쉽게 열림의 상태에 도달하도록 돕는 것이 요가 수련의 핵심이다. 이제 막 요가를 시작한 초보자라면 좋은 선생님을 찾아 호흡 습관을 제대로 들이길 추천한다. 온라인에서도 다양한 수업을 찾을 수 있다.

3. 요가 니드라Yoga Nidra, 혹은 비수면 상태의 깊은 이완

매우 깊은 이완 상태에 도달할 수 있는 또 다른 방법이다. 요가 니드라는 약물 없는 환각 체험과 유사하다. 손바닥이 하늘을 향하도록 등을 대고 누워, 수면 상태와 깨어 있는 의식 사이의 미묘한 공간에 머무르는 것이다. 이 과정에서 엄선된 배경음악을 사용하면 더 효과적이다. 내 웹사이트에서는 다양한 요가 니드라 배경음악을 열림 명상과 함께 제공하고 있다. 이외에도 지침을 제공하는 요가 니드라 관련 앱은 무척 다양하다.

4. 복식호흡

입을 앙 다물어보자. 호흡이 긴장되고 꽉 조인 듯한 느낌이 들 것이다. 가슴 윗부분에서 시작되는 호흡이 주는 감각이다. 이제 호흡의 리듬을 바꿔 그 뿌리를 가슴에서 배로 옮겨보면 한결 편안한 느낌이 들 것이다. 이처럼 호흡은 신경계를 조절하는 좋은 수단이다.

- 편안한 자리를 찾아 등을 대고 눕는다. 무릎을 구부리고, 손바닥이 하늘을 향하도록 팔을 뻗는다.
- 숨을 들이마실 때마다 아랫배가 부드럽게 부풀어 오르는 것을 느끼며 허리를 살짝 굽힌다.
- 숨을 내쉴 때마다 허리가 바닥이나 의자의 등받이에 붙도록 한다. 바다로 돌아가는 파도처럼 부풀었던 배가 서서히 들어간다.
- 더 깊은 이완 상태로 들어가려면 양 손바닥을 아랫배에 댄다. 숨을 들이마실 때마다 손바닥으로 약간 확장되는 배를 느낀다. 숨을 내쉴 때는 아랫배가 천천히 내려가는 것을 느껴보자.[6]

5. 날숨의 확장

복식호흡의 리듬에 익숙해지면, 한 단계 더 나아가 날숨의 길이를 늘여본다. 최근 연구 결과에 따르면 날숨의 확장은 심박수를 늦추고 이완 반응을 촉진한다.[7] 그 방법은 다음과 같다.

- 숨이 편안하게 이완됐다고 느껴지면 날숨의 길이를 들숨의 길이보다 50퍼센트 더 길게 늘인다. 넷을 셀 때까지 들이마

셨다면 내쉴 적에는 여섯까지 숫자를 세는 식이다. 이때 날숨의 마지막 순간이 자연스럽게 들숨으로 이어지도록 한다.

- 긴장을 푼다. 핵심 지침이다. 몸이 긴장하거나 숨이 찬다고 느껴지면, 손바닥을 아랫배에 대고 천천히 자연스러운 복식 호흡으로 돌아간다.
- 1~2분 후에도 여전히 편안하다면 날숨과 들숨의 길이를 2 대 1로 바꾼다. 넷을 셀 때까지 들이마셨다가 내쉴 때는 여덟까지 세는 것이다.
- 여전히 편안하다면 강도를 한 단계 높여서 날숨 끝에 잠시 숨을 멈추는 시간을 추가할 수 있다. 여덟까지 내쉰 후에 잠시 숨을 멈추고 추가로 넷을 센다. 이렇게 숨을 멈출 때마다 마음이 광활한 공간으로 녹아드는 것을 느껴보자.[8]

이 같은 날숨의 확장법 외에도 빔 호프Wim Hof 호흡법, 수다르샨 크리야Sudarshan Kriya 호흡법, 홀로트로픽 호흡법 역시 신경계를 이완하기 위한 방법으로 활용할 수 있다.

6. 공명 호흡

이처럼 다양한 호흡법은 강력한 효과를 보이지만 분주한 일상에서 별도의 시간과 공간을 내야 한다. 이런 제약에서 자유로운 호흡법을 찾는다면 언론인 겸 호흡 전문가인 제임스 네스터James Nestor의 '공명 호흡'을 시도해 보자. 네스터는 신경계의 균형을 맞추는 이상적인 호흡 비율을 강조했다. 즉 5.5초 들이마시고, 5.5초 내쉬는 호흡법이다.[9] 이 마법의 비율에 가깝게 호흡을 조절하기만 해도 언제 어디서나 신경계를 이완시킬 수 있다. 다음의 방법을 따라 해보자.

- 숨을 들이쉴 때 다섯까지, 내쉴 때 다섯까지 세어 대략적인 공명 호흡의 길이를 찾아본다(단 5.5초를 정확히 맞출 필요는 없다). 어느 정도 들이쉬고 내쉴지 감을 잡았다면 더 이상 숫자를 세지 않아도 된다.
- 호흡을 줄인다. 역설적인 지침이다. 보통 스트레스를 받으면 숨을 더 많이 쉬라고 한다. "심호흡을 크게 하라"라고도 한다. 그러나 신경계를 이완하려면 오히려 반대로 해야 한다. 우리 몸은 숨을 적게 쉬길 원한다. 크게 들이마시는 대신 작고 섬세하게 한 모금씩 들이마신다고 상상해 보자. 이를 위해 호흡 전문가 패트릭 맥키운Patrick McKeown은 숨을 들이쉬고 내쉴 때마다 소리가 들리지 않을 정도로 조용히 호흡할 것을 권장한다.[10] 이렇게 하면 자연스레 호흡이 가벼워지고 부드러워진다.
- 숨을 내쉰다. 우리는 바쁘거나 스트레스를 받으면 종종 숨을 깊이 들이쉬고 제대로 내쉬지 않는다. 그러므로 숨을 내

쉬는 5초간 특별히 주의를 기울인다. 다음 숨을 들이쉬기 전에 내쉬는 숨이 완전히 끝났는지 확인한다.

5.
열림 명상의 수행을 위한 도구

8장에서 열림 명상 수행의 세 가지 단계를 살펴보았다. 이 수행은 활용 방법이 매우 다양하므로 추가 도구를 몇 가지 소개하고자 한다.

1. 명상 준비 자세 갖추기

나는 열림 명상을 고전적으로는 앉아서 하는 명상이라고 설명했다. 하지만 세 가지의 다른 자세로도 가능하다.

첫째는 서 있는 자세다. 먼저 발을 골반 넓이만큼 벌리고 정면을 바라보고 선다. 무릎은 약간 구부린다. 꼬리뼈는 무거운 추가 누르고 있다고 생각하며 아래쪽으로 부드럽게 당기자. 반면 정수리는 연결된 끈에 의해 살짝 위쪽으로 당겨진다고 상상해 보자. 자세를 억지로 바꾸려 하기보다는 몸이 위의 이미지를 따라 자연스럽게 움직이도록 하자. 이 자세가 안정됐다고 느껴지면, 지침을 따라 열림 명상을 시작한다.[11]

두 번째는 걷는 자세다. 걸으면서 수행하려면 서두르지 말아야 한다. 느릿하게 걸으며 발에 닿는 바닥의 감각을 느낀다. 미로 사이를 걷듯 한자리에서 반복해서 걷거나 목적지 없이 이리저리 걸을 수도 있다. 이런 패턴에 익숙해졌다고 느끼면, 역시 지침을 따라 명상을 한다.

마지막은 누운 자세다. 등을 대고 눕는다. 양팔을 바닥에 대고, 손바닥은 똑바르게 위로 향한다. 눈을 뜨고 넓은 하늘을 올려다볼 수 있도록 가능하면 야외에서 진행한다(잊지 말고 선글라스를 챙기자). 이후에는 지침을 따라 열림 명상을 시작한다. 2단계(마음 확장하기)로 넘어가면 광활한 하늘이 마음의 크기를 키우는 데 도움을 줄 것이다.

2. 견디기 어려운 마음 다루기

열림 명상 중 마주하기 어려운 생각이나 감정이 떠오르면 어떻게 해야 할까? 간단하다. 후퇴하지 말고 접근하는 마음으로 다가가자. 소란스러운 마음에 온전히 집중한다. 다소 이상하게 들릴 수 있다. 하지만 '거리에서의 열림' 장에서 만난 족첸의 대가 밍규르 린포체는 다음과 같이 말했다.

"구름을 통해 하늘과 연결될 수 있다. 구름이 보이면 하늘이 있다는 뜻이다. 하늘이 없으면 구름도 볼 수 없다."

이 말의 요지는, 찰나의 생각과 감정, 감각의 구름 조각에 주의를 기울이면 넓게 열린 마음의 본질과 연결될 수 있다는 것이다. 분노의 구름 역시 마음속 하늘의 일부다. 그러므로 일반적인 집중 대상이나 개념적인 이야기에서 벗어나 지금 여기, 몸에서 일어나는 감각으로 초점을 옮긴다.

생각이나 감정에 이끌려 오는 주된 감각을 찾아서 거기에 집중한다. 감각을 있는 그대로 받아들인다. 그리고 감각이 끊임없이 변화하는 과정에 주목한다. 예를 들어 불안을 느낀다면 불안이 어떤 몸의 감각으로 발현되는지 찾아본다. 그리고 그 감각이 만화경의 변화무쌍한 색처럼 빙글빙글 돌며 변화하는 모습을 그저 지켜본다. 그 감각을 있는 그대로 허용한다.

이와 관련해 마음챙김 강사 타라 브라흐Tara Brach는 유용한 지침 하나를 제시한다. '그래'라는 한 마디로 모든 것을 기꺼이 허용해 보라는 것이다. 그는 이렇게 설명한다.

"'그래'라고 말하는 것은 분노와 같은 특정 감정에 빠져드는 걸 의미하지 않는다. 그것은 우리의 경험을 조작하는 수단이 아니다. 삶을 있는 그대로 받아들이는 하나의 기술이다."[12]

여기서 말하는 기술이란 불편함이나 슬픔, 불안을 억압하는 대신 마음속으로 '그래'라는 한 마디를 외침으로써 있는 그대로 특정 감정을 마주하는 것이다.

하지만 감정이 너무 격할 땐 어떻게 해야 할까? 이런 상태에 접근하는 게 자신의 한계를 넘어서는 일처럼 느껴진다면 어떻게 해야 할까? '현명한 닫힘'을 다룬 11장에서 소개한 페마 초드론의 조언을 적용해 보자. '안전지대'나 '도전 지대'를 벗어나 '과도한 위험 지대'에 있는 나 자신을 발견했다면, 잠시 휴식을 취하자. 그런 다음 숨을 고르거나 산책을 하거나 숙련된 치료사의 도움을 받아 충격적인 감정 상태에 천천히, 그리고 안전하게 접근하자.

3. 마음을 확장하는 다른 방법

열림 명상 2단계로 소개한 알아차림의 영역을 넓히는 것은 마음속 공간을 확장하는 매우 효과적인 방법이지만 유일한 방법은 아니다. 몇 가지 다른 고전적인 기법도 고려해 보자.

- 자연에 마음 열기. 나는 이 기법을 족첸의 대가 차쿵 지그메 왕드락Chakung Jigme Wangdrak에게서 배웠다. 그가 '네 가지 요소와 함께하는 명상'으로 명명한 이 수행은 흙, 물, 불, 공기라는 네 가지 생명의 기본 요소를 우리의 인식을 확장하기 위한 초대장으로 활용한다.[13] 자연에서 이들 요소 중 하

나를 찾아 명상을 시작한다. 바다에 가서 파도에 마음을 맡기자. 언덕이나 산에 올라 광활한 자연을 바라보며 휴식을 취해도 좋다. 산책을 하며 얼굴에 닿는 시원한 바람에 마음을 맡기기도 한다. 모닥불을 피워놓고 타오르는 불씨에 집중해 보자. 자연의 요소에 주의를 집중하고, 자연과 하나될 때 마음속 공간이 강력히 확장될 수 있다.

- 알아차림을 알아차리기. '알아차림을 알아차려'라는 지침을 나 자신에게 끊임없이 반복했던 내용을 기억할 것이다. 다소 혼란스럽겠지만 이 과정의 효과는 강력하다. 우리는 대개 자연스러운 알아차림의 기본 배경을 잘 알지 못한다. 그러나 알아차림 자체에 주의를 기울이면 꽤 심오한 일이 펼쳐진다. '마음의 본성'이 무엇인지에 대해 잠시나마 깨닫는다. 마음이 넓어진 것 같은 느낌도 받는다. 이 순간 우리는, 일상적인 집착과 자신이 견고한 자아라는 생각에서 벗어나 자유로운 마음과 직접 만나는 경험을 한다.

4. 명상 습관 만들기

이제 열린 명상을 시작하는 데 필요한 모든 도구를 갖췄다. 마지막 하나, 전술적인 질문만 남았다. 명상의 효과를 극대화하려면 얼마나 오래 연습해야 하며, 명상 수행을 매일 하는 습관으로 만들려면 어떻게 해야 할까?

필요한 시간은 사람마다 다르다. 여유 시간이 충분한 사람과 업무와 육아, 살림 등으로 인해 시간을 5분도 내기 어려운 사람은 다르게 접근할 수밖에 없다. 여유 시간이 많다면 매일 30분 이상을 목표로 해도 좋다.

최신 연구 결과에 따르면 하루에 최소 10~12분 정도는 투자해야 한다.[14] 대부분의 사람은 대략 이때부터 명상의 효과를 경험한다.

명상을 매일 하는 습관으로 만들고 싶다면 아래 지침을 따라 해보자.

- 작게 시작하기. 스탠퍼드대학교에서 심리학을 연구하는 BJ 포그BJ Fogg에 따르면, 어떤 습관을 만들 때는 작게 시작하는 게 좋다.[15] 따라서 명상을 처음 시작한다면 12분 이상의 목표는 지양하자. 우선은 매일 1~2분씩 해보다가, 어느 정도 습관이 되면 시간을 서서히 늘려가자.
- 쉽게 하기. 습관을 세우기 위한 조건을 조성하는 것도 좋다. 이를테면 침실이나 거실 의자처럼 매일 명상을 할 수 있는 장소를 지정해 두는 것이다. 명상 시간이 되면 자리에 앉아 시작하기만 하면 된다.
- 습관 위에 습관을 쌓아 올리기. BJ 포그의 또 다른 전략이다. 새로운 습관을 만들 때 이미 만들어진 습관 위에 쌓아

올린다. 명상을 시작한다는 신호나 알림으로 기존의 습관을 활용하는 것이다. 예를 들어 아침 양치 후에 명상을 하기로 정하는 식이다. 또는 업무 시작 전 책상에 앉는 순간에 할 수도 있다. 이처럼 한 가지 단서를 정해두면 기존의 습관이 지지대가 되어 수월하게 새로운 습관을 형성할 수 있다.

모든 일의 목표는 매일 즐겁게 할 수 있는, 내게 꼭 맞는 열림 명상을 하려는 것임을 잊지 말자. 그러므로 핵심은 직관을 따르는 것이다. 나만의 맞춤형 수행법을 설계해 보자. 이것이 습관을 만들고 오래 지속할 수 있는 유일한 방법이다.

5. 기타 참고자료

끝으로 더 깊은 명상 수행을 위한 몇 가지 책과 자료를 소개한다.

- 초보자용 가이드로는 페마 초드론의 『명상 수행법How to Meditate』을 참고하자.
- 다양한 방식의 명상 개요와 마음챙김 수행을 일상생활에 통합하는 방법을 보려면 에릭 랭셔와 공저한 『여기에서 시작하라』를 참고하자.
- 밍규르 린포체가 경험한 4년 반 동안의 방랑 여행기는 『욘

게이 밍규르 린포체, 세상과 사랑에 빠지다Yongey Mingyur Rinpoche, In Love with the World』에 자세히 담겨 있다. 이와 함께 『삶의 기쁨The Joy of Living』에는 어린 시절 불안을 둘러싼 그의 투쟁과 열린 알아차림 명상에 대한 각종 팁이 자세히 언급돼 있다. 밍규르 린포체가 속해 있는 터거 인터내셔널(tergar.org)에서는 다양한 수련회와 온라인 강좌를 개최하고 있다.

- 8장에서 소개한 족첸 수행의 대가 아남 툽텐은 저서『티베트 스님의 노 프라블럼』에서 열린 마음으로 살아가는 미덕에 대해 언급한다. 그가 속한 다르마타 재단(dharmata.org)에서도 매주 수업과 수련회를 개최한다.

- 로크 켈리Loch Kelly 역시 열린 알아차림 명상에 대한 체험적 가르침을 제시한다. 그는 두 권의 저서『마음챙김의 수월한 길The Way of Effortless Mindfulness』과『자유로의 전환Shift into Freedom』에서 '마이크로 명상' 혹은 '깨어 있는 알아차림의 엿보기'로 명명한 과학과 실천을 탐구한다. 자세한 내용은 저자의 사이트(LochKelly.org)를 참고하자.

- 숙련된 족첸 명상가로 명상 관련 작가 겸 팟캐스트 운영자인 샘 해리스Sam Harris도 웨이킹 업(wakingup.com)을 통해 방대한 강연과 음성 자료를 제공하고 있다.

- 족첸 및 열림 명상의 기본 원리가 궁금하다면, 라마 수리야

다스Lama Surya Das가 쓴 『자연의 빛Natural Radiance』을 확인해 보자. 그의 강좌 및 수련회 정보는 사이트(surya.org)에 자세히 안내돼 있다.

- 족첸과 마하무드라 외에 명상에 관한 좀 더 포괄적인 계보를 확인하고 싶다면, 툴쿠 우르겐 린포체가 쓴 『족첸의 전형Quintessential Dzogchen』, 켄텐 트랑구 린포체가 쓴 『마하무드라의 본질Essentials of Mahamudra』 두 권을 참고하자.

맞춤형 열린 마음 실천 가이드

이제 열린 마음 실천 가이드와 관련해 여러분이 답할 차례다.

이 책에서 소개한 도구 가운데 가장 실천해 보고 싶은 것은 무엇인가?

잊지 않도록 이곳에 적어두자.

도구 1 _____

도구 2 _____

도구 3 _____

도구 4 _____

도구5 _____

도구6 _____

도구7 _____

도구8 _____

도구9 _____

마지막으로 한 가지 주의사항을 전한다. 열림을 향한 이 같은 도구가 또 다른 의무가 돼버리는 함정에 빠져서는 안 된다. 이 연습이 하나의 일처럼 느껴지기 시작하면 잠시 쉬어가도 좋다. 이 경험을 재미있고 유연하게 이어갈 수 있는지 자문해 보자.

나는 종종 이런 질문을 받는다.

"이 모든 경험을 하고 난 뒤 일상 속 열림은 어떤 모습인가?"

이에 대해서는 "사람마다 다르다"라고 답하겠다. 마음을 여는 건 일종의 예술 활동이다. 우리 각자는 마음속 캔버스에 자신만의 방식으로 그림을 그린다. 내 방식이 여러분의 방식과 다르다고 해서 놀랄 필요가 전혀 없다. 그럼에도 실제 사례를 보면 바쁜 일상 속에서 열림의 기회를 만들어가는 게 어떤 모습인지 좀 더 구체적으로 알 수 있을 것이다. 이를 위해 나의 사례를 이야기해 보겠다.

공식적 명상과 비공식적 명상 중 전자부터 살펴보도록 하자. 나는 보통 매일 기상 후 25분간 열림 명상을 수행한다. 하루 중 어느 순간에라도 꽃을 피우기 위해 열림의 씨앗을 심는 것이다. 또 일주일에 몇 번은 거리 열림을 진행한다. 특히 비행기 안에서 하는 걸 좋아하는데, 탑승 직후부터 3킬로미터 상공에서 벨이 울릴 때까지 내 자리에 그대로 앉아 열림 명상을 수행한다 (여객기에 명상용 벨이 제공된다는 사실이 정말 멋지지 않은가?).

일주일에 며칠은 요가를 하며 호흡의 리듬을 재설정하고 신경계를 충분히 이완시켜 긴장을 풀어준다. 업무 중간에, 혹은 업무를 끝낸 후에는 산책을 한다. 귀에 아무것도 꽂지 않고 조용히 걸으면 마음속에서 소용돌이치는 거친 에너지는 자연히 빠져나가고 안정감이 찾아온다. 혈기왕성한 강아지를 산책으로 달래는 것과 비슷하다. 또 글을 쓰다가 잠시 쉴 때는 음악을 틀고 바닥에 누워 단 몇 분이라도 마음 확장의 시간을 갖는다.

좀 더 거시적인 차원에서 보면, 나는 여전히 환각 보조 치료를 진행하고 있다. 지금 내게는 3~6개월의 주기가 이상적인 듯하다. 이를 통해 나의 전체적인 습관 체계를 완전히 재설정할 수 있었고, 가장 심각했던 내면의 문제도 근본적으로 새롭게 바라볼 수 있었다. 세션의 휴식기에도 열림 상태에 좀 더 수월하게 다다랐다. 이와 함께 일 년에 한두 번은 하루나 이틀, 혹은 일주일 정도 바쁜 일상에서 완전히 벗어나려고 노력한다. 명상 수련회에 참석하기도 하고 집에서 휴식하기도 한다.

이것이 나의 공식적이고, 수행에 기반한 열림 명상 방식이다. 하지만 앞서 언급했듯, 가장 강력한 열림의 순간은 분주한 일상 속에서 비공식적으로 찾아온다. 그런데 이 두 가지 유형의 열림 사이에는 나선형 상승효과가 존재한다. 공식적인 수행을 해서 열림의 상태로 가기 위한 모멘텀이 충분히 만들어지면 그 열림 상태는 예고 없이 비공식적인 형태로 찾아온다. 그렇게 되면 다시 공식적인 수행에 대한 동기가 강해진다.

이 같은 비공식적 열림의 순간을 더 많이 경험하고자 사용하는 한 가지 방법이 있다. 바로 내 마음이 점점 닫히고 있다는 단서를 찾아내는 것이다. 내 경우, 총 네 가지의 단서가 있다. 첫 번째, 왼쪽 귀의 이명이 점점 더 커지거나 또렷해진다(사실 어느 쪽인지 정확히는 모르겠다). 두 번째, 해야 할 일을 재차 확인하거나 이메일을 계속 뒤적이는 등 완벽주의에 대한 집착이 강해진다. 세 번째, 음악 감상에 흥미가 줄고, 디지털 콘텐츠를 강박적으로 소비하는 현상이 나타난다. 마지막 네 번째, 불편한 감정이나 감각을 느끼지 않으려고 무진 애를 쓰며 방황한다.

이것이 나만의 독특한 닫힘 신호다. 여러분에게도 분명 몇 가지가 있을 것이다. 이런 신호에 주의를 기울이는 건 열림이 필요한 때를 알리는 마음속 알람 시계를 갖고 사는 거나 마찬가지다.

예를 들어 산속의 긴 터널을 운전하다가 불안이 엄습하며 마음이 점점 닫히는 걸 느낀다면, 알아차림의 가장자리가 확장되도록 허용해 보자. 햄버거 가게에서 줄을 서 기다리는 동안 지루해진다면 불편한 감정을 파노라마식으로 전환해 인식하자. 받은 편지함의 이메일을 처리하느라 눈이 피로해지면, 잠시 창밖을 내다보며 더 넓은 시야로 빠져들자. 새벽 3시 30분, 몸을 짓이기는 듯한 슬픔에 잠에서 깨고 나면 그 슬픔을 온전히 받아들일 수 있을 때까지 기다려본다.

이런 순간이 늘 다가오는 건 아니다. 하지만 수련에 더 깊이 들어갈수록 더 자주 찾아온다.

여러분도 이 가운데 유용한 것을 택해 더 많은 열림을 경험할 수 있는 자신만의 도구를 만들어보길 바란다. 마음을 열면 넓어진 마음에서 오는 자유를 경험할 수 있게 된다. 그뿐 아니라 이런 경험이 주변 사람들의 마음에도 퍼져나간다는 것을 기억하자. 이처럼 우리는 마음을 덜 닫고 더 여는 습관을 기르는 것만으로도 자신과 세상을 변화시킬 수 있다.

감사의 말

책 표지에 내 이름이 적혀 있긴 하지만, 정말 내가 이 책을 썼는지 잘 모르겠다. 솔직히 말하면 저자 이름은 '삶'으로 쓰고 감사의 말에는 이렇게 적고 싶다.

"무릎 꿇을 수밖에 없었던 실패의 순간까지 그 모든 순간을 완벽하게 설계해 열림의 힘을 이해하도록 해준 내 삶에 감사한다."

하지만 내 삶에만 감사를 표한다면 이 책이 세상에 나오기까지 도와준 많은 사람을 놓치게 될 것이다.

우선 사운즈 트루의 편집자 다이애나 벤티미글리아에게 깊은 감사를 전한다. 수년 동안 수많은 만남을 통해 함께 일할 운명으로 이어진 것 같다. 이 책은 그 운명의 완벽한 출발점이다. 나를 믿고, 내가 상상했던 것보다 훨씬 더 나은 원고가 나오도록 도와준 것에 진심 어린 감사를 표하고 싶다.

다음은 저작권 대리인으로서 훌륭한 임무를 수행해 준 니콜 투르텔로. 이 책이 열림과 닫힘의 차이에 대한 두 쪽짜리 문서에 불과했을 때부터 지지와 격려를 아끼지 않은 니콜에게 감사를 전한다.

내 치료를 맡아준 환각 보조 치료사 세라 루이스도 빼놓을 수 없다. 생면부지의 내가 내면의 영역을 탐구하고 그에 관한 책을 쓰고 싶다며 이메일을 보냈을 때 기꺼이 받아준 그 배려에 이 자리를 빌려 감사하다고 말하고 싶다. 세라와의 시간은 내 인생에서 가장 큰 치유가 일어난 순간으로 기록될 것이다.

그리고 하이킹과 각종 진리 탐구를 함께한 내 친구 앤드루 브레이. 그와의 시간은 새로운 아이디어와 경험이 끊임없이 샘솟는 시간이었다. 그와의 대화를 통해 내 마음과 삶이 변화될 수 있어 정말 감사하다.

이 밖에도 수많은 친구와 가족이 긴 여정에 함께했다. 마이크 몽건, 보 파펫, 폴 워너, 주디 워너, 아델라 워너, 수 하일브로너, 빌 클렙슈, 캐럴린 클렙슈, 어맨다 헤스터, 헤더 힐록, 모니카 캐슨, 브렌다 야콥센, 브라이언 웰치, 짐 기미언, 배리 보이스, 데릭 넬슨, 채드 고메즈 크리시, 라이언 반 더저에게 감사의 마음을 전한다.

출간을 준비하면서 내게 정말 훌륭한 친구들이 많다는 사실을 새삼 깨닫게 됐다. 그들은 훌륭한 편집자 역할을 해주었다. 물론 편집은 그들의 본업이 아니지만, 친구들의 통찰과 제안, 아이디어 덕분에 혼자였다면 상상도 못 했을 책이 탄생했다. 책의 여러 부분을 기꺼이 읽고 의견을 나눠준 짐 워너, 새드 윙, 스티븐 윙, 리즈 넬슨, 프리티 파텔, 크리스 페라로, 나타라자 칼리오에게 깊은 감사를 표하고 싶다.

원고가 초기 단계였을 때 전문을 읽고 조언해 준 친구들에게도 감사를 전한다.

그리고 내 모든 지적 욕구를 함께 공유하는, 내게는 쌍둥이 같은 존재인 샘 보이드. 극단으로 치닫는 것보다 미묘한 차이를 발견하는 것에 더 큰 힘이 있음을 알게 해주어 늘 감사하다.

치열하게 원고를 읽고 첨언을 해준 킴 보이드 역시 빼놓을 수 없다. 생각지 못한 인사이트를 발견하고 아이디어를 현실화할 수 있게 해주어 깊은 감사를 전한다.

다음은 재즈 음악을 연주하며 우정을 쌓기 시작한 캐머런 매딜. 덕분에 독자의 마음을 사로잡는 도입부를 쓸 수 있었다. 진심으로 감사한다.

누구보다 도전적인 아이디어를 탐구하는 제이컵 클라인. 지적 탐구를 향한 그의 사랑은 내게도 큰 영향을 끼쳤다. 다양한 논란을 함께 연구하고 논쟁하는 유익한 시간을 함께했다.

그리고 메러디스 윌슨 파펫. 그는 내게 고통이 변화한다는 가능성을 일깨워 주었다. 내가 겪은 가장 힘든 순간들을 글로 풀어낼 수 있도록 용기를 준 데 진심 어린 감사를 전한다.

그리고 나의 글쓰기 및 수행 파트너 에릭 랭셔. 마음챙김을 세상에 알리기 위한 수년간의 작업을 함께해 주어 늘 감사하다. 무엇보다 이 책을 쓰는 과정에서 내가 할 말을 잊고 방황했을 때, 별 특징 없어 보이는 부분을 제대로 볼 수 있게 해줬다. 특별한 감사의 마음을 전하고 싶다.

글 때문에 너무 어지러워 앞이 잘 보이지 않았을 때 내 상태를 정확히 진단해 준 다라 레스닉에게도 감사를 표한다.

더불어 아티스트 레아 펄먼. 이 프로젝트에 소중한 재능을 기꺼이 나눠준 데, 그리고 내게 환대 및 놓아주기에 관한 새로운 길을 제시해 준 데 감사의 마음을 전한다.

그리고 절대 빼놓을 수 없는 콜로라도주 볼더 마을. 어린 시절과 성인이 되고 난 후 대부분의 시간을 볼더의 장엄한 고원에서 보냈다. 내 인생의 완벽한 배경이 되어준 것에 깊은 감사를 전한다.

나아가 내 사고의 틀을 형성해 준 수많은 선생님. 철학의 대가를 비롯해 재즈 음악가, 요가 강사, 마음챙김 수행자, 영적 스승 등 훌륭한 분들 곁에서 배우는 특권을 누렸다. 데이비드 호킨스, 키스 맥도널드, 브루스 로즈, 안드레스 알렌, 레이 맥더모트, 롭 라이히, 리처드 로티, 스티븐 마세도, 제인 맨스브리지, 푸겐 톰 피트너, 돈 리소, 러스 허드슨, 다이애나 채프먼, 짐 데스머에게 감사의 인사를 전합니다. 마티 위너, 오드리 헤이즈캠프, 게이 핸드릭스와 케이티 헨드릭스, 데이비드 체르니코프, 바이런 케이티, 솔 데이비드 레이, 로드 스트라이커, 라마 수리야다스, 아남 툽텐, 밍규르 린포체, 그리고 내가 빼먹었을지 모르는 선생님들까지. 이 자리를 빌려 깊은 감사의 마음을 전하고 싶다.

그리고 사랑하는 부모님 조 클렘프와 마기 클렘프. 내 삶은 두 분이 예상했던 것에서 많이 벗어났을지 모른다. 그러나 삶 가운데 마주한 온갖 우여곡절에도 불구하고 두 분은 늘 나의 도전과 실행을 열린 마음으로 지지해 주었다. 부모님의 응원과 사랑에 특별한 감사를 표한다.

내 아내이자 인생의 동반자 케일리 클렘프. 내 인생 최고의 영적 동반자가 돼주어 진심으로 감사한 마음이다. 우리는 볼더 고등학교 화학 수업 때부터 25년간 삶의 여정을 함께해 왔고, 해를 거듭할수록 더 좋은 관계를 만들어가고 있다. 케일리 없이 이 글을 쓴다는 건 이제 상상할 수 없다.

끝으로 내 정신적 지주, 우리 할머니 힐다 맥맨. 이 책은 마치 할머니와 대화하듯 써 내려갔다. 그래서 책을 쓰는 동안 할머니의 존재를 순간순간 깊이 느낄 수 있었다. 나는 할머니가 늘 나를 안전하게 지켜준다는 것을 믿는다. "무엇이 오든 있는 그대로를 사랑하라"라는 할머니의 말이 내 삶에 등대가 되어줄 것을 믿는다.

명구

1) Dass, Polishing the Mirror (Boulder: Sounds True, 2013), 104.

프롤로그

1) Alexis de Tocqueville, Democracy in America (New York: Library of America, 2004), 628.

1부 닫힌 세계에서

1장 닫힌 마음: 스스로에게 전기충격을 가하는 사람들

1) 탄트라 수행의 더 깊은 의미에 대한 통찰을 제시해 준 짐 기미언에게 감사를 전한다.

2) Chogyam Trungpa, The Tantric Path of Indestructible Wakefulness (Boulder: Shambhala Press, 2013), 564.

3) Chogyam Trungpa, The Collected Works of Chogyam Trungpa: Volume Three (Boulder: Shambhala Press, 2010), 460.

4) See, for instance, Jackson Barnett, "Shambhala, the Boulderborn Buddhist organization, suppressed allegations of abuse, ex-members say," The Denver Post, July 7, 2019, denverpost .com/2019/07/07/shambhala-sexual-abuse/. Matthew Remski, "Survivors of an International Buddhist Cult Share Their Stories," The Walrus, April 13, 2021, thewalrus.ca/survivors -of-an-international-buddhist-cult-share-their-stories/. Sam Harris explores these accounts in his book, Waking Up (New York: Simon and Schuster, 2014), 159 – 63.

5) Timothy D. Wilson et al, "Just Think: The Challenges of the Disengaged Mind," Social Psychology 343, No. 6192 (July 2014): 76.

6) Nielsen Total Audience Report (New York: The Nilsen Company, 2019).

7) Joanna Stern, "Cellphone Users Check Phones 150x/Day and Other Internet Fun Facts," ABC News, May 29, 2013, abcnews.go.com/blogs/ technology/2013/05/cellphone-users -check-phones-150xday-and-other- internet-fun-facts/. Michael Winnick, "Putting a Finger on Our Phone Obsession," Dscout, dscout.com/people-nerds/mobile-touches.

8) 2017 Global Mobile Consumer Survey: US Edition, Deloitte Consulting, deloitte.com/content/dam/Deloitte/us/Documents/technology-media- telecommunications/us-tmt -2017-global-mobile-consumer-survey- executive-summary.pdf.

9) "New Report Finds Teens Feel Addicted to Their Phones, Causing Tension at Home," Common Sense Media, May 3, 2016, commonsensemedia.org/press- releases/new-report-finds -teens-feel-addicted-to-their-phones-causing- tension-at-home.

10) "Americans Can't Put Down Their Smartphones, Even During Sex," Global News Wire, July 11, 2013, globenewswire.com/news-release/2013/07/11 /1195636/0 /en/Americans-Can-t-Put-Down-Their-Smartphones-Even -During-Sex.html.

11) Meghan Tocci, "What Pleasures Would You Give Up for Your Smartphone?" Smart Texting, August 5, 2020, simpletexting .com/sacrifices-to-keep- smartphone/.

12) Shivali Best, "One in ten millennials would rather lose a FINGER than give up their smartphone," Mirror, 2018, mirror.co.uk/science/one-ten-millennials- would-lose -12835452.

2장 디지털 중독: 지극히 의도적으로 만들어진 덫

1) Linda Stone, "Are You Breathing? Do You Have Email Apnea?" LindaStone. net, lindastone.net/2014/11/24/are-you-breathing -do-you-have-email- apnea/.

2) 게임 중 돌연사에 대한 언론 보도를 확인해 본 결과 이 같은 사례는 24건에 불과했다. 연구진은 이들이 폐색전증, 뇌출혈, 심장 부정맥 등 다양한 기저질환을 앓았음에도 최소 이틀간 쉬지 않고 게임을 한 것이 사망으로 이어졌다고 결론지었다. See Diana Kuperczko, Peter Kenyeres, Gergely Darnai, Norbert Kovacs, and Jozef Janszky, "Sudden Gamer Death: Non-Violent Death Cases Linked to Playing Video Games," BMC Psychiatry 22, no. 824 (2022).

3) Adam Alter, Irresistible (New York: Penguin Press, 2017), 40. 4 Hilarie Cash, Cosette Rae, Ann Steel, and Alexander Winkler, "Internet Addiction: A Brief Summary of Research and Practice," Current Psychiatry Reviews 8, no.

4) (2012): 292-90. To take this test for yourself visit: psychology-tools.com/test /internet-addiction-assessment.

5) Kimberly Young, "The Internet Addiction Test (IAT)," iitk.ac .in/counsel/ resources/IATManual.pdf.

6) Chih-Hung Ko, Cheng-Fang Yen, Chia-Nan Yen, Ju-Yu Yen, Cheng-Chung Chen, Sue-Huei Chen, "Screening for Internet Addiction: An Empirical Study on Cut-Off Points for the Chen Internet Addiction Scale," The Kaohsiung Journal of Medical Sciences 21, no. 12 (2005): 545-551. To take the survey: seniainternational.org/wp-content/uploads/2017/02 /Chen-Internet-Addiction-Scale.pdf.

7) Nir Eyal, Hooked (New York: Penguin, 2014),

8) Daniel Levitin, The Organized Mind (New York: Dutton, 2016), 97.

9) For an overview of this model of habit formation, see James Clear, Atomic Habits (New York: Avery, 2018), 50. See also Charles Duhigg, The Power of Habit (New York: Random House, 2012).

10) For a review of some of these persuasive design strategies, see Christian Montag, Bernd Lachmann, Marc Herrlich, and Katharina Zweig, "Addictive Features of Social Media/Messenger Platforms and Freemium Games Against the Background of Psychological and Economic Theories," International Journal of Environmental Research and Public Health 16, no.14 (July 2019).

3장 양극화: 분노로 가득한 세상에서 살아가기

1) Karen Douglas, "Speaking of Psychology: Why people believe in conspiracy theories, with Karen Douglas, PhD," The American Psychological Association, apa.org/news/podcasts /speaking-of-psychology/conspiracy-theories. See also Karen Douglas, Robbie Sutton, Aleksandra Cichocka, "The Psychology of Conspiracy Theories," Current Directions in Psychological Science 26, no.6 (December 2017): 538–42.

2) Mike Yao and Zhi-Jin Zhong, "Loneliness, social contacts and Internet addiction: A cross-lagged panel study," Computers in Human Behavior 30, (January 2014): 64–70.

3) Cass Sunstein, Infotopia (New York: Oxford University Press, 2008), 45.

4) Morris Fiorina, Culture War (New York: Longman, 2010).

5) See, for instance, Levi Boxell, Matthew Gentzkow, and Jesse Shapiro, "Cross-Country Trends in Affective Polarization," Working Paper, November 2021, brown.edu/Research/Shapiro /pdfs/cross-polar.pdf.

6) "Majorities of Trump, Biden voters say they have 'just a few' or no friends who support the other candidate," Pew Research Center, September 18, 2020, pewresearch.org/short-reads /2020/09/18/few-trump-or-biden-supporters-have-close -friends-who-back-the-opposing-candidate/.

7) India Opzoomer, "America Speaks: What do they think about cross-party marriages?" YouGovAmerica, September 24, 2020, today.yougov.com/topics/ lifestyle/articles-reports/2020/09/24 /america-speaks-what-do-they-think-about-cross-part.

8) "Republicans and Democrats alike say it's stressful to talk politics with people who disagree," Pew Research Center, November 23, 2021, pewresearch.org/ fact-tank/2021/11/23 /republicans-and-democrats-alike-say-its-stressful-to-talk -politics-with-people-who-disagree/.

9) Lee Drutman, "How Hatred Came to Dominate American Politics," FiveThirtyEight, October 5, 2020, fivethirtyeight.com/features/how-hatred-negative-partisanship-came-to -dominate-american-politics/.

10) Nathan Kalmoe and Lilliana Mason, "Lethal Mass Partisanship: Prevalence, Correlates, and Electoral Contingencies," Presentation at

the January 2019 NCAPSA American Politics Meeting, dannyhayes.org/
uploads/6/9/8/5/69858539/kalmoe___mason_ncapsa_2019_-_lethal _
partisanship_-_final_lmedit.pdf.

11) Kalmoe and Mason, "Lethal Mass Partisanship." See also Thomas Edsall's
analysis of these findings, "No Hate Left Behind," The New York Times, March
13, 2019, nytimes.com /2019/03/13/opinion/hate-politics.html.

12) Cal Newport, Digital Minimalism (New York: Portfolio, 2019).

2부 열린 세계로

4장 확장된 마음: 우연히 찾아온 두 번의 변화

1) T. C. Schneirla, The Selected Writings of T.C. Schneirla, eds. Lester R. Aronson,
Ethel Tobach, Jay S. Rosenblatt, and Daniel S. Leherman (San Francisco: W.
H. Freeman and Company, 1972), 299. archive.org/stream/in.ernet.dli.2015
.138928/2015.138928.Selected-Writings-Of--T-C-Schneirla _djvu.txt.

2) For an overview of the Big Five Inventory (BFI), see, Oliver P. John and
Sanjay Srivastava, "The Big-Five Trait Taxonomy: History, Measurement, and
Theoretical Perspectives," Handbook of Personality: Theory and Research,
(New York: Gilford, 2022). For the 44-question survey instrument, see: https://
fetzer.org/sites/default/files/images/stories/pdf /selfmeasures/Personality-
BigFiveInventory.pdf.

3) Amit Bernstein, Yuval Hadash, and David Fresco, "Metacognitive processes
model of decentering: emerging methods and insights," Current Opinion in
Psychology 28 (2019): 245–251.

4) Daniel Goleman and Richard Davidson, Altered Traits (New York: Avery,
2017), 141.

5) Anthony P. King and David Fresco, "A neurobehavioral account for
decentering as the salve for the distressed mind," Current Opinion in
Psychology 28 (2019): 285–293.

6) King and Fresco, "A neurobehavioral account ···" For discussions of how meta-
awareness enhances attention and cognitive performance, see J. Smallwood
et al., "Segmenting the Stream of Consciousness," Brain and Cognition 66,

no.1 (2008): 50-56. See also, N. Polychroni, "Response Time Fluctuations in the Sustained Attention to Response Task Predict Performance Accuracy and Meta-Awareness of Attentional States," Psychology of Consciousness, 2020.

7) Henry David Thoreau, "Walden," The Portable Thoreau (New York: Penguin Books, 1945), 363.

8) Thoreau, "Walden," 343-44.

9) Heather L. Urry et al., "Making a Life Worth Living," Psychological Science 15, no.6 (2004): 367-372.

10) Thomas Negal, "What Is It Like to Be a Bat?" Philosophical Review 83, no. 4 (October 1974): 439.

11) 13 A shout out here to Elizabeth Gilbert. My use of the word "magic" was inspired by her amazing book on the creative process, Big Magic (New York: Penguin Publishing Group, 2016).

12) Ram Das, with Rameshwar Das, Polishing the Mirror (Boulder: Sounds True, 2013).

13) 13 A shout out here to Elizabeth Gilbert. My use of the word "magic" was inspired by her amazing book on the creative process, Big Magic (New York: Penguin Publishing Group, 2016).

14) Ram Das, with Rameshwar Das, Polishing the Mirror (Boulder: Sounds True, 2013).

5장 약물을 통한 열림: 가장 두려워했던 것의 힘을 빌리다

1) Will Welch, "The Unified Theory of Ram Dass," GQ, November 27, 2018, gq.com/story/the-unified-theory-of-ram -dass.

2) Don Lattin, The Harvard Psychedelic Club, (New York: Harper One, 2010), 116.

3) Ram Dass, "How Do We Get Trapped Within Psychedelic Experiences?" Love, Serve, Remember Foundation, ramdass.org /the-trap-of-psychedelic-experiences/

4) Michael Pollan, How to Change Your Mind (New York: Penguin, 2018), 194-94.

5) Bita Moghaddam, Ketamine (Cambridge: MIT Press, 2021).

6) Eli Kolp et al., "Ketamine Psychedelic Psychotherapy: Focus on its Pharmacology, Phenomenology, and Clinical Applications," in The Ketamine Papers, eds. Phil Wolfson and Glenn Hartelius (Santa Cruz: MAPS, 2016), 104.

7) Moghaddam, Ketamine, 22.

8) Emily Witt, "Ketamine Therapy is Going Mainstream. Are We Ready?" The New Yorker, December 29, 2021, newyorker .com/culture/annals-of-inquiry/ketamine-therapy-is-going -mainstream-are-we-ready.

9) Kolp, "Ketamine Psychedelic Psychotherapy," 123.

10) Robert Berman, Angela Cappiello, Amit Anand, Dan Oren, George Heninger, Dennis Charney, John Krystal, "Antidepressant effects of ketamine in depressed patients," Biological Psychiatry 47, no.4 (2000). See also Moghaddam, Ketamine, 27-28.

11) Moghaddam, 43.

12) Wesley C. Ryan, Cole J. Marta, and Ralph J. Koek, "Ketamine, Depression, and Current Research: A Review of the Literature," in The Ketamine Papers, eds. Phil Wolfson and Glenn Hartelius (Santa Cruz: MAPS, 2016), 200.

13) Moghaddam, 130.

14) Ryan, "Ketamine, Depression, and Current Research," 205.

15) Stephen Hyde, "Sustainable Ketamine Therapy: An Overview of Where We are and Where We May Go," in The Ketamine Papers, eds. Phil Wolfson and Glenn Hartelius (Santa Cruz: MAPS, 2016), 281.

16) Moghaddam, 130-33.

17) See, for instance, Meryem Grabski et al., "Adjunctive Ketamine with Relapse Prevention-Based Psychological Therapy in the Treatment of Alcohol Use Disorder," The American Journal of Psychiatry, January 11, 2022.

18) See Cecilia Morgan and Valerie Curran, "Ketamine Use: A Review," Addiction, July 21, 2011. Ilina Singh, Celia Morgan, Valerie Curran, David Nutt, Anne Schlag, Rupert McShane, "Ketamine Treatment for Depression: Opportunities for Clinical Innovation and Ethical Foresight," Psychiatry 4, no.5 (May 2017). For more on the rise of anecdotal reports of ketamine addiction, see Anna Silman, "Ketamine is Being Sold as a Depression Wonder Drug. For Some It's

Making Everything Worse," Business Insider, January 25, 2023.

19) Franz Vollenweider and Katrin Peller, "Psychedelic Drugs: Neurobiology and Potential for Treatment of Psychiatric Disorders," Nature Reviews: Neuroscience, September 14, 2020.

20) Meryem Grabski et al., "Adjunctive ketamine with relapse prevention-based psychological therapy in the treatment of alcohol use disorder," American Journal of Psychiatry 179, no.2 (2002).

21) Sam Harris makes this point beautifully in Waking Up (New York: Simon and Schuster, 2014), 195 – 95

6장 행복의 나라: 우리가 눈앞의 행복을 놓치고 마는 이유

1) Stanislov Grof, The Ketamine Papers, (Santa Cruz: Multidisciplinary Association for Psychedelic Studies, 2016), 41 – 44.

2) "How to Deal with a Bad Trip," TripSit.me, wiki.tripsit.me /wiki/How_To_Deal_ With_A_Bad_Trip.

3) "Manual: How to Work with Difficult Psychedelic Experiences," MAPS maps. org/2010/05/05/how-to-work-with -difficult-psychedelic-experiences/.

4) Theresa Carbonaro, Matthew Bradstreet, Frederick Barrett, Katherine MacLean, Robert Jesse, Matthew Johnson, Roland Griffiths, "Survey Study of Challenging Experiences After Ingesting Psilocybin Mushrooms: Acute and Enduring Positive and Negative Consequences," Journal of Psychopharmacology 30, no.12 (2012), journals.sagepub.com / doi/10.1177/0269881116662634.

5) Vanessa McMains, "Study Explores the Enduring Positive and Negative Consequences of Ingesting 'Magic Mushrooms'" HUB: Johns Hopkins University, January 4, 2017, hub.jhu.edu /2017/01/04/bad-trips-mushrooms.

6) James Fadiman, interview on "Shine on You Crazy Goldman," Reply All, November 2, 2015, gimletmedia.com/shows/reply -all/2oh933.

7) John Horgan, "Psychedelic Therapy and Bad Trips," Scientific American, May 2, 2016, blogs.scientificamerican.com/cross -check/psychedelic-therapy-and-bad-trips/.

8) Katherine MacLean, Matthew Johnson, and Roland Griffiths, "Mystical Experiences Occasioned by the Hallucinogen Psilocybin Lead to Increases in the Personality Domain of Openness," Journal of Psychopharmacology 25, no. 11 (2011): 1453–61.

9) Elizabeth Gilbert, Eat, Pray, Love (New York: Riverhead Books, 2007), 52.

10) Mason Schreck, "Stanislav and Christina Grof: Cartographers of the Psyche," MAPS Bulletin XXI, no.3, maps.org/news -letters/v21n3/v21n3-26_29.pdf.

11) "The Rise of the Shaman Bro (and His Eventual Demise)," Asleep Thinking, asleepthinking.com/blog/the-rise-and-future -fall-of-the-shaman-bro.

12) For more on these experimental trails, visit the MAPS research page on MDMA-assisted therapy, maps.org/mdma/.

13) Ira Byock, "Taking Psychedelics Seriously," Journal of Palliative Medicine 21, no. 4 (2018): 417–21.

7장 적에게 마음 열기: 총기 소유 지지자들과의 만남

1) George Will, "Why Colorado Gov. Jared Polis could answer Democrats' 2024 prayers," The Washington Post, September 14, 2022, washingtonpost.com/ opinions/2022/09/14/democrat -jared-polis-presidential-potential-2024/

2) Bill Bishop, The Big Sort (New York: Mariner Books, 2009), 5.

3) For those interested in digging into this theory, see Jurgen Habermas, The Theory of Communicative Action Volume 1 (New York: Beacon Press, 1984), 81–101.

4) Mark Jurkowitcz and Amy Mitchell, "A sore subject: Almost half of Americans have stopped talking politics with someone," Pew Research Center, February 5, 2020, pewresearch.org /journalism/2020/02/05/a-sore-subject-almost-half-of -americans-have-stopped-talking-politics-with-someone.

5) "WCW Expose: Fauci Spent $424K on Beagle Experiments, Dogs Bitten to Death by Flies," White Coat Waste, July 30, 2021, blog.whitecoatwaste. org/2021/07/30/fauci-funding -wasteful-deadly-dog-tests/.

6) For a deep dive into #BeagleGate, see Yasmeen Abutaleb and Beth Reinhard, "Fauci swamped by angry calls over beagle experiments after campaign

that included misleading image," The Washington Post, November 19, 2021, washingtonpost.com/investigations/2021/11/19/fauci-beagle -white-coat-waste/. See also D'Angelo Gore, "Answering Questions about #BeagleGate," FactCheck.org, November 2, 2021, factcheck.org/2021/11/answering-questions-about -beaglegate/.

8장 열림 명상: 절벽 위에서 바다를 내려다보며 얻은 깨달음

1) Matthieu Ricard, Antoine Lutz, Richard J. Davidson, "Neuroscience Reveals the Secrets of Meditation's Benefits," Scientific American, November 1, 2014, scientificamerican.com /article/neuroscience-reveals-the-secrets-of-meditation-s-benefits/.

2) Dan Harris, "3-Step Brain Hack for Happiness," ABC News, February 11, 2014, abcnews.go.com/Health/step-brain-hack -happiness/story?id=22466384.

3) For a more in-depth exploration of the benefits of focused attention practice, see Daniel Goleman and Richard J. Davidson, Altered Traits (New York: Avery, 2017), 123 –45.

4) Helen Weng et al., "Compassion Training Alters Altruism and Neural Responses to Suffering," Psychological Science 24, no. 7 (2013): 1171–1180.

5) Amishi Jha, Peak Mind (San Francisco: HarperOne, 2021), pp.91–95.

6) Judson Brewer, Patrick Worhunsky, Jeremy Gray, and Hedy Kober, "Meditation Experience is Associated with Differences in Default Mode Network Activity and Connectivity," PNAS 108, no. 50 (2011): 20254–59.

7) Jon Kabit Zinn, Wherever You Go, There You Are (New York: Hachette Books, 2005).

8) Thich Nhat Hanh, The Miracle of Mindfulness (Boston: Beacon, 1975), 21.

9) 치료의 관점에서 가장 기본적인 형태의 집중력 연습부터 시작해 보자고 제안해 준 캐럴린과 빌 클렙슈에게 감사를 전한다.

9장 거리에서의 열림: 가장 산만한 곳에서 가장 고요한 상태로

1) 용어 변경과 관련해 아이디어를 준 라마 수리야 다스님에게 감사를 전한다. 그는 법문에서 종종 일상 속 통합 수행을 가리켜 '거리 명상'으로 지칭했다.

2) Paul McGowan, dir. Wandering ⋯ But Not Lost. A Joyful Mind, 2021, ajoyfulmind.com/wandering.

3) Yongey Mingyur Rinpoche, In Love with the World (New York: Random House, 2019).

4) Paul McGowan, Wandering ⋯ But Not Lost.

5) Yongey Mingyur Rinpoche, "How I Stopped My Panic Attacks," Lions Roar, January 28, 2022, lionsroar.com/how-i -stopped-my-panic-attacks/.

6) Judson Brewer, Unwinding Anxiety (New York: Avery, 2021), 22–23.

10장 내려놓기: 인생의 스승이 죽음 앞에서 가르쳐준 궁극적 열림

1) NASB Thompson Chain-Reference Bible (New York: Zondervan, 2021), Luke 22, 42.

2) Lau-Tzu, Tao Te Ching, trans. Stephen Mitchell (New York: Harper Perennial, 1988), 29.

3) Ralph Waldo Emerson, "Circles," The Portable Emerson (New York: Penguin Books, 1991), 240.

4) "The Twelve Steps," Alcoholics Anonymous, aa.org/the-twelve -steps.

11장 현명한 닫힘: 대체 어디까지 열 수 있는가?

1) Ram Dass, "Dealing with Suffering and Seeing it as Grace," The Love Serve Remember Foundation, ramdass.org/dealing -with-suffering-and-seeing-it-as-grace/.

2) Byron Katie, A Friendly Universe (New York: TarcherPerigee, 2013).

3) David Chernikoff, Life, Part Two (Boulder: Shambhala Press, 2021), 112–113.

4) Pema Chodron, "Outside Your Comfort Zone," facebook.com / watch/?v=10153848707243220.

에필로그

1) Alexis de Tocqueville, Democracy in America (New York: The Library of America, 2004), 818.

1) Adam Alter, Irresistible (New York: Penguin Press, 2017), 287.

2) Vanessa Patrick and Henrik Hagtvedt, "'I Don't' versus 'I Can't': When Empowered Refusal Motivates Goal-Directed Behavior," Journal of Consumer Research 39, no. 2 (2012): 371–81, academic.oup.com/jcr/article/39/2/371/1797950.

3) Marie Kondo, The Life-Changing Magic of Tidying Up (New York: Ten Speed Press, 2014).

4) Lao Tzu, trans. Stephen Mitchell, Tao Te Ching (New York: Harper Perennial, 1988), Verse 71.

5) Swami Muktibodhananda, Hatha Yoga Pradipika (New Delhi: Thomson Press, 2006), 150.

6) 이 복식 호흡법을 알려준 나로파대학교 요가학과 나타라자 칼리오 교수님께 감사를 전한다.

7) Fumihiko Yasuma and Jun-Ichiro Hayano, "Respiratory Sinus Arrhythmia: Why Does the Heartbeat Synchronize with Respiratory Rhythm?" Chest 125, no. 2 (2004). See also, Ilse Van Diest, Karen Verstappen, Andre Aubert, Devy Widjaja, Debora Vansteenwegen, and Elke Vlemincx, "Inhalation/Exhalation Ratio Modulates the Effect of Slow Breathing on Heart Rate Variability and Relaxation," Applied Psychophysiology and Biofeedback 39 (2014). Terushisa Komori, "Extreme Prolongation of Expiration Breathing: Effects on Electrocephalogram and Autonomic Nervous Function," Mental Illness Journal 10, no. 2 (2018). Terushisa Komori, "The Relaxation Effect of Prolonged Expiratory Breathing," Mental Illness Journal 10, no.15 (2018). Carl Stough with Reece Stough, Dr. Breath: A Story of Breathing (New York: William Morrow and Company, 1970), 42.

8) For an exquisite overview of the science and practice of extended exhale breathing, see James Nestor, Breath (New York: Riverhead Books, 2020), 53–68.

9) For the science behind this ratio, see Nestor, Breath, 82–84. For his tips on practicing resonant breathing, see Nestor, 221.

10) Patrick McKeown, "Functional Breathing Techniques and Breathing Exercises for Health and Sports Performance," The Oxygen Advantage, oxygenadvantage.com/science/functional -breathing-techniques-exercises/.

11) 이 자세와 관련해 각종 아이디어와 코칭을 제공한 새드 윙에게 감사를 전한다. 새드 는 기립자세로 명상하는 법에 대해 수년간 나를 지도해 주었다. 여기에 소개한 지침은 본래의 버전을 축소해서 정리한 것임을 기억하자. 자세한 내용은 다음 사이트에서 확 인할 수 있다. martialwellness.net/.

12) Tara Brach, Radical Acceptance (New York: Random House, 2004), 83.

13) Chakung Jigme Wangdrak, Dzogchen Retreat, May 13 –15, 2022.

14) University of California researchers, for instance, found that ten minutes of meditation reduced mind wandering and improved cognitive performance on GRE scores, see Michael D. Mrazek et al., "Mindfulness Training Improves Working Memory Capacity and GRE Performance While Reducing Mind Wandering," Psychological Science 24, no. 5 (2013): 776 –81. Other studies indicate that twelve minutes may be the minimum effective dose of these practices, see Kim E. Innes et al., "Effects of Meditation and Music Listening on Blood Biomarkers of Cellular Aging and Alzheimer's Disease in Adults with Subjective Cognitive Decline," Journal of Alzheimer's Disease 66, no. 3 (2018): 947 –70.

15) BJ Fogg, Tiny Habits (New York: Harvest, 2021), 190 –91.

옮긴이 최윤영

한국외국어대학교를 졸업하고 동 대학교 통번역대학원 한영과를 수료했다. 마케팅 기업에서 컨설턴트로 일하다가 전문 번역의 세계로 들어섰으며 현재 출판번역 에이전시 글로하나에서 영어 전문번역가 및 기획자로 활동하고 있다. 역서로는 『마음챙김이 일상이 되면 달라지는 것들』『나를 함부로 판단할 수 없다』『두려움 없는 조직』『돈의 패턴』『오늘부터 팀장입니다』『권력의 원리』『큐레이션: 과감히 덜어내는 힘』『역사를 바꾼 50가지 전략』등 다수가 있다.

오픈: 열린 마음
불안과 두려움에서 자유로워지는 마음 훈련

초판 1쇄 인쇄 2024년 7월 10일
초판 1쇄 발행 2024년 7월 17일

지은이 네이트 클렘프
펴낸이 김선식

부사장 김은영
콘텐츠사업2본부장 박현미
책임편집 노현지 **책임마케터** 최혜령
콘텐츠사업9팀장 차혜린 **콘텐츠사업9팀** 강지유, 최유진, 노현지
마케팅본부장 권장규 **마케팅1팀** 최혜령, 오서영, 문서희 **채널1팀** 박태준
미디어홍보본부장 정명찬 **브랜드관리팀** 안지혜, 오수미, 김은지, 이소영
뉴미디어팀 김민정, 이지은, 홍수경, 서가을
크리에이티브팀 임유나, 변승주, 김화정, 장세진, 박장미, 박주현
지식교양팀 이수인, 염아라, 석찬미, 김혜원, 백지은
편집관리팀 조세현, 김호주, 백설희 **저작권팀** 한승빈, 이슬, 윤제희
재무관리팀 하미선, 윤이경, 김재경, 임혜정, 이슬기
인사총무팀 강미숙, 지석배, 김혜진, 황종원
제작관리팀 이소현, 김소영, 김진경, 최완규, 이지우, 박예찬
물류관리팀 김형기, 김선민, 주정훈, 김선진, 한유현, 전태연, 양문현, 이민운
외부스태프 디자인 데일리루틴
표지이미지 ⓒeberhard

펴낸곳 다산북스 **출판등록** 2005년 12월 23일 제313-2005-00277호
주소 경기도 파주시 회동길 490 다산북스 파주사옥
전화 02-704-1724 **팩스** 02-703-2219 **이메일** dasanbooks@dasanbooks.com
홈페이지 www.dasan.group **블로그** blog.naver.com/dasan_books
종이 신승지류 **인쇄** 정민문화사 **코팅·후가공** 제이오엘앤피 **제본** 정민문화사

ISBN 979-11-306-5470-6(03100)